应用型本科会计人才培养系列教材

YINGYONGXING BENKE KUAIJI RENCAI PEIYANG XILIE JIAOCAI

税收筹划学习指导

SHUISHOU CHOUHUA XUEXI ZHIDAO

主　编○刘　伟　田　婧

副主编○王小芳　吴小勉

西南财经大学出版社

Southwestern University of Finance & Economics Press

中国·成都

应用型本科会计人才培养系列教材
YINGYONGXING BENKE KUAIJI RENCAI PEIYANG XILIE JIAOCAI

编委会

总 序

会计学院是广州华商学院最早成立的院系之一，现开设会计学、财务管理、审计学和税收学四个专业。其中，会计学专业设会计师、注册会计师、管理会计师、金融会计、会计智能化和国际注册会计师（ACCA）六个专业方向；财务管理专业设公司理财和财务分析师（CFA）两个专业方向；审计学专业设审计师和信息技术（IT）审计两个专业方向；税收学专业设注册税务师专业方向。经过多年的探索，会计学院逐步形成以下办学特色：一是以ACCA和CFA为代表的国际化教学特色，二是以管理会计师（GAMA）卓越班为代表的协同育人特色，三是以线上线下混合教学实验区为代表的建构教学特色，四是将会计与投融资融为一体的多学科融合特色，五是以华商云会计产业学院为代表的产教融合特色。目前，会计学专业为国家一流专业建设点，财务管理专业为省级一流专业建设点，会计学科为广东省会计类特色重点学科。

在长期的教学实践中，广州华商学院一直秉承优质的教学理念，优选国内同类教材中最受欢迎的教材作为各专业课程的指定教材。教材选定的一般原则是：若有多种同类教材，首选教育部规划教材；若有多种教育部规划教材，首选其中的获奖教材；若没有教育部规划教材，优先选择国内知名高校的教材。这种教材筛选方式保证了会计学科各专业教学的高质量，但也不可避免地带来了一些问题。首先，所选教材难以满足应用型高校会计人才培养的需要。财政部出台的《会计行业中长期人才发展规划（2010—2020年）》明确指出，适应经济社会发展对高素质应用型会计人才需求，加大应用型高层次会计人才培养力度。华商学院作为一所民办应用型高校，不论是从办学分工，还是从社会需求角度考虑，都必须以培养应用型人才为主要目标，但现有的教育部规划教材或名校教材大多偏重理论教学，鲜有明确为培养应用型人才而打造的教材。其次，各专业教材之间的衔接度不高。现有教材大多是各专业教师根据各学科教学要求选择的高规格知名高校教材，导致所选各学科教材之间的衔接度不高，有的内容重复讲授，有的内容则被遗漏，教学内容缺乏系统安排。最后，所选教材知识陈旧，跟不上相关会计准则与制度的变化。近年来，我国会计准则及税法、审计等相关法规制度均发生了较大变化，如新的《企业会计准则》的持续发布和重新修订、《管理会计基本指引》和《管理会计应用指引》的发布与实施，以及增值税法规和《中华人民共和国企业所得税法》的相继修订，导致现有教材内容跟不上制度的变化，学生无法系统地学习最新专业知识。在这一背景下，及时编写一套实践性和系统性强、体系完整、内容新颖、适用于应用型高校会计人才培养的会计系列教材就显得极为必要。

本系列教材的特点主要表现在以下几方面：第一，实践性强。本系列教材知识体系的构建、教学内容的选择以应用型人才培养为主要目标。第二，系统性强。各教材之间互有分工、各有重点、密切配合，共同构建了一个结构合理、内容完整的知识体系。第三，通用性强。本系列教材力求同时满足会计学、财务管理、审计学和税收学四个专业，多个专业方向同类课程的教学和学习要求，既方便了教师的教学安排，又增加了学生跨专业选课的便利性。第四，新颖性强。本系列教材根据最新发布的会计准则、税收法规，以及相关规章制度编写，以确保学生所学专业知识的新颖性。第五，可读性强。本系列教材力求做到通俗易懂、便于理解和使用，以方便学生自主学习、自主探索。

本系列教材包括会计学、财务管理、审计学和税收学四个专业的专业基础课、专业必修课和专业选修课教材。首批教材包括《初级财务会计》《中级财务会计》《高级财务会计》《成本会计》《管理会计》《财务管理》《审计学》《会计学》。第二批教材包括《财务共享服务》《会计信息系统》《企业行为模拟》《资本市场运作》《高级财务管理》。第三批教材包括《会计职业道德》《金融会计》《税法》《税收筹划》等。

本系列教材由广州华商学院的教授或教学经验丰富的教师担任主编，并由广州华商学院特聘教授或特聘讲席教授负责审稿，从而为所编教材的质量提供了保证。鉴于本系列教材涉及面较广，相关会计准则、制度处于不断的变动之中，加之编者学识有限，难免存在不当之处，真诚希望各位读者批评指正。

2021年6月

前 言

伴随着全球化的浪潮，税收环境日益改善，税收筹划理论和实务不断发展，会计师事务所、税务师事务所、财务咨询机构等纷纷开展税收筹划业务。税收筹划课程是教育部规定的财经类本科专业的重要课程之一，在教学体系中处于重要地位，是在学生已经掌握税法、初级财务会计、中级财务会计、财务管理等课程的基础上，开设的一门开放性学习的专业课程，对学生的前期知识应用能力要求较高。《税收筹划学习指导》是根据《税收筹划》教材编写的配套学习指导，旨在让学生在掌握基本知识的基础上通过练习熟悉企业主要税种的计算与税收筹划，熟悉主要税种的征收管理，强化依法纳税意识和提高税法知识应用的能力，为进一步学习相关财经类课程和胜任相关职业岗位打下坚实的基础。

本书紧扣经济实际，以税收筹划的基本原理、方法和技术为理论基础，以我国税收法律法规为税收筹划活动的政策依据，以纳税人涉及的各税种税制要素筹划为主线，在编写过程中，尽量做到理论与实务兼顾，力求全面反映税收筹划的基本理论、操作方法以及最新发展动态。具体而言，本书具有以下特点：

第一，习题以基础知识为主，案例丰富、简洁易懂。教材配套学习指导书是帮助学生巩固教学内容的重要载体，是进行课后练习的基本工具。本书根据编写者多年从事税收教学、研究与实践的心得体会，根据应用型本科院校的教学特点及学生的接受程度，结合各税种的特点及国家政策法规，从贴近实际、利于操作的指导思想出发，设计了各税种的税收筹划习题与案例。学生通过练习能够在遵循税收法律法规的前提下，依照税收筹划的思路和原理，利用各种税收筹划的技术和方法，通过对企业生产经营活动的事先安排，维护纳税人的权益、降低纳税人的税收负担、减少涉税风险、获取资金的时间价值，从而提高企业的效益。

第二，增加了反避税案例分析。以往的教材配套学习指导书普遍仅在第一章导论或概述的习题中体现税收筹划与避税的区分，加之不同国家、不同学者对待避税的态度不同，导致不少学生将税收筹划与避税等同，对合理合法税收筹划认识不足或税收筹划方法不当，从而引发涉税风险，对学生未来生活、就业存在一定的影响。

第三，加入思政元素。以往的教材配套学习指导书重点大都在专业知识的练习上，忽视了德育和思政教育，学生的学习大都停留在税收知识的学习上，对学生的道德素养培养不足，不仅阻碍了学生的全面发展，更使学生无法领会职业素养的内涵。因此，本书将思政元素、爱国主义教育、敬业精神等内容融入各章节，不仅转变了教学观念、丰富了教材配套学习指导书的内容与形式，更有利于培养学生良好的职业道德。

本书由刘伟、田婧担任主编。各章的编写分工如下：第一章、第二章和第三章由王小芳编写，第四章由田婧编写，第五章、第六章和第七章由吴小勉编写，最后由刘伟、田婧总纂并定稿。为了保证高质量地完成本书的编写，我们以高度负责的精神，多次开会研讨，反复磋商论证，六易其稿，终于完成了教材配套学习指导书的编写任务。

本书既继承了我国现有税收筹划学习指导书或练习册的成果，又尽可能地采用了最新的税法规定，力求做到理论联系实际。我们在编写过程中借鉴吸收了许多专家、学者的研究成果和案例，在此谨向相关作者表示诚挚的感谢。

教材需要面对学生，使用效果如何需要实践来检验。尽管我们对本书的内容进行了认真编写与修改，但是限于各种主客观原因，不足之处在所难免，恳请读者批评指正。

编　者

2021 年 5 月于广州

目 录

第一章
税收筹划的基本理论和基本方法

一、本章教学大纲

（一）税收筹划的概念与特点

1. 税收筹划的概念

荷兰国际财政文献局（IBFD）的《IBFD 国际税收辞汇》、N.J.雅萨斯威的《个人投资和税收筹划》、W. B.梅格斯的《会计学》等都对税收筹划的概念做过界定。

本书结合翟继光在《纳税筹划实战 101 例》中解释的纳税筹划有广义和狭义之分，并结合计金标、应小陆、姜雅净等对税收筹划的解释，将税收筹划的概念总结如下：税收筹划是在合理合法的范围内，纳税人通过对涉税事项进行预先安排，比较分析各种投资、筹资、经营活动的税负，从而选择最优纳税的经营方案，最大限度地减轻税收负担的一种涉税管理活动。税收筹划既不违反税法规定，又符合国家的立法精神，是国家税收政策加以引导和鼓励的。

2. 税收筹划的特点

（1）合法性。合法性是税收筹划最基本的特点，这是税收筹划与逃避缴纳税款行为的根本区别。

（2）前瞻性。税收筹划在时间上具有前瞻性，这是税收筹划的显著特征。

（3）专业性。税收筹划作为一种综合性极强的经济管理活动，需要由专业人员来进行，即需要有经验丰富的从业者，结合相关税收政策、社会实际情况和相关的中介机构相互配合进行税收筹划。

（4）风险性。税收筹划具有风险性，是基于税收筹划在时间上具有前瞻性的。因为先有纳税行为发生，才产生纳税义务，所以税收筹划发生在纳税行为之前，即纳税人通过对税法的精心研究，在进行筹资、投资、经营、利润分配等活动之前，将不同方案所承担的相应税负作为影响最终财务成果的重要因素来考虑。纳税人通过对比，进行最优方案的选择。这种具有长期性和预见性的特点，决定了税收筹划具有风险性。

（5）综合性。一方面，税收筹划贯穿企业生产经营活动的全过程；另一方面，税收筹划应着眼于企业资本总收益的长期稳定增长，而不是着眼于某一纳税年度或某个税种税负的高低。

（二）税收筹划的原则与类型

1. 税收筹划的原则

（1）合法原则。合法性是税收筹划最基本的特点，也是税收筹划与逃避缴纳税款等违法行为的本质区别，因此税收筹划的首要原则就是合法。所谓合法，主要是指税收筹划使用的筹划方法、筹划方案、实施过程和筹划结果均合法。

（2）成本效益原则。成本效益原则是经济活动的首要理性原则。税收筹划作为一种经济行为，在寻求企业利益的同时，必然会发生相应的成本和费用。因此，纳税人在进行税收筹划时应遵循成本效益原则。税收筹划成本包括显性成本和隐性成本。

（3）整体性原则。税收筹划必须遵循整体性原则。税收筹划是为企业整体利益最大化服务的，税收筹划是方法而不是最终目的，因此纳税人进行税收筹划时必须有整体观念。根据整体性原则，税收筹划要同时注意税收因素和非税收因素的影响，如企业的未来发展目标、企业所处外部条件的变迁、企业在生产经营过程中涉及的所有税种、未来经济环境的发展趋势、国家政策的变动、企业现金流状况等，着眼于企业总体的管理决策，站在企业整体利益的高度综合考虑。

（4）风险防范原则。税收筹划经常在税收法律法规相关规定的边缘上操作，这就意味着其蕴含着很大的操作风险。税收筹划主要有两大风险：经营过程中的风险和税收政策变动的风险。经营过程中的风险主要是指企业不能准确预测经营方案的实现所带来的风险。政策变动风险与税法的刚性有关，目前我国的税收政策还处于频繁调整时期，这种政策变动风险不容忽视。另外，税收筹划之所以有风险，还与国家政策、经济环境以及企业自身活动的不断变化有关。

（5）因地制宜原则。税收筹划有一般的规律，但是每个企业的运作、产品涉及的税种、交易的安排、股权架构等都不同，每个税收筹划案例都有自己的特色，不可完全照搬其他企业的税收筹划方案而忽略了企业自身背景的特殊性。纳税人应充分考虑到宏观经济政策和企业的现实情况，在理解和掌握税收筹划基本方法的基础上，将企业实际情况（需要）和税收筹划方法相结合，寻求适合自身特点的税收筹划模式。纳税人只有因地制宜地分析、选择，确定最适合自身的方案，才能达到预期的税收筹划效果。

2. 税收筹划的类型

一般来说，税收筹划有以下几个分类标准：

（1）按不同税种进行划分。

①商品劳务税的税收筹划；

②所得税的税收筹划；

③财产税的税收筹划；

④资源税的税收筹划；

⑤行为目的税的税收筹划。

由于商品劳务税和所得税是我国目前税制结构中最主要的两个税类，因此也是纳税人税收筹划需求最大的两个税类。

（2）按企业生产经营的不同阶段划分。

①企业设立的税收筹划；

②投资融资的税收筹划；
③物资采购的税收筹划；
④生产研发的税收筹划；
⑤市场营销的税收筹划；
⑥企业成果分配的税收筹划；
⑦资本交易的税收筹划；
⑧跨国经营的税收筹划。
（3）按筹划区域的不同划分。
①国内税收筹划；
②国外税收筹划。
（4）按筹划需求主体的不同划分。
①法人税收筹划；
②自然人税收筹划。
（5）按筹划供给主体的不同划分。
①自行税收筹划；
②委托税收筹划。
（6）按降低税负方式的不同划分。
①绝对税收筹划；
②相对税收筹划；
③涉税零风险税收筹划。

（三）税收筹划的目标与影响因素

1. 税收筹划的目标

（1）减轻税收负担。减轻税收负担包括两层含义：第一层含义是绝对地减少经济主体的应纳税款数额，第二层含义是相对地减少经济主体的应纳税款数额。

（2）获取资金时间价值。资金时间价值是指资金在经历一定时间的投资和再投资后所增加的价值，即相当丁企业从财政部门获得了一笔无息贷款，且无息贷款一般不会增加企业的风险，反而有利于企业增强实力以抵御风险。企业可以利用资金的时间价值延缓当期税款的缴纳。这对企业经营来说，影响深远。

（3）实现涉税零风险。涉税零风险是指纳税人账目清楚，纳税申报正确，缴纳税款及时、足额，不会出现任何涉税处罚，即在税收方面没有任何风险，或者风险极小可以忽略不计的一种状态。在这种状态下，纳税人虽然不能直接获取税收上的好处，但能间接地获取一定的经济利益，更加有利于企业的长远发展和规模扩大。

2. 税收筹划的影响因素

税收筹划是纳税人为达到减轻税负和实现经济利益最大化的目的，在税收法律法规允许的范围内，对企业的经营、投资、理财、组织和交易等各项活动进行事先计划和安排的活动。税收筹划的成功受到多个因素的共同影响和制约。一般来说，税收筹划的影响因素主要包括以下几个方面：

（1）税收制度因素。税制的弹性和优惠政策决定了纳税人税收筹划的可能性和可操作空间。

（2）经济环境因素。企业在进行税收筹划时，除了结合自身经营状况之外，必须考虑外部环境的变化、财税政策的调整、企业经营前景的状况等外部环境因素，制订税收筹划方案，并根据环境的变化，适时调整税收筹划方案。

（3）执法因素。经济活动情况复杂，税收征管人员的业务素质参差不齐，造成了税收政策和执法水平的差异，这也为税收筹划提供了可利用的空间。执法因素主要表现在以下三个方面：自由裁量权、征管水平、监管部门之间的不协调。

（4）拥有一定的营业收入和经营规模。一定的营业收入与经营规模是纳税人实施税收筹划的基础。纳税人营业收入越多，经营规模越大，经营业务范围越广，经济行为越多，其涉税种类就越多，纳税状况就越复杂，税收筹划空间也就越大。

（5）具备税收筹划意识。纳税人税收筹划动力的强烈与否与其税收筹划意识密切相关，如果纳税人的税收筹划意识薄弱，甚至缺乏必要的税收筹划观念，那么即使有再好的外部条件，也不可能为纳税人带来效益。纳税人只有具备了一定的法律常识，意识到税收筹划的重要作用，才能在思想上指导自己的税收筹划行为。

（四）税收筹划与偷税、逃税、骗税、抗税、避税的区别

税收筹划的基本特点之一是合法性，而偷税、逃税、骗税、抗税等是违反税法的。

1. 税收筹划与偷税

偷税是纳税人在纳税义务已经发生且能够确定的情况下，采取不正当或不合法的手段，以逃脱其纳税义务的行为。

2. 税收筹划与逃税

逃税是指纳税人欠缴应纳税款，采取转移或隐匿财产的手段，妨碍税务机关追缴欠缴税款的行为。

3. 税收筹划与骗税

骗税是指纳税人采取弄虚作假和欺骗手段，从国库中骗取了退税款的违法行为。

4. 税收筹划与抗税

抗税是指纳税义务人以暴力、威胁的手段拒不缴纳税款的行为。

5. 税收筹划与避税

避税是指纳税人利用税法漏洞或缺陷钻空取巧，通过对经营及财务活动的精心安排，以期达到纳税负担最小的经济行为。从某种意义上说，只要存在税收，就会有避税。

（五）税收筹划的基本方法

税收筹划是一种指导性、科学性、预见性很强的管理活动，目的是通过对生产经营活动合法的预先安排，使纳税人的税负最小化。税收筹划需要科学的方法，一般来讲，可以从纳税主体、课税对象、税率、纳税环节、纳税期限和税收优惠等税制要素进行税收筹划，也可以从税负转嫁、组织形式、临界点等切入进行税收筹划。

1. 税制要素筹划法

税制要素包括征税范围、纳税主体、课税对象、税率、纳税环节、纳税期限、纳税地点和税收优惠等。它与税收筹划密切相关，直接影响纳税人的税负，因此有必要对每个税种的税制要素进行分析和研究，以达到科学税收筹划、减轻税负的目的。

（1）征税范围筹划法。

（2）纳税主体筹划法。

①避免成为纳税人。通过合理合法的税收筹划安排，使纳税人发生的经济业务不属于某种税的征税范围。该项业务就可以避免涉税，如通过企业合并会使原来企业间的购销环节转变为企业内部的原材料使用环节，从而合法合理地避免成为增值税纳税人，规避了增值税甚至消费税的纳税义务。

②不同纳税人之间的转化。不同纳税人之间的转化主要可以考虑增值税一般纳税人和小规模纳税人的转化、企业所得税和个人所得税纳税人主体形式的选择转化等。

③税基筹划法。在税率一定的条件下，税基越小，纳税人应承担的税款就越少。各个税种对税基的规定存在差异，使得纳税人对税基进行筹划成为可能。税基筹划方法的目标一般是实现税基的最小化，可以通过关联交易、税前扣除、减免税、选择有利的纳税方式和压低计税价格等实现。

④税率筹划法。税率筹划法主要是结合目前税法中常用的比例税率、定额税率以及个人所得税和土地增值税中的累进税率进行税收筹划。

⑤税收优惠筹划法。纳税人可以利用税法赋予其的税收优惠政策，如免税、减税、即征即退、税收加计扣除、税额抵免、税率优惠政策等进行税收筹划。

2. 税负转嫁筹划法

税负转嫁是指纳税人将其所缴纳的税金转移给他人负担的过程。最终承担税负的人称为负税人。在税负转嫁的条件下，纳税人和真正的负税人是可以分离的，纳税人只是法律意义上的纳税主体，负税人是经济意义上的承担主体。纳税人实施税负转嫁策略，并不侵害国家利益，因为它只是改变了税款在不同经济主体之间的重新负担状况，没有减少国家应收税款的总量，也没有违反税法的规定。

3. 组织形式筹划法

企业组织形式分类的第一个层次：国际上通常把企业组织形式分为三类，即公司制企业、合伙企业和个人独资企业。企业组织形式分类的第二个层次：在公司制企业内划分为两对公司关系，即总分公司关系和母子公司关系。

（1）子公司与分公司的税收筹划。子公司与分公司是现代大公司制企业常见的组织形式。子公司是对应于母公司而言的，分公司是对应于总公司而言的。不同于子公司，分公司不具备独立法人实体的资格。子公司是独立的法人实体，在设立公司的所在国被视为居民纳税人，通常要承担与该国的其他居民公司一样的全面纳税义务。母公司所在国的税收法规对子公司没有约束力，除非它们与所在国之间缔结的双边税收协定有特殊的规定。分公司不是独立的法人实体，在设立分公司的所在国被视为非居民纳税人，其所发生的利润与亏损与总公司合并计算。子公司作为居民纳税人，而分公司作为非居民纳税人。在东道国的税收待遇上，前者通常承担无限纳税义务，后者通常承担有限纳税义务。

（2）合伙企业及其税收筹划。合伙企业的税收筹划应关注以下要点：

①认真分析各国对合伙企业的法律界定和税收规定，并从其法律地位、经营和筹资便利、税基、税率、税收待遇等综合因素进行分析和比较。

②从多数国家来看，合伙企业的税负一般要低于公司制企业，这是合伙企业的税收利益所在。

③在比较税收利益时，不能仅看名义上的差别，更要看实际税负的差别。

（3）私营企业与个体工商户的选择。私人投资者在投资前，应通过自身投资的盈利状况及发展前景做仔细预测，综合考虑各种因素，最终作出最有利于自己的投资决策。

4. 临界点筹划法

我国现行税收法律规定中存在大量关于临界点的规定，常见的优惠临界点主要有绝对数额临界点、相对比例临界点、时间期限临界点。当突破这些临界点时，该税种所适用的税率和优惠就会发生改变，这为纳税人进行税收筹划提供了空间。

5. 业务转化筹划法

纳税人在遵守税法的前提下，通过业务转化筹划法可以寻找更大的节税空间，从而降低税负。例如，购买、销售、建房等业务可以合理转化为代购、代销、代建等业务，无形资产转让可以合理转化为投资或合营，企业雇员工资与非雇员劳务报酬之间可以相互转化，纳税人可以通过这些变通和转换寻找更大的节税空间。

6. 资产重组筹划法

（1）合并筹划法。企业合并是实现资源流动和有效配置的重要方式，在企业合并过程中不可避免地涉及企业的税收负担及筹划节税问题。企业合并筹划是指企业利用并购及资产重组手段进行税收筹划。在税法规定的范围内，并购双方从税收角度事先对并购方案进行科学、合理的税收筹划和安排，改变其组织形式及股权关系，实现税负降低。

（2）分立筹划法。企业分立，是指一家企业（以下称为“被分立企业”）将部分或全部资产分离转让给现存或新设的企业（以下称为“分立企业”），被分立企业股东换取分立企业的股权或非股权支付，实现企业的依法分立。企业分立有利于企业更好地适应环境和利用税收政策获得税收方面的利益。分立筹划法利用分拆手段，可以有效地改变企业规模和组织形式，降低企业整体税负。

（六）树立正确思维，合理开展税收筹划

1. 深入理解税收，树立正确的纳税思维

税收不只有筹集财政资金的作用，更是国家调节经济的手段。在市场经济条件下，税收杠杆在实现国家宏观决策和调节经济运行方面有重要作用。从深层次讲，税收取之于民，用之于民。因此，纳税人应树立正确的纳税思维，不可利用非法手段减轻自身税负。纳税人与其偷偷摸摸逃税，不如光明正大地进行税收筹划。税收筹划既符合国家政策导向，又能获取税收利益。

2. 税收筹划的基础是依法纳税

税收筹划应当合法，这是税收筹划赖以生存的前提条件，也是税收筹划成功的重要标准。因此，在实际操作时，纳税人首先要学法、懂法和守法；其次要处理好税收筹划与避税的关系。

3. 了解公司业务是税收筹划的前提

税收筹划除了要了解各项税收政策之外，还要了解公司的业务架构，结合公司业务以及相关的条款进行梳理。因此，纳税人应根据公司特点、业务流程或产品生产流程尽量享受各类税收优惠政策，在合同中强调税收筹划的细节或关键词，不可全盘照抄其他企业或个人的税收筹划方案，这样才能制订好的税收筹划方案。

4. 提升会计人员职业道德素养

会计人员作为企业纳税环节中的实际操作和执行人员，应当熟悉财经法规和国家统一的会计制度、税收制度，做到在自己处理各项经济业务时知法依法、知章循章，依法把关守口。企业有义务增强企业会计人员的法治观念，定期为企业会计人员普及税收新政策，帮助他们辨明法律上的是与非，促使他们在日常工作中依法办事，避免不法行为。

二、本章教学重点与难点

【教学重点】

（1）税收筹划的概念；

（2）税收筹划的目标；

（3）税收筹划的影响因素；

（4）利用税收优惠进行税收筹划；

（5）企业组织形式与税收筹划。

【本章难点】

（1）在对税收筹划概念的理解中如何区分税收筹划与偷税、逃税、抗税、骗税、避税；

（2）如何理解税收筹划是纳税人的一项权利；

（3）对不同税收优惠的利用与税收筹划关系的理解；

（4）对不同企业组织形式与税收筹划关系的理解。

本章思维导图如图 1-1 所示。

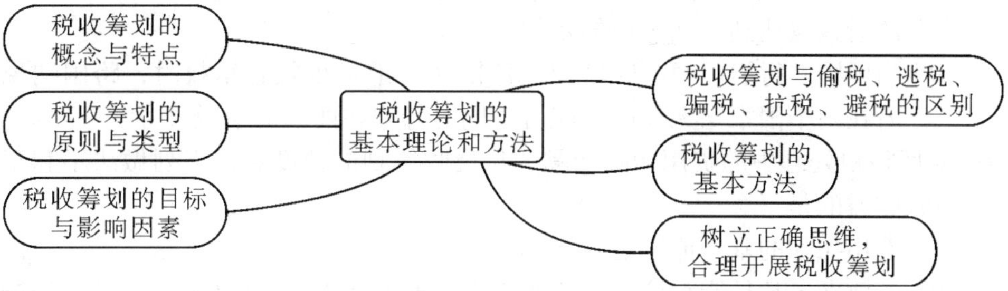

图 1-1　本章思维导图

三、练习题

一、单项选择题

1. 纳税人的下列行为中，属于合法行为的是（　　）。

A. 自然人税收筹划　　B. 企业法人逃避缴纳税款

C. 国际避税　　D. 非暴力抗税

2. 企业在进行税收筹划过程中，充分考虑税收时机和筹划时间跨度的选择（推迟或提前、拉长或缩短）等可能影响税收筹划效果甚至导致税收筹划失败的因素，这种税务处理属于对（　　）的规避。

A. 税收筹划时效性风险　　B. 税收筹划条件风险

C. 征纳双方认定差异风险　　D. 流动性风险

3. 合理提前所得年度或合理推迟所得年度，从而起到减轻税负或延期纳税的作用，这种税务处理属于（　　）。

A. 企业投资决策中的税收筹划　　B. 企业生产经营中的税收筹划

C. 企业成本核算中的税收筹划　　D. 企业成果分配中的税收筹划

4. 通常围绕收入实现、经营方式、成本核算、费用列支、折旧方法、捐赠、筹资方式、投资方向、设备购置、机构设置、税收政策等涉税相关项目进行税收筹划的是（　　）。

A. 流转税　　B. 所得税

C. 财产与行为税　　D. 资源环境税

5. 下列关于跨国税收筹划的说法中，错误的是（　　）。

A. 当甲国实行地域税收管辖权、乙国实行居民税收管辖权时，甲国的居民从乙国获得的所得就可以躲避所有纳税义务

B. 当两个国家同时实行所得来源管辖权，但确定所得来源的标准不同时，两国认为这笔所得的支付者与获得者不属于本国自然人或法人时，该笔所得就可以躲避纳税义务

C. 当两国同时行使居民管辖权，但对自然人和法人是否为本国居民有不同的确认标准时，跨国纳税人可以根据有关国家的标准设置总机构和登记注册，以达到国际避税的目的

D. 当甲国实行居民税收管辖权、乙国实行地域税收管辖权时，跨国纳税人若在两个国家均无住所，就可以同时躲避在两国的纳税义务

6. 就所得税处理中的费用扣除问题，从税收筹划的角度看，下列做法不利于企业获得税收收益的是（　　）。

A. 费用扣除的基本原则是就早不就晚

B. 各项支出凡是能直接计入营业成本、期间费用和损失的不计入生产成本

C. 各项支出凡是能计入成本的不计入资产

D. 各项费用能待摊的不预提

7. 企业将所纳税款通过提高商品或生产要素价格的方法转嫁给购买者或最终消费者承担，这种最为典型、最具有普遍意义的税负转嫁形式在税收上通常称为（　　）。

A. 税负前转　　B. 税负后转
C. 税负消转　　D. 税负叠转

8.《中华人民共和国企业所得税法》规定，纳税人来源于境外的所得，已在境外缴纳的所得税税款，准予在汇总纳税时从其应纳税额中扣除。该规定的所属税收优惠的形式是（　　）。

A. 减税　　B. 税收抵免
C. 优惠退税　　D. 亏损抵补

9. 如果一项固定资产在会计上采用直线法折旧，在税收上采用加速折旧法，这种做法（　　）。

A. 会出现时间性差异
B. 会出现永久性差异
C. 会同时出现时间性差异和永久性差异
D. 不会出现时间性差异和永久性差异

10. 偷税有两个基本特征：欺诈性和（　　）。

A. 非固定性　　B. 故意性
C. 避税性　　D. 合法性

11. 避税的“非违法性”只是从（　　）而言的。

A. 经济形势　　B. 法律形式
C. 政治形势　　D. 思想观念

12.（　　）是利用税收中的众多临界点所进行的税收筹划。在我国的现行税制中，税率分级和税收优惠等有临界点。

A. 空白筹划　　B. 弹性筹划
C. 规避筹划　　D. 临界点筹划

13. 政府一般是根据最具实践性的（　　）来征税，而企业站在自身利益的角度，总是以“受益原则”来衡量其是否应该缴税。

A. 固定性原则　　B. 负担能力原则
C. 最大化原则　　D. 最小化原则

14. 税收筹划的目标在直接减轻纳税人负担方面，但应更加注重（　　）。

A. 企业的整体经济效益　　B. 企业发展规划
C. 企业形象　　D. 企业业绩

15. 税收优惠对节税潜力的影响在于（　　）。

A. 税收优惠范围越大，节税潜力越大
B. 税收优惠范围越小，节税潜力越大
C. 税收优惠方式越多，节税潜力越小
D. 税收优惠内容越丰富，节税潜力越小

16. 当企业生产经营规模扩大，运营情况比较复杂，涉税事项较多，财务规划任务较重时，企业一般采用（　　）进行税收筹划。

A. 专项税收筹划　　B. 自行税收筹划

C. 整体税收筹划　　D. 法人税收筹划

17. 按照（　　）划分，税收筹划可以分为商品劳务税的税收筹划、所得税的税收筹划、财产税的税收筹划、资源税的税收筹划、行为目的税的税收筹划等。

A. 税收筹划的范围　　B. 税收筹划涉及的税种

C. 税收筹划的环节　　D. 税收筹划的目标

18. 税收筹划具有（　　），税收筹划与偷税有着原则性的区别。

A. 合法性原则　　B. 稳健性原则

C. 风险性原则　　D. 时效性原则

19. 纳税人进行税收筹划时，不能寄希望于一成不变的模式，而应根据自身所处的行业、所在地区和所处的时间环境，制订适合自己的税收筹划方案。这是指税收筹划应遵循（　　）原则。

A. 总额和利益最大化　　B. 稳健性

C. 社会责任　　D. 时效性

20. 税收筹划必须在纳税义务的法律事实发生（　　）。

A. 之前进行　　B. 之后进行

C. 之中进行　　D. 任何时间都可以进行

二、多项选择题

1. 下列选项中，不属于税收筹划特点的有（　　）。

A. 合法性　　B. 风险性

C. 收益性　　D. 中立性

E. 综合性

2. 下列关于企业价值最大化理论及这一目标下税收筹划的说法中，正确的是（　　）。

A. 在企业目标定位于价值最大化的条件下，税收筹划的目标是追求税后利润最大化

B. 企业价值最大化是从整体角度考虑企业的利益取向，使其更好地满足企业各利益相关者的利益

C. 由于企业价值最大化目标下，作为价值评估基础的现金流量的确定仍然是基于企业当期的盈利，因此只有选择税负最轻的纳税方案的活动才可以称为税收筹划

D. 现金流量价值的评价标准，不仅仅是看企业目前的获利能力，更看重的是企业未来的和潜在的获利能力。由单纯追求节税和税后利润最大化目标向追求企业价值最大化目标的转变，反映了纳税人现代理财观念不断更新和发展的过程

3. 按税收筹划供给主体不同，税收筹划可以分为（　　）。

A. 自行税收筹划　　B. 法人税收筹划

C. 委托税收筹划　　D. 自然人税收筹划

4. 下列选项中，（ ）变动能有机地体现投资结构对企业税负以及税后利润的影响。

A. 有效税基的综合比例　　B. 法定税率的水平

C. 实际税率的总体水平　　D. 纳税综合成本的高低

5. 下列关于税收筹划、偷税、逃税、抗税、骗税等的法律性质的说法中，正确的是（ ）。

A. 税收筹划的基本特点之一是合法性，而偷税、逃税、抗税、骗税等则是违反税法的

B. 偷税具有故意性、欺诈性，是一种违法行为，应该受到处罚

C. 逃税与偷税有共性，即都有欺诈性、隐蔽性，都是违反税法的行为

D. 抗税是指纳税人以暴力、威胁方法拒不缴纳税款的行为，与之不同的是，税收筹划采取的手段是非暴力性的

E. 骗税是指纳税人利用税法漏洞或缺陷钻空取巧，通过对经营及财务活动的精心安排，以期达到纳税负担最小的经济行为

6. 税收筹划的原则包括（ ）。

A. 系统性原则　　B. 预见性原则

C. 合法性原则　　D. 时效性原则

E. 保护性原则

7. 按企业生产经营的不同阶段，税收筹划可以分为（ ）。

A. 投资决策税收筹划　　B. 企业所得税税收筹划

C. 企业生产经营中的税收筹划　　D. 利润分配税收筹划

8. 税收筹划的主观限制因素主要有三种，分别为（ ）。

A. 掌握必要的法律知识　　B. 拥有相当的收入规模

C. 具备一定的税收筹划意识　　D. 和税务局工作人员关系密切

9. 税收筹划的积极意义在微观层面表现为（ ）。

A. 有助于会计管理水平的提高

B. 有助于纳税人实现经济利益最大化

C. 有助于纳税人纳税意识的增强

D. 有助于现代企业制度的建立

10. 实现涉税零风险是企业税收筹划的目标之一，原因是（ ）。

A. 避免不必要的经济损失

B. 避免不必要的名誉损失

C. 使企业的账目清楚

D. 获得货币的时间价值

三、判断题

1. 企业税收筹划必须在纳税义务发生之后，通过对企业生产经营活动过程的规划与控制来进行。（ ）

2. 税收筹划是纳税人对其资产、收益的维护，属于纳税人应尽的一项基本义务。（ ）

3. 各国税制中都有较多的减免税优惠，这对人们进行税收筹划既是条件又是激励。（ ）

4. 世界上大多数国家都严格地同时行使居民管辖权、公民管辖权和地域税收管辖权。在这一前提下，当各国税法的具体规定不同时，就为税收筹划留下了可能性。（ ）

5. 从长远和整体来看，纳税人税收筹划势必会减少国家的税收收入，但从政策上来讲，国家正是通过这种税收利益让渡的方式，来促进企业依法纳税水平的提高。（ ）

6. 税收筹划与纳税意识的增强一般具有客观一致性的关系，税收筹划是企业纳税意识增强到一定程度的体现。（ ）

7. 如果总公司所在地税率较高，而从属机构设立在税率较低地区，设立分公司后应独立纳税，由此子公司所负担的是分公司所在地的较低税率，总体上降低了公司所得税税负。（ ）

8. 对于税负很轻的商品来说，课税后加价幅度较小，一般不致影响销路，税负便可通过提价全部转嫁给消费者负担。（ ）

9. 从价计征的商品，税额随商品或生产要素价格的高低而彼此不同，商品或生产要素昂贵，加价税额必然增大；反之，价格越低廉，加价税额也会越小。（ ）

10. 一般来讲，只有与商品交易行为无关或对人课征的直接税才能转嫁，而对商品交易行为或活动课征的间接税则不能转嫁或很难转嫁。（ ）

四、思考题

1. 请以存货计价方法为例，简要说明企业成本核算中的税收筹划。

2. 为什么说单纯地以节税为税收筹划的目标会导致税收筹划同企业整体理财目标的矛盾？

3. 简要说明如何在诸多被列示的税收筹划方案中作出最佳选择。

4. 简要阐明如何通过固定资产折旧的税收筹划获得所得税税收递延利益。

5. 预提和待摊是会计上两种相对的费用确认方法，但是为什么从税收筹划的角度来讲，能预提的应该尽量不摊销？

6. 企业生产经营过程的各项支出中，有一些会形成企业营业或生产成本，另外一些会形成企业资产。为什么说从税收筹划的角度来看，相关支出能进入成本的不计入资产？

7. 企业收入科目既涉及流转税又涉及所得税。从税收筹划的角度看，收入确认总是越晚越好。请从税收筹划的角度，就推迟收入确认的基本方法进行简单阐述。

五、案例分析题

【案例 1-1】A 公司是一家化妆品企业，该公司将生产的化妆品、护肤护发品、小工艺品等组成成套消费品销售。2020 年成套销售的消费品由下列产品组成：化妆品，包括一批高档香水 600 万元、一批高档口红 300 万元；护肤护发品，包括一批沐浴液 100 万元，一批洗发液 80 万元。化妆品消费税税率为 15%，上述价格均不含增值税。

要求：从税务筹划角度，分析企业采用上述成套销售化妆品是否有利。若不利，请为企业制订税收筹划方案，以实现节约税收的目的。

【案例 1-2】甲粮食白酒生产企业 2020 年度有以下两种销售方式：

方案一：

甲粮食白酒生产企业将企业产品以 9 000 万元销售给销售公司，销售公司再以 10 000 万元对外销售。甲粮食白酒生产企业与销售公司发生的业务招待费均为 30 万元，广告费均为 150 万元，业务宣传费均为 40 万元。假设 2020 年甲粮食白酒生产企业税前会计利润为 300 万元，销售公司税前会计利润为 200 万元。

方案二：若甲粮食白酒生产企业 2020 年度采取直接对外销售方式销售产品，销售价款为 10 000 万元，当年发生业务招待费 50 万元，广告费 300 万元，业务宣传费 80 万元。假设甲粮食白酒生产企业 2020 年度税前会计利润总额为 500 万元。

要求：请问甲粮食白酒生产企业应选择哪种销售方式，才能实现节约税收的目的？

【案例 1-3】科研人员王某发明了一种新型技术专利，且该专利申请了国家技术专利。由于该专利市场需求状况良好，因此有许多企业想要高价购买。其中，甲公司打算用 200 万元的高价购买，其他市场需求者暂没有给出如此高价。

要求：王某是否应该将该专利转让出去？请为王某制订税收筹划方案。

【案例 1-4】（1）王先生就职于国内一家律师事务所，2020 年，王先生打算在上海注册一家普通公司 A 公司（小规模纳税人），王先生在律师事务所获得的工资将以服务费的形式由律师事务所转给 A 公司，此时 A 公司需开具发票且需要缴税。假设王先生获得的收入是 20 万元（含税），不考虑其他附加税费及其他扣除项目。

（2）假设王先生注册一家律师事务所（个人独资企业形式，且属于小规模纳税人），以公司账户进行交易，需要缴税；收入没有发生变化，同样不考虑其他税费及相关的扣除项目。（注：上述两种方式下都只考虑增值税一般纳税人的情况。）

要求：分别比较在以上两种情况下，王先生应该如何选择企业的形式？

【案例 1-5】王某打算成立一家经营文具生产业务的企业，预计每年可以实现利润 35 万元（假设不存在税会差异，无需进行纳税调整）。在企业组织形式的选择方面，王某现有以下两种方案可供选择：

方案一：成立一人有限责任公司。

方案二：成立个人独资企业。

要求：请从税收的角度考虑，判断王某应该选择哪一种方案？

第二章
增值税筹划

一、本章教学大纲

（一）增值税纳税人的税收筹划

1. 增值税纳税人规定

在中华人民共和国境内（以下简称“境内”）销售货物或提供加工、修理修配劳务（以下简称“劳务”）销售服务，无形资产，不动产以及进口货物的单位和个人，为增值税纳税人。单位是指企业、行政单位、事业单位、军事单位、社会团体及其他单位。个人是指个体工商户和其他个人。增值税纳税人分为一般纳税人和小规模纳税人。

（1）一般纳税人与小规模纳税人的销售额标准。根据《中华人民共和国增值税暂行条例》（以下简称“《增值税暂行条例》”）及其实施细则和“营改增”税收政策的规定，自 2018 年 5 月 1 日起，小规模纳税人的销售额标准统一为年应征增值税销售额（以下简称“应税销售额”）500 万元及以下。

年应税销售额超过上述规定的小规模纳税人标准的纳税人为增值税一般纳税人。自 2015 年 4 月 1 日起，增值税一般纳税人实行登记制度，不再实行资格认定审批制度，登记事项由增值税纳税人向其主管税务机关办理。

需要注意的是，年应税销售额超过小规模纳税人标准的其他个人按小规模纳税人纳税；非企业性单位、应税行为年销售额超过规定标准但不经常发生应税行为的单位和个体工商户，可以选择按照小规模纳税人纳税。小规模纳税人会计核算健全，能够提供准确税务资料的，可以向主管税务机关申请办理一般纳税人登记。

（2）一般纳税人与小规模纳税人的计税方法。除了一些特殊情况适用简易计税方法计税外，增值税一般纳税人销售货物、提供应税劳务或发生应税行为适用一般计税方法，即以当期销项税额抵扣当期进项税额后的余额为应纳税额。

2. 纳税人身份选择的税收筹划

一般纳税人与小规模纳税人的适用税率和计税方法不同。在销售收入相同的情况下，究竟是一般纳税人比小规模纳税人多纳税，还是小规模纳税人比一般纳税人多纳税呢？从税法规定可以看出，在销售额既定的情况下，小规模纳税人的应纳税款已确定，但一般纳税人的应纳税款还需依据其可抵扣的进项税额而定，可抵扣的进项税额越多，应纳税款越少；反之，可抵扣的进项税额越少，应纳税款越多。或者说，增值率越高，应纳税款越多。在一般纳税人与小规模纳税人进行税负比较时，增值率就是一个关键因素。在一个特定的增值率下，增值税一般纳税人与小规模纳税人应纳税款数额相同，我们把这个特定的增值率称为“无差别平衡点增值率”。当增值率低于这个点时，增值税一般纳税人的税负低于小规模纳税人的税负；当增值率高于这个点时，增值税一般纳税人的税负高于小规模纳税人的税负。

（1）含税销售额无差别平衡点增值率的计算（见表2-1）。

表2-1 无差别平衡点增值率（含税销售额） 单位:%

一般纳税人税率	小规模纳税人征收率	无差别平衡点增值税率
13	3	25.32
9	3	35.28
6	3	51.46
13	5	41.39
9	5	57.67
6	5	84.13

（2）不含税销售额无差别平衡点增值率的计算（见表2-2）。

表2-2 无差别平衡点增值率（不含税销售额） 单位:%

一般纳税人税率	小规模纳税人征收率	无差别平衡点增值税率
13	3	23.08
9	3	33.33
6	3	50.00
13	5	38.46
9	5	55.56
6	5	83.33

纳税人可以计算本企业产品的增值率，按适用的税率及销售额是否含税查表来选择纳税人身份。若增值率高于无差别平衡点增值率，纳税人可以通过企业分立选择成为小规模纳税人；若增值率低于无差别平衡点增值率，纳税人可以通过企业合并选择成为一般纳税人。因此，增值税纳税人可以根据自身业务增值率的情况判断哪种身份会减轻增值税税负。

①增值率高或抵扣率低的企业可以选择小规模纳税人身份。

②增值率低或抵扣率高的企业可以选择一般纳税人身份。

③进行增值税一般纳税人与小规模纳税人身份的税收筹划时，纳税人还需要注意以下问题：

首先，税法对一般纳税人的认定要求。

其次，企业财务利益最大化要求。

最后，企业产品的性质及客户的类型。

（二）增值税计税依据的税收筹划

1. 计税依据的法律界定

（1）一般纳税人应纳税额的计算。一般纳税人应纳税额的计算公式如下：

应纳税额=当期销项税额-当期进项税额

①销项税额。

销项税额=销售额×税率

销售额是纳税人销售货物和应税劳务从购买方收取的全部价款和价外费用，这里的销售额是指不包含增值税的销售额。

不含税销售额=含税销售额÷(1+税率)

②进项税额。进项税额是指纳税人购进货物，提供加工、修理修配劳务，销售服务，无形资产或不动产，支付或负担的增值税额。进项税额是增值税专用发票或海关完税凭证上注明的，而不是计算的，但下面两种情况除外：

第一，一般纳税人向农业生产者或向小规模纳税人购买的农产品，准予按照买价和13%的扣除率计算进项税额，从当期销项税额中扣除。

第二，适用一般计税方法的纳税人，兼营简易计税方法计税项目、免征增值税项目而无法划分不得抵扣的进项税额，按照下列公式计算不得抵扣的进项税额：

不得抵扣的进项税额=当期无法划分的全部进项税额×(当期简易计税方法计税销售额+免征增值税项目销售额)÷当期全部销售额

主管税务机关可以按照上述公式依据年度数据对不得抵扣的进项税额进行清算。

（2）小规模纳税人应纳税额的计算。小规模纳税人应纳税额的计算公式如下：

应纳税额=计税销售额×征收率

小规模纳税人增值税征收率为3%。

（3）进口货物应纳增值税的计算。纳税人进口货物，按照组成计税价格和《增值税暂行条例》规定的税率计算应纳税额。

对于不同时征收消费税的货物，计算公式如下：

组成计税价格=关税完税价格+关税

应纳税额=组成计税价格×税率

进口货物增值税的组成计税价格中包括已纳关税税额。如果进口货物属于消费税应税消费品，其组成计税价格中还要包括已纳消费税税额。

组成计税价格=关税完税价格+关税+消费税税额

应纳税额=组成计税价格×税率

2. 销项税额的税收筹划

（1）增值税销项税额的规定。销项税额是按税率计算的增值税额。计算公式如下：

销项税额=销售额×税率

销售额是纳税人发生应税销售行为收取的全部价款和价外费用。

价外费用是指价外向购买方收取的手续费、补贴、基金、集资费、返还利润、奖励金、违约金（延期付款利息）、包装费、包装物租金、储备费、优质费、运输装卸费、代收款项、代垫款项及其他各种性质的价外收费。上述价外费用无论其会计制度如何核算，均应并入销售额计税。

纳税人发生应税销售行为的价格明显偏低并且无正当理由的，税务机关按下列顺序确定销售额：

第一，按纳税人最近时期同类货物的平均销售价格确定。

第二，按其他纳税人最近时期同类货物的平均销售价格确定。

第三，按组成计税价格确定，计算公式为：

组成计税价格=成本×(1+成本利润率)

属于应征消费税的货物，其组成计税价格应加计消费税税额。计算公式如下：

组成计税价格=成本×(1+成本利润率)+消费税税额

或者：

组成计税价格=[成本×(1+成本利润率)+从量计征的消费税税额]÷(1-消费税税率)

在上式中，成本分为两种情况：属于销售自产货物的为货物的实际生产成本，属于销售外购货物的为货物的实际采购成本。

（2）销售方式的税收筹划。为适应市场竞争的需要，企业会采用多种不同的产品销售方式，而税法对不同销售方式规定的计税方法是不同的。为此，企业在采用不同方式销售商品时，需要注意销售方式的差别对自身税负高低的影响。

①折扣销售。折扣销售分为现金折扣、商业折扣和销售折让三种方式。

现金折扣是指企业在销售货物或提供应税劳务的行为发生后，为尽快收回资金而给予购买方价格上的优惠形式。现金折扣发生在销货之后，是一种融资性质的理财费用，因此现金折扣不得从销售额中减除。

商业折扣是指企业在销售货物或提供应税劳务的行为发生后，为鼓励对方多购买而给予购买方价格上的优惠形式。税法规定，如果销售额和折扣额在同一张发票上分别注明，可按折扣后余额作为销售额计算增值税；如果将折扣额另开发票，不论其在财务上如何处理，均不得从销售额中扣减。

销售折让是指货物销售后，由于产品质量、性能或规格等方面的原因，购货方虽没有退货，但要求售货方给予的一种价格上的优惠。根据税法的规定，销售折让可以从货物或应税劳务的销售额中扣除，以其余额计算缴纳增值税。

企业应尽量将实物折扣转化为折扣销售。实物折扣按规定是要视同销售的，但如果将实物折扣转化为折扣销售，则可以为企业减轻税负。例如，某客户购买了10件商品，应给予2件商品的折扣，在开具发票的时候按12件商品开具销售数量和金额，然后在同一张发票上的另一行用红字开具折扣2件商品的折扣金额。这样按照税法的规定，折扣的部分在计税时就可以从销售额中扣减，不需要计算增值税，从而节约了税款支出。

②收取手续费代销方式与视同买断代销方式。代理销售有两种不同的方式：一是收取代理手续费方式，即受托方以代理销售商品的全价与委托方结算，然后收取一定金额的手续费。如果受托方是一般纳税人，这笔代理服务收入应按6%的税率计算缴纳增值税。二是视同买断方式，即委托方以较低价格将货物交由受托方代销，

受托方加价后向市场销售，受托方应按其获得的增值额计算缴纳增值税，适用税率为13%（或9%）。

在受托方收到的代理服务收入（不含税）与视同买断取得的差额收入（不含税）相同的情况下，由于两种不同代销方式下委托方、受托方的税务处理不同，因此这两种代销方式下各自的税负也不相同。对于受托方来说，收取手续费方式适用的增值税税率低于买断方式适用的增值税税率，因此收取手续费方式的增值税税负较低。对于委托方来说，收取手续费方式下的代销价格高于视同买断方式下的代销价格，因此收取手续费方式的增值税税负较高。从委托方、受托方两者合计税负来看，两种代销方式下的税负完全相同，只是由于不同的代销方式影响了两者各自承担的税负份额。

因此，从税负的角度来看，委托方应尽量采用视同买断方式，而受托方应尽量采用收取手续费方式。为平衡两者税负的差异，税负较低的一方可以给予税负较高的一方一定的价格补偿。

③还本销售。还本销售是指销货方将货物出售之后，按约定的时间一次或分次将购货款部分或全部退还给购货方，退还的货款即为还本支出。这种方式实际上是一种以货物抵偿资金的使用价值，到期还本不付息的筹集资金的方式。税法规定，纳税人采取还本方式销售货物的，不得从销售额中减除还本支出。

④以旧换新。以旧换新是指纳税人在销售货物时，以一定的价格同时回收相关的旧货，以达到促销的目的。根据税法的规定，除金银首饰外，纳税人采取以旧换新方式销售货物的，应按新货物的同期销售价格计算缴纳税款。无论纳税人在财务上怎样处理，旧货物的支出均不得从销售额中扣除。金银首饰以旧换新业务应按照纳税人实际收取的价格作为计税依据，征收增值税。

⑤以物易物。以物易物是一种较为特殊的购销活动，是指购销双方不是以货币结算，而是以同等价款的货物相互交换，实现货物购销的一种方式。税法规定，以物易物双方都应做购销处理，以各自发出的货物核算销售额并计算销项税额，以各自收到的货物按规定核算购货额并计算进项税额。

（3）销售价格的税收筹划。税收是销售价格的一个重要组成部分，税收的高低会影响到销售价格的高低。销售价格的税收筹划主要是利用关联企业之间的转让定价，目的是使企业的总税负最低。

使用销售价格的税收筹划方法应注意以下两个方面的问题：一方面，关联企业各方可以通过压低前期环节销售价格的方式，把增值额累积在最后的销售环节，以实现增值税的递延纳税。与此同时，关联企业各方结合进项税额的情况，通过制定合理的关联转让价格，使关联企业各方的留抵税额最小化。另一方面，关联企业各方可以利用不同地区税率水平之间的差异，通过前后环节销售价格的差异，将利润部分尽可能地保留在低税率地区。

（4）结算方式的税收筹划。

①结算方式的税法规定。销售结算方式通常有直接收款、委托收款、托收承付、赊销或分期收款、预收款销售、委托代销等。不同的销售方式，其纳税义务发生的时间是不同的。

赊销和分期收款结算方式都是以合同约定日期为纳税义务发生时间。因此，企业在产品销售过程中，在应收货款一时无法收回或部分无法收回的情况下，可以选择赊销或分期收款结算方式。

委托代销是指委托方将商品交付给受托方，受托方根据合同的要求，将商品出售后开具销货清单并交给委托方。此时，委托方才确认销售收入的实现。因此，根据这一原理，如果企业的产品销售对象是商业企业，并且产品以商业企业在销售后付款结算方式销售，则可以采用委托代销结算方式，根据实际收到的货款分期计算销项税额，从而延缓纳税时间。

②结算方式的税收筹划要点。企业应在充分考虑销售风险的情况下，选择有利于企业延缓税款缴纳、充分利用货币时间价值的结算方式。企业在销售时就应该考虑到风险的存在，在购销合同中进行有效的事先防范：第一，企业应强调销货方风险的存在，求得采购方的配合与谅解。第二，在求得采购方谅解的基础上，企业应采用货款不到不开发票的方式，达到推迟纳税的目的。第三，企业应避免采用托收承付和委托收款结算的方式销售货物，防止垫付税款，尽可能采用支票、银行本票和汇兑结算的方式销售货物。第四，在购销合同中，企业应注明以付款额作为销售额，余额作为借款。第五，企业应采用赊销方式，分期收款结算，收多少款，开多少发票。

（5）不动产销售的税收筹划。不动产销售的税收筹划主要注意房地产企业是销售自产项目还是销售外购房地产。针对两种不同的取得方式，企业要结合增值税税率的变化，选择对企业有利的税收筹划方案。

（6）租赁业务的税收筹划。

①租赁业务的类型。租赁业务包括融资租赁和经营租赁两种方式，分别按照租赁的不动产和动产适用13%和9%的增值税税率以及特殊的融资性售后回租业务的6%的增值税税率。

水路运输和航空运输中的光租、干租、湿租、期租业务税务处理不同。

3. 进项税额的税收筹划

（1）增值税进项税额的规定。

①进项税额抵扣时间的税收筹划。根据进项税额抵扣时间的规定，企业取得的防伪税控系统开具的增值税专用发票，应在取得发票后尽快到税务机关进行认证。企业购进多用途物资应先认证再进行抵扣，待转为非应税项目使用时再做进项税额转出处理，以避免非应税项目使用物资转为应税项目使用时由于超过认证时间而不能抵扣其进项税额的情况。

②供应商选择的筹划。由于增值税实行凭增值税发票抵扣的制度，只有一般纳税人才能使用增值税专用发票。一般纳税人从小规模纳税人处认购的货物，小规模纳税人可以到税务机关申请代开小规模纳税人使用的增值税专用发票，抵扣率为3%。如果购货方取得的是小规模纳税人自己开具的普通发票，则不能进行任何抵扣（农产品除外）。

增值税一般纳税人从小规模纳税人处采购的货物不能进行抵扣或只能抵扣3%。为了弥补因不能取得增值税专用发票而产生的损失，必然要求小规模纳税人在价格上给予一定程度的优惠（见表2-3）。

表2-3　价格优惠临界点　　单位：%

一般计税方法纳税人开具的增值税专用发票上的税率	简易计税方法纳税人开具的增值税专用发票上的税率	价格优惠临界点（含税）
13	3	90.24
13	0	87.35
9	3	93.93
9	0	90.92
6	3	96.88
6	0	93.77

对于小规模纳税人来说，其进项税额不能进行抵扣，只要比较含税采购价格就可以决定采购对象。因此，使用供应商选择的税收筹划可以从以下两个方面入手：一是对于购货方为一般纳税人的，在含税采购价格相同的情况下，企业应选择从一般纳税人处采购，可抵扣进项税额高，不含税采购成本低；如果小规模纳税人的含税采购价格低于一般纳税人的含税采购价格，就要比较小规模纳税人的价格折扣程度是否能够弥补其进项税额较低而产生的差额，进而决定供货方。二是对于购货方为小规模纳税人的，企业应选择含税价格较低的一方为供货方。

（2）购进固定资产、无形资产与不动产用途的税收筹划。

根据“营改增”税收政策的规定，用于简易计税方法计税项目，免征增值税项目，集体福利或个人消费的购进货物，加工、修理修配劳务，服务，无形资产和不动产所产生的进项税额不得从销项税额中抵扣。其中，涉及的固定资产、无形资产、不动产仅指专用于上述项目的固定资产、无形资产（不包括其他权益性无形资产）、不动产。因此，一般计税方法纳税人在购入固定资产、无形资产、不动产后，只要不是专门用于简易计税方法计税项目、免征增值税项目、集体福利或个人消费的，其增值税进项税额可以全部抵扣。例如，企业购进一栋楼房全部用于职工食堂，则其进项税额不能抵扣，但如果企业在职工食堂中设定一定的场所用于存放库存商品或设立会议室，就可以抵扣全部进项税额。

（3）兼营简易计税方法计税项目、免税项目进项税额核算的税收筹划。

①是否准确划分简易计税方法计税项目、免征增值税项目进项税额的选择。

增值税一般纳税人兼营简易计税方法计税项目或免征增值税项目，应当正确划分其不得抵扣的进项税额。应税项目与简易计税方法计税项目或免征增值税项目的进项税额可以划分清楚的，用于生产应税项目产品的进项税额可以按规定进行抵扣；用于生产简易计税方法计税项目或免征增值税项目产品的进项税额不得抵扣。

②兼营简易计税方法计税项目、免征增值税项目进项税额核算的税收筹划。

根据《增值税暂行条例》及其实施细则和“营改增”税收政策的相关规定，一般纳税人对用于简易计税方法计税项目、免征增值税项目的进项税额可以在其用于该类用途时，从原在购进时已做抵扣的进项税额中通过“应交税费——应交增值税

（进项税额转出）”科目转出，即转入相关资产或产品成本。在实践中，有不少企业为避免进项税额核算出现差错，便通过设立“其他材料”等科目单独计算用于简易计税方法计税项目、免征增值税项目的进项税额，将其直接计入材料成本。

在一般情况下，材料从购进到生产领用存在一个时间差，对简易计税方法计税项目、免税项目进项税额的不同核算方法决定了企业能否充分利用这个时间差。

（4）加工方式选择的税收筹划。企业在生产经营过程中，往往由于生产技术或生产能力的限制，需要将部分零部件委托其他企业加工。企业的加工方式有自行加工和委托加工两种。在自行加工方式下，企业购进原料应做进项处理，自行加工所需的原料和加工费应作为企业生产成本。在委托加工方式下，在加工完毕后的提货环节，委托方要支付加工环节的增值税，因此企业不仅需要计提原料的进项税，还需要对支付的加工费计提进项税。由于两种加工方式下的增值税进项税额不同，其应纳增值税税额也不尽相同。

4. 增值税税率的税收筹划

（1）增值税税率的规定（见表2-4）。

表2-4 增值税税率表

适用范围	税率/%	备注
①销售货物，提供加工、修理修配劳务，有形动产租赁服务或进口货物	13	另有规定的除外
②销售或进口特定货物； ③销售交通运输服务、邮政服务、基础电信服务、建筑服务、不动产租赁服务、转让土地使用权	9	特定货物如下： ①粮食等农产品、食用植物油、食用盐； ②自来水、暖气、冷气、热水、石油液化气、天然气、二甲醚、沼气、居民用煤炭制品； ③图书、报纸、杂志、音像制品、电子出版物； ④饲料、化肥、农药、农机、农膜； ⑤国务院规定的其他货物
④销售现代服务（有形动产租赁服务除外）、增值电信服务、金融服务、生活服务、无形资产（土地使用权除外）	6	研发和技术服务、信息技术服务、文化创意服务、物流辅助服务、鉴证咨询服务、广播影视服务、商务辅助服务、增值电信服务、贷款服务、直接收费金融服务、保险服务、金融商品转让、文化体育服务、教育医疗服务、旅游娱乐服务、餐饮住宿服务、居民日常服务
⑤一般纳税人的一些特殊项目	5	征收率
⑥出口货物； ⑦跨境应税行为销售国务院规定范围内的服务、无形资产	0	国际运输服务、航天运输服务等
⑧小规模纳税人	3	征收率
	1	阶段性减免小规模纳税人增值税政策

（2）税率的税收筹划要点。全面营业税改征增值税之后，纳税人经营活动往往包含应纳增值税项目，但所对应的增值税税率可能会有所不同，如兼营和混合销售行为。在这种情况下，纳税人就要考虑增值税税率的税收筹划问题。

①兼营行为。根据《增值税暂行条例》及其实施细则和“营改增”政策法规，

纳税人销售货物，提供加工、修理修配劳务，销售服务、无形资产或不动产适用不同税率或征收率的，应当分别核算适用不同税率或征收率的销售额；未分别核算销售额的，按照以下方法适用税率或征收率：

第一，兼有不同税率的应税项目，从高适用税率；

第二，兼有不同征收率的应税项目，从高适用征收率；

第三，兼有不同税率和征收率的应税项目，从高适用税率。

为了避免从高适用税率或征收率而加重企业税收负担的情况，兼有不同税率或征收率的货物、应税劳务或应税服务的企业，应将各自的销售额分别核算。

②混合销售。全面“营改增”后，一项销售行为如果既涉及货物又涉及服务，为混合销售。从事货物的生产、批发或零售的单位和个体工商户的混合销售行为，按照销售货物缴纳增值税；其他单位和个体工商户的混合销售行为，按照销售服务缴纳增值税。上述从事货物的生产、批发或零售的单位和个体工商户，包括以从事货物的生产、批发或零售为主（指纳税人每年的货物销售额与服务销售额合计数中，货物的销售额超过50%），并兼营销售服务的单位和个体工商户。

5. 增值税减免税的税收筹划

（1）税收优惠的有关规定。

①免征增值税项目。《增值税暂行条例》中规定了若干项免税项目，如对农业生产者销售的自产农产品免征增值税等。

《财政部 国家税务总局关于全面推开营业税改征增值税试点的通知》（财税〔2016〕36号）规定了“营改增”过渡期的免税项目。

②增值税的即征即退优惠。增值税法对一些特殊行业的增值税征收实行即征即退的方式。例如，软件生产企业、安置残疾人就业的单位和个体工商户、资源综合利用产品等行业实行即征即退的税收优惠政策。

③起征点的税收筹划。对于小规模纳税人中的个人（包括个体工商户和其他个人）来说，其销售货物、劳务或服务的销售额未达到增值税起征点的，免征增值税；达到起征点的，按规定全额计算缴纳增值税。

现阶段增值税起征点的规定如下：小规模纳税人发生增值税应税销售行为，合计月销售额未超过10万元（以1个季度为1个纳税期的，季度销售额未超过30万元，下同）的，免征增值税；小规模纳税人发生增值税应税销售行为，合计月销售额超过10万元，但扣除本期发生的销售不动产的销售额后未超过10万元的，其销售货物、劳务、服务、无形资产取得的销售额免征增值税。

根据我国税法的相关规定，个人发生应税行为的销售额未达到增值税起征点的，免征增值税；达到起征点的，全额计算缴纳增值税（增值税起征点不适用于登记为一般纳税人的个体工商户）。根据相关规定，2019年1月1日至2021年12月31日，主要包括小微企业、个体工商户和其他个人在内的小规模纳税人，增值税起征点提高到10万元。

因此，小规模纳税人需要注意让自己的月不含税销售额低于10万元，以享受增值税免税政策；不含税销售额超过10万元的，可以考虑将企业分拆。

④放弃减免税优惠的税收筹划。纳税人发生的应税行为适用免税、减税规定的，

可以放弃免税、减税，依照相关规定缴纳增值税，纳税人放弃免税、减税后，36 个月内不得再申请免税、减税。

税法规定，纳税人购进专用于免税项目的货物，加工、修理修配劳务，应税服务，无形资产或不动产取得的增值税扣税凭证，一律不得抵扣。因此，若该免税项目的销项税额少于专用于该免税项目物资等的进项税额，显然纳税人放弃减免税优惠可以节税，更有利于利润最大化。

若未来 3 年的进项税额过大，纳税人可以选择放弃免税优惠政策。这种情况多发生于企业刚成立时或企业将购置大量资产设备开拓新业务时，此时有大量的进项税额可以抵扣而收入相对很少。属于“高抵低征”行业的纳税人最好也选择放弃免税，因为其需要较高的增值率才能使销项税额与进项税额持平，而一般情况下该类企业达不到这样的增值率。

（3）增值税反避税调查情形。

①通过减少销项税额实现避税目的。因为企业销售额和增值税销项税额的计算具有直接关联，纳税主体为了尽可能降低销项税额，也许会适当降低售价，并和交易方达成共识，以减少应纳税额。与此同时，企业压低这部分售价有可能会通过其他途径寻求一定的补偿。这样一来交易双方都能够得到一定的利益，实现“双赢”，为双方利益而损害国家利益。一般而言，这类避税手法多见于关联企业之间。

2. 钻某些模糊概念的空子

在税法的规定中，存在一些相对概念在实际应用中难以明确界定，如可享受低税率优惠的农机概念。在农业货物中，存在农机及农业物品不同类型，而按照税法规定可适用 9%的税率的农机是指农机的整机。至于其零部件并不能适用 9%的税率，可是部分企业兼具农机生产及农机零部件销售的业务。它们能够将一些小型农机进行配装以后使之成为大型农机。现实生活中无法严格划分整机销售及零部件销售的具体销售额。这些经过配装可以形成大农机的小农机，是否可以视为零部件而采取 13%的税率征税的问题也很难界定。因此，生产这些产品的企业可能会钻这些模糊概念的空子，实现避税的目的。

3. 挂靠享受税收优惠待遇

为了促进企业更好的发展，国家一般会制定一些税收优惠政策。部分企业会利用一些非正当挂靠的方式使自己享受税收优惠，避免征收部分增值税。税法对免征项目增值税进行了一系列规定，这恰好为某些企业创造了可操作的空间。这些企业可以通过可行的方式在规定的数个项目下挂靠，暗地里经营的项目却是非免税的。

4. 肆意开具农产品收购发票

根据《增值税暂行条例》的规定，农业生产者销售自产的农产品免征增值税；农业生产企业向农民收购自产农产品，可以自行开具收购发票，购进农产品可以按照农产品收购发票或销售发票上注明的农产品买价和 9%（或 10%）的扣除率计算进项税额。目前，农产品收购企业大多存在随意扩大农产品收购发票开票范围、开票金额，甚至捏造事实开具农产品收购发票的情况，以增加农业收购企业可以抵扣的进项税额。

二、本章教学重点与难点

【教学重点】

（1）一般纳税人与小规模纳税人的税收筹划；

（2）销售方式的税收筹划；

（3）进项税额、税收优惠的税收筹划。

【本章难点】

（1）增值税纳税人的税收筹划；

（2）进项税额的税收筹划；

（3）临界点价格等的税收筹划。

本章思维导图如图 2-1 所示。

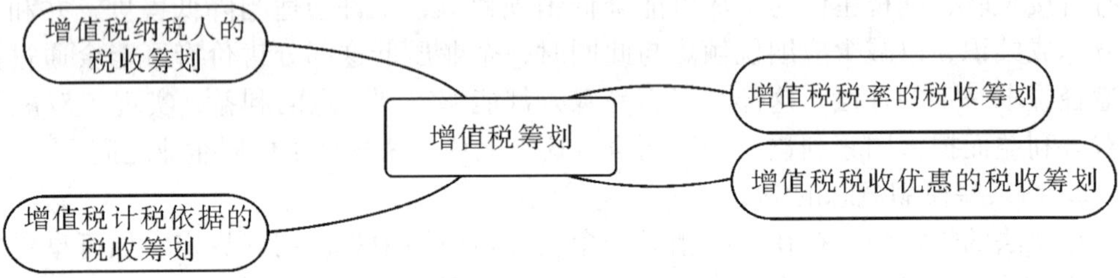

图 2-1　本章思维导图

三、练习题

一、单项选择题

1. 根据税法的规定，一般纳税人年应征增值税销售额为（　　），可以登记为一般纳税人。

A. 500 万元以上　　B. 500 万元及以下

C. 80 万元　　D. 50 万元

2. 下列选项中，不属于增值税计税销售额中的价外费用的是（　　）。

A. 包装物租金　　B. 运输装卸费

C. 同时符合两个条件的代垫运费　　D. 违约金（延期付款利息）

3. 增值税一般纳税人提供的有形动产租赁服务适用的增值税税率为（　　）。

A. 9%　　B. 6%

C. 13%　　D. 3%

4. 远洋运输中的程租业务、期租业务适用的增值税税率为（　　）。

A. 13%　　B. 9%

C. 6%　　D. 3%

5. 企业发生的下列行为中，需要缴纳增值税的是（　　）。

A. 获得保险赔偿　　B. 取得存款利息

C. 收取包装物租金　　D. 取得中央财政补贴

6. 下列选项中，视同销售货物缴纳增值税的是（　　）。

A. 将购进的货物用于集体福利

B. 将购进的货物用于个人消费

C. 将购进的货物用于非增值税应税项目

D. 将购进的货物用于对外投资

7. 某金店为增值税一般纳税人，2020 年 1 月采取“以旧换新”方式销售纯金项链 1 条，新项链对外销售价格为 6 000 元（含税，下同），旧项链作价 4 000 元，从消费者手中收取新旧差价款 2 000 元；以同一方式销售某品牌手表 10 块，此表对外零售价每块 350 元，旧表作价 200 元。下列关于“以旧换新”的说法中，正确的是（　　）。

A. 本期增值税销项税额为 632.74 元

B. 本期增值税销项税额为 1 092.92 元

C. 该金店“以旧换新”方式销售的手表，应当以 1 500 元为计税依据

D. 该金店“以旧换新”方式销售的金项链，应当以 6 000 元为计税依据

8. 下列选项中，属于视同销售货物，应计算增值税销项税额的是（　　）。

A. 某生产企业外购钢材用于扩建厂房

B. 某商店为厂家代销服装

C. 某运输公司外购棉大衣用于职工福利

D. 某歌厅购进一批酒水饮料用于个人消费

9. 不得从销项税额中抵扣的进项税额是（　　）。

A. 增值税一般纳税人购进的未取得增值税专用发票的货物

B. 从海关取得完税凭证上注明的增值税税额

C. 从销售方取得的增值税专用发票上注明的增值税税额

D. 正常损失的在产品所耗用的购进货物

10. 不免征增值税的项目是（　　）。

A. 用于集体福利的购进货物　　B. 向社会收购的古书

C. 避孕药品和用具　　D. 国际组织无偿援助的进口物资

11. 根据“营改增”制度的规定，下列选项中，不应当按照“建筑服务”征收增值税的有（　　）。

A. 有线电视安装服务　　B. 工程勘察勘探服务

C. 园林绿化　　D. 建筑物平移

12. 根据“营改增”制度的规定，下列各项中，不应当按照“商务辅助服务”征收增值税的有（　　）。

A. 市场调查服务　　B. 人力资源服务

C. 安全保护服务　　D. 翻译服务

13. 下列选项中，不属于视同销售货物行为征收增值税的有（　　）。

A. 将委托加工的货物用于对外投资　B. 用自产货物换取生产资料

C. 销售代销的货物　D. 用自产产品对外投资

14. 下列关于增值税一般纳税人和小规模纳税人划分的规定，表述正确的是（　　）。

A. 个体工商户不需要办理一般纳税人资格登记

B. 年应税销售额超过小规模纳税人标准的其他个人不得办理一般纳税人资格登记

C. 年应税销售额是指纳税人从1月1日到12月31日的年度销售额

D. 年应税销售额未超过小规模纳税人标准的企业，不得办理一般纳税人资格登记

15. 下列行为在计算增值税销项税额时，应按照差额确定销售额的是（　　）。

A. 商业银行提供贷款服务

B. 转让金融商品

C. 直销员将从直销企业购买的货物销售给消费者

D. 企业逾期未收回的包装物不再退还押金

16. 利用销售额节税的关键在于（　　）。

A. 销售货物的多少　B. 购货方的规模

C. 销售额的大小　D. 税率的高低

17. 某副食品商店为增值税小规模纳税人，2019年12月销售副食品取得含税销售额66 950元，销售自己使用过的固定资产取得含税销售额17 098元。该商店应缴纳增值税（　　）元。

A. 2 282　B. 2 291.96

C. 2 448　D. 2 477.88

18. 以下不属于增值税一般纳税人可以选择简易计税的项目有（　　）。

A. 提供文化体育服务　B. 装卸搬运服务

C. 公共交通运输服务　D. 税务咨询服务

19. 出租车公司向使用本企业自有出租车的出租车司机收取的管理费用，应按（　　）征收增值税。

A. 有形动产租赁服务　B. 物流辅助服务

C. 陆路运输服务　D. 管道运输服务

20. 下列关于为销售货物出租出借包装物押金是否计入销售额的说法中，不正确的有（　　）。

A. 时间在一年以内又未过期，不并入销售额征税

B. 逾期未收回但时间在一年以内的，不并入销售额征税

C. 时间超过一年的，并入销售额征税

D. 并入销售额征税时，不用将押金换算成不含税的金额

二、多项选择题

1. 根据税法的规定，我国增值税征税范围包括（　　）。

A. 销售货物　　　　　　　　　　B. 销售服务

C. 销售无形资产　　　　　　　　D. 销售不动产

2. 根据相关规定，纳税人发生应税销售行为的价格明显偏低且无正当理由的，税务机关按一定顺序确定销售额。具体顺序包括（　　）。

A. 按纳税人最近时期同类货物的平均销售价格确定

B. 按其他纳税人最近时期同类货物的平均销售价格确定

C. 按纳税人同类货物的最高销售价格确定

D. 按组成计税价格确定

3. 根据税法的规定，下列选项中，属于增值税视同销售行为的是（　　）。

A. 同一县（市）的两个企业之间的货物移送行为

B. 将货物交付其他单位或个人代销

C. 将自产货物用于集体福利或个人消费

D. 将外购的货物用于职工福利

4. 下列选项中，准予从销项税额中抵扣的进项税额包括（　　）。

A. 购进的贷款服务、餐饮服务、居民日常服务

B. 从海关取得的海关进口增值税专用发票上注明的增值税额

C. 农产品销售发票上注明的税额

D. 将外购的货物用于集体福利或个人消费

5.《中华人民共和国增值税暂行条例实施细则》规定，按销售结算方式的不同，应税销售行为的纳税义务发生时间分别为（　　）。

A. 采取直接收款方式销售货物的，不论货物是否发出，均为收到销售款或取得索取销售凭据的当天

B. 采取赊销和分期收款方式销售货物的，为收到货款的当天

C. 采取托收承付和委托银行收款方式销售货物的，为发出货物并办妥托收手续的当天

D. 采取预收款方式销售货物的，为货物发出的当天

6. 根据现行政策，下列选项中，适用6%的税率的有（　　）。

A. 出租运输工具　　　　　　　　B. 转让商标使用权

C. 食用盐　　　　　　　　　　　D. 互联网接入服务

7. 增值税一般纳税人销售自产的下列货物，可以选择按照简易办法计算缴纳增值税的有（　　）。

A. 生产建筑材料所用的砂土

B. 以水泥为原材料生产的水泥混凝土

C. 用微生物制成的生物制品

D. 县级以下小型火力发电单位生产的电力

8. 某生产企业（增值税一般纳税人）的下列进项税额，不得从销项税额中抵扣的有（　　）。

A. 购买涂料装修职工浴室发生的进项税额

B. 支付应税产成品仓库电费发生的进项税额

C. 购买一项同时用于应税项目和免税项目的专利权的进项税额

D. 购买原材料用于生产免税产品所发生的进项税额

9. 根据“营改增”制度的规定，下列选项中，应当按照“建筑服务”征收增值税的有（　　）。

A. 有线电视安装服务　　B. 工程勘察勘探服务

C. 园林绿化　　D. 建筑物平移

10. 增值税一般纳税人可以选择简易计税的有（　　）。

A. 提供文化体育服务　　B. 装卸搬运服务

C. 公共交通运输服务　　D. 税务咨询服务

三、判断题

1. 增值税纳税人向购买方收取的代购买方缴纳的车辆购置税、车辆牌照费属于价外费用的组成部分。（　　）

2. 纳税人销售货物中发生折扣销售行为的，按扣除折扣销售金额之后的金额确定销售额。（　　）

3. 增值税纳税人销售白酒收取的包装物押金（未逾期）应并入销售额计算增值税销项税额。（　　）

4. 非正常损失是指因管理不善造成货物被盗、丢失、霉烂变质以及因违反法律法规造成货物或不动产被依法没收、销毁、拆除的情形。（　　）

5. 纳税人采取还本销售方式销售货物的，可以从销售额中扣除还本支出。（　　）

6. 根据税法的规定，采取商业折扣方式销售货物的，仅在发票的备注栏注明折扣额的，按扣除折扣额之后的金额计算销项税额。（　　）

7. 增值税纳税人采用预收款方式销售货物的，纳税义务发生时间为收到预收款的当天。（　　）

8. 增值税纳税人发生兼营行为的，适用不同税率和征收率的应税项目，应分别核算不同税率和征收率的销售额。（　　）

9. 个人转让著作权取得的收入免征增值税。（　　）

10. 纳税人采用赊销和分期收款方式销售货物的，纳税义务发生时间为书面合同约定的收款日期的当天，无书面合同约定的或书面合同没有约定收款日期的，为货物发出的当天。（　　）

四、思考题

1. 分析思考增值税一般纳税人和小规模纳税人身份选择的税收筹划原理。

2. 销项税额的税收筹划方法有哪些?

3. 简述一般纳税人供应商选择的税收筹划原理。

4. 税法是如何规定增值税混合销售行为的?

5. 如何对增值税兼营行为进行税收筹划?

6. 增值税税率筹划的方法有哪些？

7. 增值税税收优惠政策筹划方法有哪些？

五、案例分析题

【案例 2-1】某公司为电器生产公司，在 2020 年为促进公司电器销售，决定近期在节假日采取促销活动。现在该公司有以下两种方案可供选择：

方案一：将原价 1 000 元的商品以 800 元出售，即 8 折出售。

方案二：销售 1 000 元商品的同时，向购货人赠送 200 元现金的方式促销。

该批货物的购进成本为含税价 700 元，暂不考虑城市维护建设税和教育费附加，企业所得税除收入、成本之外，无其他扣除项目。

要求：该电器生产公司应该如何进行税收筹划才能达到节税的目的？

【案例 2-2】甲有限责任公司下设两个非独立核算的业务经营部门：供电器材加工厂和工程安装施工队。供电器材加工厂主要生产和销售货物，工程安装施工队主要对外承接输电设备的安装等工程。某年，甲有限责任公司销售收入为 2 800 万元（含税），安装收入为 2 574 万元（含税），购买生产用原材料 2 000 万元，可抵扣的进项税额为 260 万元。甲有限责任公司为一般纳税人，因为该公司货物销售额达到总销售额的 50%，所以按照销售货物缴纳增值税。

增值税销项税额=[(2 800+2 574)÷(1+13%)]×13%=618.25（万元）

增值税进项税额=260（万元）

增值税应纳税额=618.25-260=358.28（万元）

税收负担率=358.28÷（2 800+2 574）×100%=6.67%

要求：甲有限责任公司应如何设计税收筹划方案？

【案例 2-3】

（1）某制造企业现为小规模纳税人，其销售对象主要为最终消费者，2019 年 1 月至 2019 年 12 月应征增值税含税销售额为 489.25 万元，购进项目含税金额为 391.4 万元，会计核算健全，可以进行一般纳税人资格登记。

要求：请从税收筹划角度帮助该企业选择纳税人身份。

（2）某制造企业现为小规模纳税人，其销售对象主要为最终消费者，2019 年 1 月至 2019 年 12 月应征增值税含税销售额为 432.6 万元，购进项目含税金额为 257.5 万元，会计核算健全，可以进行一般纳税人资格登记。

要求：请从税收筹划角度帮助该企业选择纳税人身份。

【案例 2-4】某生产企业为增值税一般纳税人，主要生产销售环氧大豆油产品。2020 年 5 月，该企业既销售上述大豆油产品，又销售橄榄油，5 月份销售收入为 200 万元。该企业生产上述产品购入原材料 50 万元，进项税额为 6.5 万元，无上期留抵税额。

要求：该企业应该如何核算进项税额才能达到节税的目的？

【案例 2-5】某汽车生产厂（增值税一般纳税人）外购零部件作为加工产品原材料。现有两个供应商甲与乙，甲为增值税一般纳税人，可以开具税率为 13%的增值税专用发票，该批零部件报价为 50 万元（含税价款）；乙为小规模纳税人，可以出具由其所在主管税务局代开的征收率为 3%的增值税专用发票，该批零部件报价为 46.5 万元（已知城市维护建设税税率为 7%，教育费附加征收率为 3%）。

要求：请就该汽车生产厂零部件采购情况给出税收筹划建议。

【案例 2-6】某工业企业为增值税小规模纳税人，年应税销售额为 300 万元（不含税），但该工业企业会计核算制度健全，可以向税务机关登记为一般纳税人，暂未进行登记，适用的增值税税率为 13%。该工业企业可以抵扣的进项税额为 80 万元（不含税）。

要求：请对该纳税人的身份选择进行税收筹划。

【案例 2-7】某制药厂（增值税一般纳税人）2020 年 12 月销售抗生素药品取得含税收入 113 万元，销售免税药品 50 万元（不含税），当月购入生产用原材料一批，取得增值税专用发票上注明税款为 6.8 万元，抗生素药品与免税药品无法划分耗料情况。

要求：请为该制药厂制订税收筹划方案以达到节约增值税税额的目的。

【案例 2-8】甲物流公司与某公司商定，将两台装卸设备以每台每月 3 万元的租金出租给该公司，租期是一年，甲公司应该收取租金收入 72 万元。该公司除需支付 72 万元的租赁费之外，还需要安排两名操作人员。假定这两人一年的工资是 10 万元。现在租期已满，该公司下一年会与甲物流公司继续合作。根据以上资料，甲物流公司可选择以下两种方式作为下一步的合作方式：方案一是继续按照租赁方式合作；方案二是甲物流公司与该公司协议，将 72 万元的装卸设备租赁合同变为装卸搬运作业合同，同时由甲物流公司派出两名操作人员并支付两人的年薪 10 万元，为该公司提供装卸服务的同时收取 82 万元的服务费。

要求：请比较两类方式的税费，为甲物流公司提出税收筹划建议。

【案例 2-9】位于市区的家电生产企业和某商场签订了一项代销协议，由该商场代销家电生产企业的 A 产品。家电生产企业和该商场都是增值税一般纳税人。为了维护家电生产企业的整体市场战略，A 产品在市场上的售价为 4 000 元/件。假设 2020 年全年共销售 A 产品 2 500 件。共有以下两个方案可供选择：

方案一：采取收取手续费的方式。商场与家电生产企业签订协议：商场以 4 000 元/件的价格对外销售 A 产品，家电生产企业以 4 000 元/件的价格收取代销货款，商场另外再根据代销数量向该家电生产企业收取 20%（800 元/件）的代销手续费。

方案二：采取视同买断的方式。家电生产企业与商场签订协议：该商场每售出一件 A 产品，家电生产企业按 3 200 元的协议价收取货款，商场仍以 4 000 元/件的价格销售 A 产品，实际售价与协议价之间的差额 800 元/件归商场所有。

要求：上述两个方案，家电生产企业应如何选择较为有利？

【案例 2-10】Y 公司（简称乙方）是一家具有生产销售和安装资质的钢结构企业。Y 公司销售钢结构给 Z 公司（简称甲方），并提供安装服务。总计含税金额为 1 000万元。

根据上述情况，甲乙双方就如何签订合同有以下两个方案可供选择：

方案一：甲乙双方签订一份销售安装合同，合同中约定：钢结构含税金额为 600 万元，安装业务含税金额为 400 万元。

方案二：甲乙双方签订两份合同，一份是钢结构销售合同，含税金额为 600 万元；一份是安装合同，含税金额为 400 万元。

要求：上述两个方案，Y 公司应该如何选择较为有利？

【案例 2-11】A 公司位于广州市，为增值税一般纳税人。A 公司准备派团队去丙市考察并采购一批农产品，现有以下相关方案可供选择：

（1）出行方式的选择。

方案一：乘长途汽车出差，可以取得注明旅客身份信息的公路客票若干张，票面金额合计 10 000 元。

方案二：乘高铁出差，可以取得注明旅客身份信息的铁路车票若干张，票面金额合计 10 000 元。

方案三：乘飞机出差，可以取得注明旅客身份信息的航空运输电子客票行程单若干张，票面金额合计 10 000 元。

方案四：乘轮船出差，可以取得注明旅客身份信息的水路运输电子客票行程单若干张，票面金额合计 10 000 元。

（2）食宿开支分配方式的选择。

方案一：购进餐饮服务 5 000 元，购进住宿服务 6 000 元。

方案二：购进餐饮服务 7 000 元，购进住宿服务 4 000 元。

方案三：购进餐饮服务 9 000 元，购进住宿服务 2 000 元。

（3）从不同的供应商购进农产品的选择。

方案一：从甲农场购买，每吨含税价格为 15 000 元，可取得由甲农场开具的农产品销售发票。

方案二：从小规模纳税人乙公司（商业企业）购买，每吨含税价格为 15 000 元，可取得乙公司开具的税率为 3%的增值税专用发票。

方案三：从一般纳税人丁公司（商业企业）购买，每吨含税价格为 15 000 元，可取得由丁公司开具的税率为 9%的增值税专用发票。

要求（1）计算不同出行方式下的进项税额，比较分析选择最优的出行方式。

（2）计算不同食宿开支分配方式下的进项税额，比较分析选择最优的食宿开支分配方式。

（3）计算从不同的供应商购进农产品的进项税额，比较分析选择最优的农产品的供应商。

【案例 2-12】我国增值税处在不断改革中，政府在近几年的重要会议中总提及财税体制改革、降低纳税人增值税税负，尤其是在增值税税率调整方面政策频出。2016 年 5 月 1 日，经国务院批准，建筑、房地产、金融和生活服务业纳入试点，进行“营改增”试点，此后不断进行改革，营业税逐步被增值税取代。2017 年 7 月 1 日，国家取消 13%这一档税率。2018 年 5 月 1 日，电力等行业增值税税率从 17%降至 16%，交通运输、建筑等行业税率从 11%降到 10%。2019 年 3 月 5 日，十三届全国人大二次会议开幕，政府工作报告指出，2019 年我国将深化增值税改革，将 16%和 10%两档税率分别下调至 13%和 9%。2020 年“两会”和 2021 年，“两会”税收政策强调税收减免，尤其是针对小微企业的税收政策，在助力小微企业发展方面作用重大。

要求：结合相应知识思考以下两个问题：

（1）增值税改革对企业和消费者有什么影响？

（2）新时代的青年应如何增强自身思政感悟？

第三章 消费税筹划

一、本章教学大纲

（一）消费税纳税人的法律界定

在中华人民共和国境内生产、委托加工和进口规定的应税消费品的单位和个人，是消费税的纳税人。消费税纳税人具体包括以下几种情况：

（1）生产销售应税消费品的纳税人。

（2）委托加工应税消费品的纳税人。

（3）进口应税消费品的纳税人。

（4）国务院确定的销售应税消费品的其他单位和个人。

（二）消费税纳税人的税收筹划

由于消费税是针对特定纳税人的特定征税环节，因此可以通过企业的合并，递延纳税时间。税收筹划要点主要有以下两个方面：

（1）企业合并会使原来企业间的购销环节转变为企业内部的原材料转让环节，从而递延部分消费税税款。如果两个合并企业之间存在着原材料供应的关系，则在合并前，这笔原材料的转让关系为购销关系，纳税人应该按照正常的购销价格缴纳消费税税款。在企业合并后，企业之间的原材料供应关系转变为企业内部的原材料转让关系，因此这一环节不用缴纳消费税，而是递延到销售环节再征收。

（2）如果后一环节的消费税税率较前一环节的消费税税率低，则可直接减轻企业的消费税税负。前一环节应该征收的税款延迟到后面环节再征收，如果后面环节税率较低，则合并前企业间的销售额在合并后适用了较低的税率而减轻了企业税负。

（三）消费税计税依据的税收筹划

1. 计税依据的法律界定

计税依据是计算应纳税额的根据，是征税对象量的表现。我国现行的消费税计税办法分为从价计征、从量计征和复合计征三种类型，不同的计税方法，其计税依据的计算不同。

（1）从价计征的应税消费品计税依据的确定。在从价计征，即从价定率计算方法下，应纳税额的多少取决于应税消费品的销售额和适用税率两个因素。计算公式如下：

应纳税额=应税消费品的销售额×适用税率

（2）采用组成计税价格作为计税依据的情形。

①纳税人自产的应税消费品不是用于连续生产应税消费品的，于移送使用时纳税，其计税价格按照纳税人生产的同类消费品的销售价格；没有同类消费品销售价格的，按照组成计税价格计算纳税。计算公式如下：

组成计税价格=（成本+利润）÷（1-消费税比例税率）=［成本×（1+成本利润率）］÷（1-消费税比例税率）

或者：

组成计税价格=（成本+利润+自产自用数量×定额税率）÷（1-消费税比例税率）
=［成本×（1+成本利润率）+自产自用数量×定额税率］÷（1-消费税比例税率）

公式中的“成本”，是指应税消费品的产品生产成本。

公式中的“利润”，是指根据应税消费品的全国平均成本利润率计算的利润。应税消费品的全国平均成本利润率由国家税务总局确定。

②委托加工的应税消费品，按照受托方同类消费品的销售价格计算纳税；没有同类消费品销售价格的，按照组成计税价格计算纳税。计算公式如下：

组成计税价格=（材料成本+加工费）÷（1-消费税比例税率）

或者：

组成计税价格=（材料成本+加工费+委托加工数量×定额税率）÷（1-消费税比例税率）

公式中的“材料成本”，是指委托方所提供加工材料的实际成本。如果加工合同上未如实注明材料成本的，受托方所在地主管税务机关有权核定其材料成本。

公式中的“加工费”，是指受托方加工应税消费品向委托方收取的全部费用（包括代垫辅助材料的实际成本），但不包括随加工费收取的销项税额。

③进口的、实行从价定率征税办法的应税消费品，按照组成计税价格计算纳税。计算公式如下：

组成计税价格=（关税完税价格+关税）÷（1-消费税税率）

或者：

组成计税价格=（关税完税价格+关税+进口数量×定额税率）÷（1-消费税税率）

（3）从量计征。在从量计征，即从量定额计算方法下，应纳税额的多少取决于应税消费品的销售数量和单位税额两个因素。计算公式如下：

应纳税额=应税消费品的销售数量×单位税额

销售数量是指纳税人生产、加工和进口应税消费品的数量。

①纳税人销售应税消费品的，销售数量为应税消费品的销售数量。

②纳税人自产自用应税消费品的，销售数量为应税消费品的移送使用数量。

③纳税人委托加工应税消费品的，销售数量为纳税人收回的应税消费品数量。

④纳税人进口应税消费品的，销售数量为海关核定的应税消费品进口征税数量。

（4）复合计征。现行消费税的征税范围中，只有卷烟、白酒采用复合计征方法。计算公式如下：

应纳税额＝应税销售数量×定额税率＋应税销售额×比例税率

2. 计税依据的特殊规定

（1）生产销售卷烟、粮食白酒、薯类白酒的从量定额计税依据为实际销售数量。

（2）进口、委托加工、自产自用卷烟、粮食白酒、薯类白酒的从量定额计税依据分别为海关核定的进口征税数量、委托方收回数量、移送使用数量。

（3）生产销售、进口、委托加工、自产自用卷烟、粮食白酒、薯类白酒的从价定率计税办法的计税依据按我国《消费税暂行条例》及其有关规定执行。

3. 计税依据的税收筹划要点

（1）利用关联企业进行转让定价。税法所称的关联企业，是指与企业有如下之一关系的公司、企业和其他经济组织：在资金、经营、购销等方面，存在直接或间接的拥有或控制关系；直接或间接地同为第三者拥有或控制；其他在利益上相关联的关系。

转让定价是指关联企业之间在销售货物、提供劳务、转让无形资产等制定的价格。在现实中，关联企业各方为转移利润而在产品买卖过程中，不按照独立交易原则进行交易，而是根据它们之间的整体利益对产品价格进行相关调整，可以高于或低于市场上由供求关系决定的价格，以实现相互之间利益的最大化。

消费税的特点之一是其征税环节具有单一性，消费税的征税环节一般发生在生产领域而非流通领域。如果将生产销售环节的价格降低，纳税人可以直接取得节税的利益。因此，关联企业中生产（委托加工、进口）应税消费品的企业，如果以较低的价格将应税消费品销售给其独立核算的销售部门，则可以降低销售额，从而减少应纳消费税税额，而独立核算的销售部门由于处在销售环节，不缴纳消费税。企业也可以采用分设独立核算的经销部、销售公司的办法，降低生产环节的销售价格，经销部、销售公司再以正常价格对外销售。由于消费税主要在生产环节征收，因此这样做可以使企业整体的消费税税负下降。

（2）选择恰当的销售方式。纳税人采取赊销和分期收款结算方式的，其纳税义务发生时间为书面合同规定的收款日期的当天。书面合同没有约定收款日期或无书面合同的，其纳税义务发生时间为发出应税消费品的当天。

纳税人采取预收货款结算方式的，其纳税义务发生时间为发出应税消费品的当天。

纳税人采取托收承付和委托银行收款方式销售应税消费品，其纳税义务发生时间为发出应税消费品并办妥托收手续的当天。

纳税人采取其他结算方式的，其纳税义务发生时间为收讫销售款或取得索取销售款凭据的当天。

纳税人自产自用的应税消费品，其纳税义务发生时间为移送使用的当天。

纳税人委托加工的应税消费品，其纳税义务发生时间为纳税人提货的当天。

纳税人进口的应税消费品，其纳税义务发生时间为报关进口的当天。

由此可见，企业采用不同的销售方式，其纳税义务发生时间也是不同的。选择恰当的销售方式可以使企业合理地推迟纳税义务发生时间，从而递延缴纳税款。

（3）自产自用应税消费品的税收筹划。企业用自产的应税消费品进行对外投资、换取生产资料和消费资料以及抵偿债务等，虽然没有直接发生销售行为，但仍是一种有偿转让应税消费品所有权的行为，应当视同销售应税消费品计算缴纳消费税。按照《消费税暂行条例》的规定，纳税人用应税消费品进行投资、换取生产资料和消费资料以及抵偿债务等，应当按纳税人销售同类应税消费品的最高销售价格作为计税依据，计算缴纳消费税。

因此，如果企业存在以应税消费品对外投资、换取生产资料和消费资料以及抵偿债务的情形，最好先做销售处理，而后再进行后续活动。

（4）已纳消费税扣除的税收筹划。外购应税消费品已纳税款的扣除，由于某些应税消费品是用外购已缴纳消费税的应税消费品连续生产出来的，在对这些连续生产出来的应税消费品计算征税时，税法规定企业应按当期生产领用数量计算准予扣除外购的应税消费品已纳的消费税税款。

委托加工的应税消费品已由受托方代收代缴消费税，因此委托方收回货物后用于连续生产应税消费品的，其已纳税款准予按照规定从连续生产的应税消费品应纳消费税税额中抵扣。按照国家税务总局的规定，符合扣除条件的应税消费品范围大致与外购应税消费品的扣除范围相当，区别在于少了葡萄酒、多了摩托车。

纳税人在进行税收筹划时，可以充分考虑外购已税消费品及委托加工收回的已税消费品的扣除政策，节约消费税税款，尤其是委托加工收回的应税消费品的继续生产、直接销售等政策。

（5）加工方式的税收筹划。纳税人在生产销售应税消费品时，在具备一定的生产条件下，可以由自己的生产加工车间来直接生产销售应税消费品。但企业、单位或个人由于设备、技术、人力等方面的局限或其他方面的原因，常常要委托其他单位代为加工应税消费品，然后将加工好的应税消费品收回，直接销售或自己使用。这是生产应税消费品的另一种形式，称为委托加工，也需要纳入消费税的征税范围。

委托加工以委托方为纳税人，一般由受托方代收代缴消费税。委托加工的应税消费品，按照受托方的同类消费品的销售价格计算纳税。没有同类消费品销售价格的，应税消费品按照组成计税价格计算纳税。

由于酒类生产企业自制应税消费品和委托加工应税消费品在用于连续生产应税消费品时，税法规定的征免税项目不同，因此对于酒类产品生产企业来说，很有必要对委托加工和自制应税消费品的经营方式进行税收筹划，以便节约税收成本，增强企业在市场中的竞争能力。

（6）包装物的税收筹划。根据《中华人民共和国消费税暂行条例实施细则》的规定，实行从价定率办法计算应纳税额的应税消费品连同包装物销售的，无论包装物是否单独计价，也不论在会计上如何核算，均应并入应税消费品的销售额中征收消费税。如果包装物不作价随同产品销售，而是收取押金，此项押金则不应并入应税消费品的销售额中征税。但因逾期未收回的包装物不再退还的或已收取的时间超过12个月的押金，应并入应税消费品的销售额，按照应税消费品的适用税率缴纳消费税。

对既作价随同应税消费品销售，又另外收取押金的包装物的押金，纳税人凡在规定的期限内没有退还的，均应并入应税消费品的销售额，按照应税消费品的适用税率缴纳消费税。

酒类产品生产企业销售酒类产品（黄酒、啤酒除外）而收取的包装物押金，无论押金是否返还及在会计上如何核算，均应并入酒类产品销售额中征收消费税。

对包装物进行税收筹划的关键是企业可以通过先销售、后包装的形式降低应税销售额，从而降低消费税税负。

4. 消费税税率的税收筹划

消费税采用比例税率和定额税率两种形式，以适应不同应税消费品的实际情况。比例税率中最高比例税率为56%，最低比例税率为1%。定额税率最高为每征税单位250元。

消费税根据不同的税目或子目确定相应的税率或单位税额。大部分应税消费品适用比例税率。例如，烟丝的适用税率为30%，摩托车的适用税率为3%等；黄酒、啤酒、成品油按单位重量或单位体积确定单位税额；卷烟、白酒采用比例税率和定额税率双重征收形式。

消费税按不同的消费品划分税目，税率在税目的基础上采用“一目一率”的方法，每种应税消费品的消费税税率各不相同，这种差别为税收筹划提供了客观条件。

（1）包装方式的税收筹划。税法规定，纳税人兼营不同税率的应税消费品，应当分别核算不同税率应税消费品的销售额、销售数量；未分别核算销售额、销售数量，或者将不同税率的应税消费品组成成套消费品销售的，从高适用税率。这种情况无疑会增加企业的税收负担。

按照上述规定，消费税的纳税人同时经营两种以上税率的应税消费品，应分别核算。例如，某卷烟厂既生产甲类卷烟又生产乙类卷烟，两种不同类型的卷烟比例税率分别为56%和36%，则企业应分别核算甲类卷烟和乙类卷烟的销售额；若未分别核算，那么全部卷烟都应按照甲类卷烟的适用税率56%加0.003元/支，计算缴纳消费税。

另外，消费税纳税人将两种不同税率的应税消费品组成套装销售，应尽量采取先销售后包装的形式。例如，某化妆品公司将其生产的高档化妆品和普通护肤品用礼盒精美包装后再一起出售，高档化妆品的税率为15%，虽然普通护肤品不属于消费税征税范围，无需计算缴纳消费税，但在计税时应将两种消费品的销售额合计，按高档化妆品15%的税率统一征收消费税。

（2）制定合理的销售价格。一些应税消费品的等级不同，消费税的税率也随之不同。不同等级的税法确定标准是单位定价。一般来说，等级越高，单位定价越高，税率也越高。因此，纳税人可以根据市场供需关系和税负的轻重来制定一个合理的价格，进而获得税收利益。

（四）树立正确的纳税观念

消费税是世界上最古老的课税形式之一，可以说是现代税收制度的先导。我国的消费税是1994年工商税制改革时新设的税种。由于我国一般仅在单一环节征收消费税，因此企业利用关联交易规避消费税税款缴纳的情况较为常见。除酒类生产企业以外，卷烟、化妆品、小汽车、高尔夫球及球具等消费品生产企业也应当注意其纳税行为的合法性，防范税务法律风险。立法机关也应积极完善立法，填补法律漏洞，避免税款流失。

信用是市场经济的基石，人无信不立，业无信不兴，国无信则衰。税收信用作为纳税人履行税收义务的客观反映，直接体现纳税人对社会、对国家的信用。国家税务总局相继出台了《纳税信用管理办法》《国家税务总局关于纳税信用评价有关事项的公告》等文件。

对此，纳税人应积极响应国家政策号召，在进行税收筹划时，必须掌握各种必要的税收知识，树立依法纳税的观念。纳税人在进行税收筹划前要关注信用承诺，对填报信息的真实性、准确性、完整性等作出承诺，将信用承诺书纳入企业信用记录；在进行税收筹划过程中注重诚实守信，不得违反相关法律法规，不得违背诚实守信原则，更要禁止偷税、骗税等失信行为；在进行税收筹划方案实施后要关注反馈结果，如有失信行为，要立马修正或重新设计方案，消除不良信用影响。

二、本章教学重点和难点

【教学重点】

（1）通过消费税计税依据进行税收筹划；

（2）通过消费税税率进行税收筹划。

【本章难点】

（1）从价计征的应税消费品计税依据的确定；

（2）复合计税的应税消费品计税依据的确定；

（3）消费税税率的税收筹划。

本章思维导图如图 3-1 所示。

图 3-1　本章思维导图

三、练习题

一、单项选择题

1. 下列应税消费品中，除了在生产销售环节征收消费税外，还应在批发环节征收消费税的是（　　）。

A. 卷烟　　B. 超豪华小汽车

C. 高档手表　　D. 高档化妆品

2. 以下属于消费税中按“其他酒”税目征收消费税的是（ ）。

A. 葡萄酒 B. 果汁啤酒

C. 调味料酒 D. 食用酒精

3. 下列选项中，暂缓征收消费税的是（ ）。

A. 石脑油 B. 溶剂油

C. 航空煤油 D. 润滑油

4. 下列选项中，属于消费税征收范围的是（ ）。

A. 电动汽车 B. 载客50座的商用客车

C. 容量200毫升的摩托车 D. 8座乘用车

5. 下列选项中，属于消费税征收范围的是（ ）。

A. 轮胎 B. 卡丁车

C. 电池 D. 酒精

6. 某酒厂12月销售粮食白酒12 000斤（1斤等于500克，下同），不含税单价为5元/斤，随同销售的包装物价格为7 254元；本月销售礼品盒6 000套，不含税单价为300元/套，每套包括粮食白酒2斤、单价80元，干红酒2斤、单价70元。该酒厂12月应纳消费税（ ）元。

A. 379 240 B. 391 240

C. 391 251 D. 444 419.47

7. 下列消费品在生产经营环节既征收增值税又征收消费税的是（ ）。

A. 啤酒的批发环节 B. 金银首饰的零售环节

C. 高档手表的零售环节 D. 高档化妆品的批发环节

8. 下列选项中，应当征收消费税的是（ ）。

A. 影视演员上妆用的上妆油

B. 体育上用的发令纸

C. 价值为8 800元的手表

D. 娱乐业举办的啤酒屋利用啤酒生产设备生产的啤酒

9. 下列关于消费税税率的表述中，错误的是（ ）。

A. 消费税采用比例税率和定额税率两种形式，以适应不同应税消费品的实际情况

B. 卷烟在批发环节加征一道复合税，税率为5%加0.005元/支

C. 高档化妆品的税率是15%

D. 纳税人将不同税率的应税消费品组成成套消费品销售的，从高适用税率

10. 下列选项中，征收消费税的是（ ）。

A. 零售环节销售的镀金首饰 B. 高档护肤类化妆品

C. 高尔夫球车 D. 售价9 900元的手表

11. 下列关于消费税税目卷烟的说法，正确的是（ ）。

A. 卷烟无论是在生产、销售环节还是在批发环节，均采用复合计税方法计征消费税

B. 卷烟、雪茄烟、烟丝在生产、委托加工、进口环节征收消费税后，在批发环节加征一道消费税

C. 从事卷烟批发的纳税人之间销售的卷烟征收消费税

D. 卷烟批发企业的机构所在地，总机构与分支机构不在同一地区的，应各自向机构所在地的税务机关申报缴纳消费税

12. 税务机关在税务检查中发现，张某委托本地个体户李某加工实木地板，张某已将实木地板收回并销售，但未入账，也不能出示消费税完税证明。下列关于税务机关征管行为的表述中，正确的是（　　）。

A. 要求李某补缴税款

B. 要求张某补缴税款

C. 应对张某处以未缴消费税税额 0.5 倍至 3 倍的罚款

D. 应对李某处以未代收代缴消费税税额 0.5 倍至 3 倍的罚款

13. 下列应视同销售缴纳消费税的情况有（　　）。

A. 将外购已税消费品继续加工成应税消费品

B. 将受托加工收回的应税消费品继续加工成应税消费品

C. 自制应税消费品继续加工成应税消费品

D. 自制应税消费品用于向外单位投资

14. 关于啤酒定价，下列说法中正确的是（　　）。

A. 啤酒从量征收消费税，定价高低与其纳税多少无关

B. 啤酒包装物押金不缴纳消费税，因此收取多少包装物押金与纳税无关

C. 啤酒的定价与其消费税税负的关系主要是通过啤酒定额税率实现的

D. 啤酒逾期押金不退时，不需要缴纳增值税和消费税

15. 从税收筹划的角度来看，某金店（生产企业）销售给消费者（　　），不应作为成套销售时的组成部分。

A. 珍珠项链　　　　B. 纯金戒指

C. 包金手镯　　　　D. 首饰盒

16. 下列作为中间产品的应税消费品，在移送环节应纳消费税的是（　　）。

A. 酒厂自产的白酒用于生产酒心巧克力

B. 鞭炮厂用自产的鞭炮焰火连续生产鞭炮焰火

C. 化妆品厂自产的香水精用于生产香水

D. 卷烟厂用自产的烟丝连续生产卷烟

17. 某日化厂通过其独立核算的经销部销售其自产的化妆品，日化厂和其门市部的纳税情况是（　　）。

A. 日化厂销售化妆品不缴纳消费税

B. 按门市部销售价格计算缴纳消费税

C. 门市部销售化妆品既不缴纳消费税又不缴纳增值税

D. 日化厂销售化妆品既缴纳消费税又缴纳增值税

18. 下列关于化妆品包装物的税收筹划的说法中，错误的是（　　）。

A. 对于能够周转使用的包装物，尽量不随产品作价销售

B. 对于能够周转使用的包装物，可以通过收取包装物押金的方式降低产品销售额，进而减轻销售时的消费税纳税负担

C. 对于预计不易回收的包装物，应不随产品作价销售，而是通过收取包装物押金的方式来取得货币的时间价值

D. 对于能够周转使用的包装物，如果不随产品作价销售，那么可以改为随产品销售时一并收取租金的方式

19. 在计算消费税时，汽车厂的（ ）行为是最划算的。

A. 将自产的小汽车用于对外偿还债务

B. 将自产的小汽车用于换取原材料

C. 将自产的小汽车用于对外投资

D. 将自产的小汽车先对外销售，然后用销售收入对外投资

20. 2019年8月，某首饰厂从某商贸企业购进一批珠宝玉石，增值税发票注明价款50万元，增值税税款8万元，打磨后再将其销售给首饰商城，收到不含税价款90万元。已知珠宝玉石消费税税率为10%，该首饰厂以上业务应缴纳消费税（ ）。

A. 4万元　　B. 5万元

C. 9万元　　D. 14万元

二、多项选择题

1. 下列选项中，属于消费税纳税人的有（ ）。

A. 小汽车生产企业　　B. 委托加工烟丝的卷烟厂

C. 进口红酒的外贸公司　　D. 受托加工白酒的加工厂

2. 下列关于消费税纳税人的说法中，正确的有（ ）。

A. 零售金银首饰的纳税人是消费者

B. 委托加工高档化妆品的纳税人（不包括其他个人和个体工商户）是受托加工企业

C. 携带卷烟入境的纳税人是携带者

D. 邮寄入境高档手表的纳税人是收件人

3. 根据现行税法的规定，下列消费品的生产经营环节，既征收增值税又征收消费税的有（ ）。

A. 批发环节销售的白酒

B. 零售环节销售的金基合金首饰

C. 加油站销售的成品油

D. 申报进口的高尔夫球具

4. 以下属于价外费用的项目有（ ）。

A. 集资费

B. 包装物租金

C. 违约金（延期付款利息）

D. 承运部门的运费发票开给购货方，纳税人将该项发票转交给购物方的代垫运费

5. 依据消费税的有关规定，下列消费品中，不属于高档化妆品税目，不需要缴纳消费税的有（ ）。

A. 进口完税价格10元一张的面膜

B. 出厂销售价格（不含增值税）20元一盒（50克）的护手霜

C. 进口完税价格600元一瓶（50毫升）的香水

D. 影视演员化妆用的上妆油、卸妆油

6. 企业生产销售白酒取得的下列款项中，应并入销售额计征消费税的有（　　）。

A. 优质费　　B. 包装物租金

C. 品牌使用费　　D. 包装物押金

7. 下列关于从量计征消费税计税依据确定方法的表述中，正确的有（　　）。

A. 销售应税消费品的，为应税消费品的销售数量

B. 进口应税消费品的，为海关核定的应税消费品数量

C. 以应税消费品投资入股的，为应税消费品移送使用数量

D. 委托加工应税消费品的，为加工完成的应税消费品数量

8. 纳税人发生的下列行为中，应征收消费税的有（　　）。

A. 白酒厂将自产的白酒赠送给客户

B. 葡萄酒厂将自产的葡萄酒用于连续生产酒心巧克力

C. 化妆品厂将自产的高档化妆品作为福利发给职工

D. 汽车制造厂将自产的小汽车用于工厂内部的行政部门

9. 下列选项中，在计算缴纳消费税时准许扣除外购应税消费品已纳消费税的有（　　）。

A. 外购已税烟丝生产的卷烟

B. 外购已税实木素板涂漆生产的实木地板

C. 外购已税白酒加工生产的白酒

D. 外购已税手表镶嵌钻石生产的手表

10. 酒厂下设一非独立核算的门市部，下列说法中，正确的是（　　）。

A. 应以门市部销售价格作为消费税的计税依据

B. 应以酒厂与门市部的结算价作为消费税的计税依据

C. 应以门市部销售量作为消费税的计税依据

D. 应以酒厂的销售数量作为消费税的计税依据

三、判断题

1. 消费税应税消费品在生产、委托加工和进口环节缴纳，实行的是价内税。（　　）

2. 将不同税率的应税消费品组成成套消费品销售的，从高适用税率。（　　）

3. 企业把自己生产的应税消费品以福利或奖励的形式发给本单位职工，由于不是对外销售，不必计入销售额，因此不征收消费税。（　　）

4. 外购已税消费品的买价是指购货发票上注明的含增值税销售额。（　　）

5. 纳税人自产自用的应税消费品，没有同类消费品销售价格的，按照组成计税价格计算纳税，实行从价定率征收的，组成计税价格的计算公式是“组成计税价格=(成本+利润)÷(1-消费税税率)”。（　　）

6. 委托个人加工的应税消费品，由委托方收回后缴纳消费税。 ( )

7. 进口的应税消费品，由进口人或代理人向报关地海关申报纳税。 ( )

8. 委托加工的应税消费品直接出售的，不再缴纳消费税。 ( )

9. 兼营不同税率的应税消费品的企业在生产销售时，可以通过分开核算各种应税消费品的销售额的方法避免加重消费税税收负担。 ( )

10. 只有属于纳税人收入的价外费用，才并入销售额计算征收消费税。 ( )

四、思考题

1. 如何利用消费税纳税人的规定进行税收筹划？

2. 以外汇结算的应税消费品如何进行税收筹划？

3. 如何利用消费税纳税环节的特点进行税收筹划？

4. 如何利用包装物的计税规定进行税收筹划？

5. 如何利用委托加工方式进行税收筹划？

6. 如何通过选择合理销售方式进行消费税税收筹划？

7. 利用消费税税率进行税收筹划的原理及方法有哪些？

五、案例分析题

【案例 3-1】某卷烟厂在生产经营中，有以下三种生产方式可供选择。

（1）某卷烟厂购进一批价值为200万元的烟叶，准备由公司的一车间加工成烟丝，预计加工费为220万元，之后由二车间加工成甲类卷烟，预计加工费为80万元，生产完成后出售甲类卷烟，预计不含税销售收入为1 500万元。甲类卷烟消费税税率为56%，烟丝消费税税率为30%。

（2）某卷烟厂购进一批价值为200万元的烟叶，准备委托新华卷烟厂加工成烟丝，预计加工费为220万元，加工后烟丝由该卷烟厂收回继续加工成甲类卷烟，预计加工费为80万元，生产完成后出售甲类卷烟，预计不含税销售收入为1 500万元。甲类卷烟消费税税率为56%，烟丝消费税税率为30%。

（3）某卷烟厂选择用购进已经缴纳消费税的价值为660万元的烟丝，准备投入加工费80万元继续加工成甲类卷烟对外出售，预计不含税销售收入为1 500万元。甲类卷烟消费税税率为56%，烟丝消费税税率为30%（上述卷烟计算消费税暂不考虑从量部分税收）。

要求：该卷烟厂应如何选择以上三个方案？

【案例3-2】A公司准备以自产的100辆摩托车向B公司换取其生产摩托车的原材料——摩托车生产用零部件。A公司当月销售同种型号摩托车，分别以6 000元的价格销售200辆，以10 000元的价格销售了300辆。已知摩托车消费税税率为10%。

要求：A公司应该如何销售摩托车才能节约税收？

【案例3-3】某化妆品公司生产并销售系列化妆品和护肤护发产品。该公司新研制出一款面霜，为推销该新产品，该公司把几种销路比较好的产品和该款面霜组套销售，其中包括售价40元的洗面奶，售价90元的眼影，售价80元的粉饼以及该款售价120元的新面霜，包装盒费用为20元，组合套装销售定价为350元（以上均为不含税价款，高档化妆品消费税税率为15%）。

要求：分析该公司应如何进行税收筹划？

【案例3-4】丙汽车厂以50辆小汽车向甲出租汽车公司进行投资。按双方协议，每辆汽车折价款为30万元。该类型汽车的正常销售价格为30万元（不含税），丙汽车厂上月销售该种小汽车的最高售价为35万元（不含税）。该种小汽车的消费税税率为5%。

要求：丙汽车厂应如何进行税收筹划？

【案例3-5】某卷烟厂生产的卷烟每条调拨价格为75元，当月销售6 000条。这批卷烟的生产成本为29.5元/条，当月分摊在这批卷烟上的期间费用为8 000元。税法规定，对卷烟在征收一道从量税的基础上，再按照调拨价格的不同，对于每条调拨价格在70元以上（含70元）的卷烟再征一道从价税，比例税率为56%；每条调拨价格在70元以下的，比例税率为36%。

要求：计算分析该卷烟厂应如何进行税收筹划才能减轻消费税税负（不考虑其他税种）？

【案例3-6】丙企业是一家药酒生产企业，过去一直从丁酒厂购进白酒作为原料用于生产药酒。2020年，丙企业从丁酒厂购进白酒500吨，不含税售价为4元/斤。2020年，丙企业销售药酒取得不含税销售收入500万元。

要求：请从降低消费税税负的角度对丙企业进行税收筹划（白酒适用消费税比例税率为20%，定额税率为0.5元/斤；药酒适用消费税税率为10%）。

【案例 3-7】长江公司委托黄河公司将一批价值 200 万元的原材料加工成甲型号半成品高档香水，加工费 150 万元。长江公司将半成品香水收回后继续加工成乙型号高档香水，发生加工成本 192 万元。该批产品售价 1 150 万元，甲型号香水消费税税率为 15%，乙型号高档香水消费税税率为 15%。如果长江公司将购入的原材料自行加工成乙型号香水，加工成本共计 350 万元，产品售价仍然是 1 150 万元。

要求：企业应选择哪种加工方式更有利（假定不考虑消费税之外的其他税费）？

【案例 3-8】2021 年新春佳节期间，不少银行纷纷推出牛年生肖主题的贺岁产品——手链、吊坠等，造型多样、款式新颖，并被赋予了美好的名称和寓意，深受消费者欢迎。随着银行业务范围的拓展，创新业务不断增加，销售金银首饰成为银行创收的重要来源。A 银行是一家股份制商业银行，主营业务包括吸收公众存款、发放贷款，办理国内外结算、票据贴现，销售金银首饰等。日前，税务部门的工作人员发现，该银行的营业分支机构开设了金银饰品专柜。经实地考察，税务部门的工作人员发现，看货、买货的顾客并不少，但该银行没有消费税申报记录，可能存在税务风险。

要求：分析上述案例，A 银行应如何防范税务风险？

第四章
企业所得税筹划

一、本章教学大纲

（一）企业所得税纳税人的税收筹划

1. 企业所得税纳税人的税收筹划——避免成为企业所得税纳税人

企业所得税纳税人包括我国境内的企业和其他取得收入的组织。《中华人民共和国企业所得税法》（以下简称“《企业所得税法》”）第一条规定，除个人独资企业、合伙企业不适用《企业所得税法》外，凡在我国境内，企业和其他取得收入的组织（以下统称“企业”）为企业所得税纳税人。

对于即将设立企业的投资者来讲，选择不同的纳税主体身份，避免成为企业所得税纳税人，避免经济性重复课税，是实现税收筹划的有效途径。

2. 居民企业与非居民企业的税收筹划

企业所得税纳税人依据属地兼属人的税收管辖权（地域管辖权和居民管辖权），分为居民企业和非居民企业。划分标准为注册地或实际管理机构在中国境内，两者满足其一即为居民企业。

居民企业承担全面纳税义务（或无限纳税义务），就其来源于中国境内、境外的全部所得纳税；非居民企业承担有限纳税义务，只就其来源于中国境内的所得以及发生在中国境外但与其在中国境内所设机构、场所有实际联系的所得纳税。

由于居民企业较非居民企业的纳税义务更多，因此外国企业［一般依照外国（地区）法律成立］可以通过不在中国境内设立实际管理机构成为非居民纳税人，从而适用有限纳税义务的税收政策；或者不在中国境内设立机构场所，从而适用低税率，降低企业所得税税负。

3. 子公司与分公司的税收筹划

企业扩张、公司发展到一定规模后，面临着分公司与子公司的选择问题。不同性质的分支机构，税收政策及纳税义务不同，因此进行相关的税收筹划非常必要。

（1）子公司税收筹划有如下优势：

①子公司有法人资格，依法独立承担民事责任，当然也包括独立纳税的义务；

②子公司拥有独立的财产权，一般独立对外开展经营活动，子公司的税务风险责任不会给母公司造成影响；

③子公司通常要履行与该国其他居民企业一样的全面纳税义务，其他各项税收的计算和缴纳也都与母公司分别进行；

④子公司作为独立法人主体可享有东道国给其居民企业同等的税收优惠政策；

⑤子公司的利润分配形式灵活，且不受母公司的干涉；

⑥子公司向母公司支付的诸如特许权、利息、其他间接费等，要比分公司向总公司支付更容易得到税务机关的认可；

⑦子公司利润汇回母公司要比分公司利润汇回总公司灵活得多，这等于母公司的投资所得、资本利得可以保留在子公司，或者可以选择税负较轻的时候汇回，得到额外的税收利益；

⑧母公司转售境外子公司的股票利得通常可享有免税照顾，而出售分公司资产取得的资本利得要被征税；

⑨许多国家对子公司向母公司支付的股息，规定减征或免缴预提税；

⑩某些国家子公司适用的所得税税率比分公司低。

但是建立子公司一般需要复杂的手续，需要具备一定的条件，财务制度较为严格，必须独立开设账簿，并需要复杂的审计和证明，经营亏损不能冲抵母公司利润，其与母公司的交易往往是税务机关反避税审查的重点内容。

（2）分公司的设立。分公司是企业的组成部分，可以有自己的名称，但不具有独立的法人资格，没有独立的财产权。

分公司税收筹划有如下优势：

①分公司作为总公司统一体中的一部分，其业务活动由总公司控制，一切法律责任由总公司承担；

②分公司因不具有独立的法人资格，很难享受到所在地区的税收优惠待遇；

③在税收上，分公司只就增值税等流转税在业务发生地缴纳，所得税需汇总到总公司统一缴纳，这样其亏损或损失可以冲抵总公司的利润，实现总、分公司之间盈亏互抵，合理减轻税收负担；

④设立分公司没有那么多的手续，在东道国通常也不必缴纳资本税或印花税；

⑤分公司与总公司之间的资本转移，因不涉及所有权变动，不必缴纳税款。

综上所述，子公司和分公司各有利弊，不可一概而论。纳税人在确定公司形式时，还有许多需要考虑的因素，如公司的发展规律、预期盈亏状况、当地税率高低、税基宽窄、资金控制以及税收优惠条件等。一般情况下，纳税人可以进行如下税收筹划：

①机构初设时，容易发生亏损，此时企业宜选择分公司，以便用分公司的亏损冲抵总公司的利润，从而减轻整体税负。

②分支机构扭亏为盈后，企业应适时将分公司转换为子公司，这样子公司因具有独立法人资格，可以享受当地税收优惠政策。

③分支机构所在地可以享受税收优惠时，企业宜选择子公司的形式，这样可以利用其独立核算、独立纳税享受低税负待遇；同时，还可以通过转让定价的方法将处于高税区的总公司的利润转移至低税区，降低整个利益集团的税负。

④总机构所在地可以享受税收优惠，而分支机构设在高税率地区时，企业宜选择设立分公司汇总纳税，则分支机构仍可按总公司所在地享受税收优惠支持，减少企业整体税负。

现实中的情况往往较为复杂，但企业只要在规模扩张时正确运用现行税收政策，通过税收筹划，科学预测、理性决策，就可以合理、合法地降低税收成本，争取到更多发展资金，更快、更好地走良性发展的道路，这也符合国家的政策导向。

（二）企业所得税计税依据的税收筹划

应纳税所得额是企业所得税的计税依据，按照《企业所得税法》的规定，应纳税所得额为企业每一个纳税年度的收入总额，减除不征税收入、免税收入、各项扣除以及允许弥补的以前年度亏损后的余额。基本公式如下：

应纳税所得额=收入总额-不征税收入-免税收入-各项扣除-允许弥补的以前年度亏损=（收入总额-不征税收入-免税收入）-（各项扣除+允许弥补的以前年度亏损）=应税收入-税法认可的扣除

企业可以通过合理合法的方式降低应纳税所得额，进行税收筹划。一般来说，对应纳税所得额的税收筹划包括两个方面：一是降低应税收入，二是增加税前可扣除项目。

1. 收入的税收筹划

应税收入=收入总额-不征税收入-免税收入

由公式可知，以降低应税收入为切入点进行税收筹划，具体可以从降低收入总额，利用不征税收入、免税收入等方面来进行税收筹划。

企业的收入总额包括以货币形式和非货币形式从各种来源取得的收入。

不征税收入为收入总额中的下列收入：财政拨款；依法收取并纳入财政管理的行政事业性收费、政府性基金；国务院规定的其他不征税收入。

免税收入为收入总额中的下列收入：国债利息收入；符合条件的居民企业之间的股息、红利等权益性投资收益；在中国境内设立机构、场所的非居民企业从居民企业取得与该机构、场所有实际联系的股息、红利等权益性投资收益；符合条件的非营利组织的收入。

（1）收入确认金额的税收筹划。

①不同销售方式的税收筹划。从税收的角度讲，不同的促销方式对应不同的税收政策，同时也存在很大的税收筹划空间。例如，商业企业的促销方法一般有销货退回、折扣销售、销售折扣与销售折让以及视同销售等，企业在具体操作时需要对不同营销方案做综合分析，以便选取税负最低、税后利润最高的营销方案。

②投资方式的选择。根据《企业所得税法》的规定，企业取得的国债利息收入免征企业所得税，而购买其他债券所取得的利息收入需要缴纳企业所得税。因此，企业在进行间接投资时，除了要考虑投资风险和投资收益等因素外，还必须考虑相关税收规定的差别，以便全面权衡和合理决策。

（2）收入确认的时间及其税收筹划。根据税收政策的规定，不同的商品销售方式对应不同的收入确认时间，因此企业可以通过合理合法的方式推迟收入的确认，从而推迟纳税义务，获取资金的时间价值，降低税收负担，实现相对税收筹划。企业销售收入的确认，必须遵循权责发生制原则和实质重于形式原则，不同的商品销售方式对应不同的收入确认时间。

2. 扣除项目的税收筹划

《企业所得税法》规定，企业实际发生的与取得收入有关的、合理的支出，包括成本、费用、税金、损失和其他支出，准予在计算应纳税所得额时扣除。

税法认可的扣除=各项扣除+允许弥补的以前年度亏损

纳税人通过合理合法的方式尽早、尽量多确认费用，就可以减少税基，从而降低税负，获取资金的时间价值，实现税收筹划的目的。

（1）合理据实的工资、薪金支出。

（2）职工福利费：不超过工资、薪金总额14%的部分准予扣除，超过部分不得扣除。

（3）工会经费：不超过工资、薪金总额2%的部分，准予扣除，超过部分不得扣除。

（4）职工教育经费：不超过工资、薪金总额8%的部分准予扣除，超过部分结转以后纳税年度扣除。

（5）社会保险费。

①按照国家有关规定的范围和标准缴纳的“五险一金”，准予扣除。

②企业为投资者或职工支付的补充养老保险费、补充医疗保险费，在国务院财税部门规定的范围和标准内，准予扣除。

③企业参加财产保险，按照规定缴纳的保险费，准予扣除。

④企业为投资者或职工支付的商业保险费，不得扣除；企业依照国家有关规定为特殊工种职工支付的人身安全保险费和符合国务院财政、税务主管部门规定可以扣除的商业保险费准予扣除。

（6）业务招待费：企业发生的与生产经营活动有关的业务招待费支出，按照发生额的60%扣除，但最高不得超过当年销售（营业）收入的5‰。

（7）广告费和业务宣传费：企业发生的符合条件的广告费和业务宣传费支出，除国务院财政、税务主管部门另有规定外，不超过当年销售（营业）收入15%的部分，准予扣除；超过部分，准予在以后纳税年度结转扣除。

（8）公益性捐赠：企业发生的公益救济性捐赠，在年度利润总额12%以内的部分，准予在计算应纳税所得额时扣除。超过部分，准予在以后3年内结转扣除。

（9）利息费用。

①非金融企业向金融企业借款的利息支出、金融企业的各项存款利息支出和同业拆借利息支出、企业经批准发行债券的利息支出，可据实扣除；

②非金融企业向非金融企业借款的利息支出，不超过按照金融企业同期同类贷款利率计算的数额的部分，准予扣除；超过部分，不得扣除。

（10）企业按照规定计算的固定资产折旧费用，准予扣除。

（11）企业按照规定计算的无形资产摊销费用，准予扣除。

（12）企业发生的下列支出，作为长期待摊费用，按照规定摊销的，准予扣除：已足额提取折旧的固定资产的改建支出、租入固定资产的改建支出、固定资产的大修理支出、其他应当作为长期待摊费用的支出。

（13）允许弥补的以前年度亏损。《企业所得税法》规定，纳税人发生年度亏损的，可以用下一纳税年度的所得弥补；下一纳税年度的所得不足弥补的，可以逐年延续弥补，但是最长不得超过5年。

3. 不能税前扣除的项目

（1）向投资者支付的股息、红利等权益性投资收益款项。

（2）企业所得税税款。

（3）税收滞纳金。

（4）罚金、罚款和被没收财物的损失。

（5）未经核定的准备金支出。

（6）企业发生与生产经营活动无关的各种非广告性质的赞助支出。

（7）企业之间支付的管理费、企业内营业机构之间支付的租金和特许权使用费以及非银行企业内营业机构之间支付的利息。

（8）与取得收入无关的其他支出。

4. 业务招待费的税收筹划

业务招待费的税收筹划的重要条件是把握真实性与合理性，且不超过税法规定的扣除限额。一般来讲，业务招待费的税收筹划可以从以下几个方面入手：

（1）设立独立核算分支机构。业务招待费以销售（营业）收入作为扣除基数，企业可以通过下设独立核算的分支机构的方式来提高费用限额的扣除基数，但设立独立核算分支机构也会给企业带来额外的管理成本，并可能影响企业的整体战略布局。因此，企业是否要设立这样的分支机构，需要将节税利益和企业的长远效益结合起来综合考虑，科学决策。

（2）合理运用扣除比例。《中华人民共和国企业所得税法实施条例》（以下简称“《企业所得税法实施条例》”）第四十三条规定，企业发生的与生产经营活动有关的业务招待费支出，按照发生额的60%扣除，但最高不得超过当年销售（营业）收入的5‰，企业应合理控制业务招待费的支出，更不可虚构业务招待费支出。

（3）合理分流业务招待费。企业可以通过改变支出项目性质的方法，将业务招待费分流到扣除限额较大或没有扣除比率限额的项目中核算，比如将原有属于业务招待费的开支合理合法分流到业务宣传费上，为企业降低税负。

（4）准确核定扣除基数。销售（营业）收入包括主营业务收入、其他业务收入以及视同销售（营业）收入三大部分。企业将资产（自制或外购）用于市场推广或销售、交际应酬、职工奖励或福利、对外捐赠、其他改变资产所有权属的用途等移送他人的情形，应按规定视同销售确认为收入。上述的视同销售行为，应及时调增当期销售收入，以扩大当期销售（营业）收入净额，从而提高业务招待费扣除比例。

值得注意的是，销售（营业）收入作为招待费用的扣除基数，仅为纳税人的申报数，而不包括税务机关核查增加的收入。因此，企业瞒报或漏报的收入也需要填入纳税调整增加额，增加本期应纳税所得，但并不扩大费用的扣除基数。因此，企业应如实申报视同销售收入，避免瞒报漏报带来的纳税风险，准确核定业务招待费的扣除基数。

（5）设置支出明细科目。企业在“管理费用”科目下设置“业务招待费”和

“业务宣传费”明细科目，用于核算平时发生的业务招待费和业务宣传费，以防年终申报或在税务机关检查时对近似项目产生不必要的争议。企业应随时将“业务招待费”和“业务宣传费”明细科目核算的费用数额与已实现的销售（营业）收入净额（总额）比较，如发现其中某一项费用超支时，及时用两者近似项目进行调整。

5. 广告宣传费的税收筹划

尽管广告宣传费超出比例部分可无限期向以后纳税年度结转，但是过度的广告费支出不仅会抵减年度利润，而且会因超出比例而调增当年应纳税所得额。这就意味着提前纳税，从而加重当期税收负担。

6. 企业捐赠的税收筹划

从税收角度来看，企业现金捐赠模式没有额外成本，但有 12% 的扣除比例上限。

视企业情况和捐赠项目情况的不同，有以下几种税收筹划思路可供参考：

（1）区分捐赠对象与捐赠中介。企业的捐赠应通过税法规定的公益性社会团体和政府机关捐赠，而不是直接向受赠人捐赠。

（2）把握捐赠的时机。企业的捐赠应兼顾企业的盈利情况，盈利多的年度多捐赠，盈利少的年度少捐赠，不盈利的年度则考虑暂停捐赠。

（3）捐赠手续与程序的完备。企业进行捐赠税前扣除申报，不仅应附送由具有捐赠税前扣除资格的非营利的公益性社会团体、基金会和县及县以上人民政府及其组成部门出具的公益救济性捐赠票据，同时还应当附送接受捐赠或办理转赠的公益性社会团体、基金会的捐赠税前扣除资格证明材料等。

（4）小型微利企业的年应纳税所得额或资产总额在临界点附近时，可以通过适当的捐赠降低利润总额或资产总额，从而达到税法规定的小型微利企业标准。

（5）企业的捐赠超过当年扣除上限时，可以由企业的大股东或高管个人捐赠一部分，其捐赠的效果没有本质区别。

（6）集团企业捐赠，可以在母子公司之间、子公司之间分配捐赠额，以控制捐赠额不突破 12%的扣除上限。

（7）具备条件的大企业，可以设立并通过公益性基金会进行捐赠。

7. 借款利息支出的税收筹划

（1）企业应注意利息支出的合法性，取得合法凭证。

（2）企业应该尽量向金融机构贷款。

8. 固定资产的税收筹划

纳税人可以从固定资产的折旧年限进行税收筹划，如采用缩短折旧年限或加速折旧筹划法。对于盈利企业而言，其应尽量缩短折旧年限或采用加速折旧法；对于亏损企业和享受税收优惠的企业而言，其应合理预计企业的税收优惠期间或弥补亏损所需年限，尽量少提折旧，或者较高估计固定资产折旧年限，以达到抵税收益最大化。

9. 无形资产摊销的税收筹划

正常经营的企业应选择较短的摊销期限，这样做不仅可以加速无形资产成本的收回，避免企业未来的不确定性风险，而且可以使企业后期成本、费用提前扣除，前期利润后移，从而使企业获得延期纳税的好处。

10. 亏损弥补的税收筹划

企业发生亏损后，应增加收入或减少可抵扣项目，使应纳税所得额尽可能多，以尽快弥补亏损，获得抵税收益。

（三）企业所得税税率的税收筹划

企业所得税税率表如表4-1所示。

表4-1　企业所得税税率表

税率/%	适用范围
25	居民企业
	在中国境内设有机构、场所且所得与机构、场所有关联的非居民企业
20（实际减按10）	在中国境内未设立机构、场所但有来自中国境内的所得的非居民企业
	虽设立机构、场所但取得的所得与其所设机构、场所没有实际联系的非居民企业
20	小型微利企业
15	高新技术企业、经认定的技术先进型服务企业

企业所得税的优惠税率为企业所得税税率的税收筹划提供了空间，企业应善于利用这种税收差异，努力创造条件使自己享受较低的税率。

1. 预提所得税的税收筹划

跨国企业可以通过在征税国境内不设立机构、场所，或者虽设立机构、场所，但取得的所得与其所设机构、场所没有实际联系，从而适用预提所得税的低税率进行税收筹划。

2. 小型微利企业优惠税率的税收筹划

由于小型微利企业可以适用20%的优惠税率缴纳企业所得税，因此若企业规模不大，在人数、资产规模、利润等方面与税法认定的小型微利企业情况相近时，可以通过合理合法的方法使自身满足小型微利企业的所有条件，从而适用小型微利企业的税收优惠进行税收筹划。

2019年1月1日至2021年12月31日，小型微利企业年应纳税所得额不超过100万元的部分，减按25%计入应纳税所得额，按20%的税率缴纳企业所得税；年应纳税所得额超过100万元但不超过300万的部分，减按50%计入应纳税所得额，按20%的税率缴纳企业所得税；上述小型微利企业是指从事国家非限制和禁止行业，且同时符合年应纳税所得额不超过300万元、从业人数不超过300人、资产总额不超过5 000万元三个条件的企业。

根据《财政部 税务总局关于实施小微企业和个体工商户所得税优惠政策的公告》的规定，小微企业和个体工商户年应纳税所得额不超过100万元的部分，在现行优惠政策的基础上，再减半征收所得税，即应纳税所得额在100万元以内的个体工商户和小微企业实际企业所得税税率按2.5%执行。

3. 高新技术企业、技术先进型服务企业的税收筹划

由于税务机关对国家重点扶持的高新技术企业减按 15%的税率征收企业所得税，因此企业可以根据自身情况，通过合理合法的方法使自身满足国家重点扶持的高新技术企业的所有标准，从而适用高新技术企业的优惠税率进行税收筹划。

4. 将利润从高税率企业转向低税率企业

对于既有适用 25%税率也有适用 20%税率，还有适用 15%税率的企业集团而言，其可以适当将适用 25%税率的企业的收入转移到适用 20%税率或 15%税率的企业中，从而适当降低企业集团的所得税负担。

（四）企业所得税优惠政策的税收筹划

1. 减免税优惠政策的规定及其税收筹划

减免税是国家对特定的地区、行业、企业或特定的纳税人、应税项目等所给予的照顾性措施。对于减免税优惠，纳税人应考虑以下筹划技巧：第一，在合法、合理的前提下，尽量争取更多的免税待遇；第二，在合法、合理的情况下，尽量使免税期最长；第三，注重对优惠政策的综合衡量，着眼于整体税负的轻重，从各种税收优惠方案中选出最优的方案。

2. 加计扣除优惠政策及其税收筹划

（1）招聘残疾人员的优惠政策及其税收筹划。

（2）一般企业研发费用加计扣除。

3. 投资收益取得方式的税收筹划

（1）国债利息免税政策及其税收筹划。

（2）企业利润分配的税收筹划。被投资企业进行股利分配可以帮助法人股东减少纳税负担。

股利分配的税收筹划目标不仅仅是股东税负最小，而应坚持系统性原则，综合考虑股利分配的各方面制约因素，选择有利于企业长远发展的筹划方案，以增加股东财富。

4. 其他优惠政策的规定及其税收筹划

（1）技术转让所得的优惠政策及其税收筹划。根据规定，在一个纳税年度内，居民企业转让技术所有权所得不超过 500 万元的部分，免征企业所得税；超过 500 万元的部分，减半征收企业所得税。对于预计当年度技术转让所得超过 500 万元的情况，纳税人可以通过签订分期收款的技术转让合同，采取递延技术转让所得的方式来进行税收筹划。

（2）税额抵免优惠政策及其税收筹划。企业购置并实际使用《环境保护专用设备企业所得税优惠目录》《节能节水专用设备企业所得税优惠目录》和《安全生产专用设备企业所得税优惠目录》规定的环境保护、节能节水、安全生产等专用设备的，该专用设备的投资额的 10%可以从企业当年的应纳税额中抵免；当年不足抵免的，可以在以后 5 个纳税年度结转抵免。

企业购买并使用符合规定的环境保护、节能节水、安全生产等专用设备可以享受税额优惠。

（3）创投企业优惠政策及其税收筹划。创业投资企业采取股权投资方式直接投

资于初创科技型企业满 2 年的，可以按照其投资额的 70%在股权持有满 2 年的当年抵扣该创业投资企业的应纳税所得额；当年不足抵扣的，可以在以后纳税年度结转抵扣。因此，在投资收益率大体相当的情况下，创投企业可以加强对初创科技型企业的投资，从而适用税收优惠。

（4）恰当选择享受税收优惠的起始年度。

①企业从事国家重点扶持的公共基础设施项目投资经营的所得，自项目取得第一笔生产经营收入所属纳税年度起，第一年至第三年免征企业所得税，第四年至第六年减半征收企业所得税。

②企业从事符合条件的环境保护、节能节水项目的所得，自项目取得第一笔生产经营收入所属纳税年度起，第一年至第三年免征企业所得税，第四年至第六年减半征收企业所得税。

企业所得税的定期优惠政策（如"三免三减半"）是从企业取得生产经营所得的年度开始计算的，如果企业从年度中间甚至年底开始生产经营，那么该年度将作为企业享受税收优惠政策的第一年，而一般情况下经营初期的生产经营所得非常少，因此企业是否享受减免税优惠意义并不是很大。此时，企业应当恰当选择享受税收优惠的第一个年度，适当提前或推迟开展生产经营活动的日期。原则上，企业应当在年底或年初成立，在年初取得第一笔生产经营收入，这样就可以更加充分地享受税收优惠，获得更多的税收利益。

（五）企业重组与合并、分立的税收筹划

企业重组是指企业在日常经营活动以外发生的法律结构或经济结构重大改变的交易，包括企业法律形式改变、债务重组、股权收购、资产收购、合并、分立等。

1. 企业合并的税收筹划

（1）并购目标企业选择的税收筹划。

①并购有税收优惠政策的企业，使并购后企业整体的税务负担较轻。

②并购有大量亏损的企业，合并企业可以对被合并企业的亏损进行弥补，获得抵税收益。

可由合并企业弥补的被合并企业亏损的限额=被合并企业净资产公允价值×截至合并业务发生当年年末国家发行的最长期限的国债利率

③并购上下游企业或关联企业，实现上下游企业或关联企业流通环节的减少，减少流转税纳税义务。

④企业并购可能改变纳税主体的性质。例如，企业可能因为合并而由小规模纳税人转变为一般纳税人，或者由内资企业转变为中外合资企业。

⑤企业并购因规模扩大能够增加应提取折旧的资产总额，获取折旧抵税利益。

（2）并购支付方式的税收筹划。当采用股权支付不会对并购公司控制权产生重大影响时，企业应该优先考虑股权支付，或者尽量使股权支付金额不低于其交易支付总额的 85%，以争取达到特殊性税务处理的条件。当企业符合特殊性税务处理的其他条件，且股权支付金额不低于其交易支付总额的 85%时，可以使用资产重组的特殊性税务处理方法，企业可以相对减少合并环节的纳税义务，获得抵税收益。

2. 企业分立的税收筹划

（1）新设分立。

①把一个企业分解成两个或多个新企业，单个新企业应纳税所得额大大减少。使之适用小型微利企业的税收优惠政策，其可以按照更低的税率缴纳企业所得税。

②使某些新设企业符合高新技术企业的优惠条件，所适用的税率相对较低。

③企业分立可以将兼营或混合销售中的低税率或零税率业务独立出来，单独计税降低税负。

④企业分立使适用累进税率的纳税主体分化成两个或多个适用低税率的纳税主体，税负自然降低。

（2）存续分立。

①将企业某个特定部门分立出去，可以增加一个流通环节，有利于流转税抵扣及转让定价策略的运用等。

②将销售部门分立为一个子公司，可以增加产品在企业集团内部的销售环节，从而扩大母公司的销售收入，增加可以在税前列支的费用数额（如业务招待费和广告费）。

③企业分立为多个纳税主体，可以形成有关联关系的企业群，实施集团化管理和系统化税收筹划。

（3）支付方式选择（股权支付、非股权支付）的税收筹划。当企业符合特殊性税务处理的其他条件，且被分立企业股东在该企业分立发生时取得的股权支付金额不低于其交易支付总额的85%时，可以使用企业分立的特殊性税务处理方法。这样可以相对减少分立环节的所得税纳税义务，而且被分立企业未超过法定弥补期限的亏损额可以按分立资产占全部资产的比例进行分配，由分立企业继续弥补，分立企业可以获得抵税收益。因此，分立企业应该优先考虑股权支付，或者尽量使股权支付金额不低于其交易支付总额的85%，争取达到企业分立的特殊性税务处理条件。

（六）企业所得税其他方面的税收筹划

1. 存货计价的税收筹划

从长期来看或在价格平稳、价格波动不大时，存货计价方法对成本的影响不显著，存货计价方法不会对应纳税总额产生影响，但是不同的存货计价方法可以通过改变销售成本，继而改变所得税纳税义务在时间上的分布来影响企业价值，甚至当价格水平不断波动时，存货计价方法对成本的影响就较为显著。一般来说，存货计价的税收筹划有以下几种思路：

（1）企业长期盈利时，应选择使本期存货成本最大化的存货计价方法。

（2）企业预计亏损或已经亏损时，应使亏损尚未得到完全弥补的年度的成本费用降低，尽量使成本费用延迟到以后能够完全得到抵补的时期，以保证成本费用的抵税效果最大化。

（3）企业处于所得税减税或免税期间时，应选择使免税期间内存货成本最小化的计价方法，尽量将存货成本转移到非税收优惠期间。

（4）企业处于非税收优惠期间时，应选择使存货成本最大化的计价方法，以减少当期应纳税所得额或延迟纳税。

2. 企业所得税核定征收的税收筹划

实行核定应税所得率征税的企业，其应纳企业所得税由企业的收入总额或成本费用支出总额决定，如果降低收入总额或成本费用支出总额，就可以达到降低企业所得税税负的目的。

（七）企业所得税的反避税

反避税是指国家采取积极的措施，对避税行为加以防范和制止。

企业与其关联方之间的业务往来，不符合独立交易原则而减少企业或其关联方应纳税收入或所得额的，税务机关有权按照合理方法调整。

纳税人在进行税收筹划时应注意为了避免被认定为关联企业，应当对照关联企业的标准，在资金、人员等方面隔断两者之间的关联关系，应力求税收筹划方案与国家的税收政策导向保持趋同，提高税收筹划的规范性和合理性，从而进一步降低税收筹划的风险。

二、本章教学重点与难点

【教学重点】

（1）企业所得税纳税人的税收筹划，包括子公司与分公司的税收筹划；

（2）企业所得税计税依据的税收筹划，如收入确认金额的税收筹划、收入确认时间的税收筹划，扣除项目的税收筹划，如业务招待费、广告费、捐赠、借款利息的税收筹划以及固定资产、无形资产摊销、亏损弥补的税收筹划；

（3）企业所得税税率的税收筹划；

（4）企业所得税优惠政策的税收筹划；

（5）不能税前扣除的项目。

【本章难点】

（1）子公司与分公司的税收筹划；

（2）收入确认金额的税收筹划；

（3）业务招待费、广告费、捐赠、固定资产、无形资产摊销、亏损弥补等扣除项目的税收筹划；

（4）企业所得税优惠政策的税收筹划；

（5）合并、分立与资产重组的税收筹划。

本章思维导图如图4-1所示。

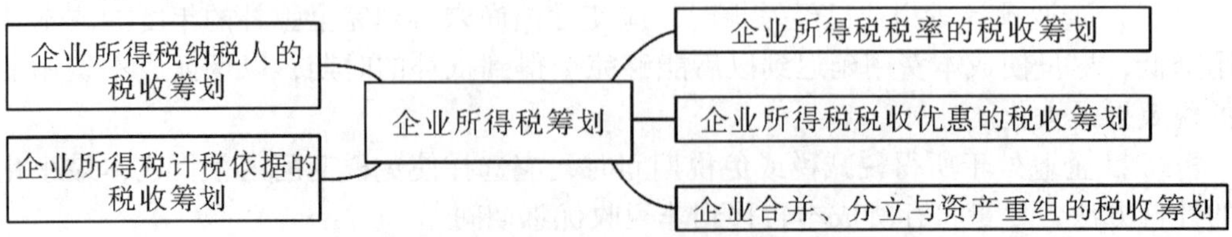

图4-1 本章思维导图

三、练习题

一、单项选择题

1. 下列各项收入中，需计入应纳税所得额计算缴纳企业所得税的是（　　）。
   A. 国债利息收入
   B. 存款利息收入
   C. 财政拨款
   D. 符合条件的居民企业之间的股息、红利等权益性收益
2. 公司制企业与合伙企业相比较，说法错误的是（　　）。
   A. 一般来说，公司制企业的税收负担更重
   B. 公司的营业亏损可以在一定年限内进行税前弥补，并能分摊给股东，冲抵个人所得税
   C. 公司的设立和解散程序复杂，费用较高，但具有一定的规模效应
   D. 有限责任公司只承担有限责任，风险相对较小
3. 下列选项中，属于设立子公司的有利条件的是（　　）。
   A. 便于经营，财务会计制度要求也比较简单
   B. 经营期内，境外子公司的亏损可以在当期冲抵母公司的利润，减轻税收负担
   C. 若东道国适用税率低于居住国，子公司的累积利润可以递延纳税，有时子公司的适用税率比分公司低
   D. 子公司与母公司之间的资本转移，不涉及所有权变动，不必负担税收
4. 下列选项中，属于设立分公司的有利条件的是（　　）。
   A. 亏损可以冲抵总公司的利润
   B. 可以享有东道国给其居民公司同等的优惠待遇
   C. 独立承担企业所得税的纳税义务
   D. 与母公司各自以其独立的财产承担责任
5. 下列选项中，不属于企业所得税纳税人的是（　　）。
   A. 国有企业　　　　B. 外商投资企业
   C. 公司制企业　　　D. 个人独资企业
6. 下列选项中，属于无形资产的是（　　）。
   A. 货币资金　　　　B. 建筑物
   C. 商誉　　　　　　D. 设备
7. 在税法允许的前提下，采用（　　）进行固定资产折旧最好。
   A. 直线折旧法　　　B. 产量法
   C. 双倍余额递减法　D. 平均年限法

8.《中华人民共和国企业所得税法》规定，企业与其关联方共同开发、受让无形资产，或者共同提供、接受劳务发生的成本，在计算应纳税所得额时应当按照（　　）进行分摊。

A. 公平交易原则　　B. 独立交易原则
C. 公允市场价值　　D. 非受控第三方价格

9. 根据我国税法的规定，企业当期发生亏损，可以用以后（　　）年税前利润进行弥补？
A. 3　　B. 6
C. 5　　D. 4

10. 就税收负担来说，公司形式应该是以（　　）为佳。
A. 有限责任公司　　B. 股份有限公司
C. 私营企业　　D. 个人独资企业

11. 当销售货物时，了解到对方的资金周转情况不好时，应采用（　　）销售。
A. 分期收款方式　　B. 直接收款方式
C. 代销结算方式　　D. 委托收款方式

12. 在对企业结算方式进行税收筹划时，主要分为采购结算方式的税收筹划和（　　）的税收筹划。
A. 赊购方式　　B. 现金采购
C. 销售结算方式　　D. 现金折扣

13. 下列固定资产不得提取折旧的包括（　　）。
A. 以经营租赁方式租入的固定资产
B. 以经营租赁方式租出的固定资产
C. 以融资租赁方式租入的固定资产
D. 经营生产用设备

14. 合理提前所得年度或合理推迟所得年度，从而起到减轻税负或延期纳税的作用。这种税务处理属于（　　）。
A. 企业投资决策中的税收筹划　　B. 企业生产经营中的税收筹划
C. 企业成本核算中的税收筹划　　D. 企业成果分配中的税收筹划

15. 就所得税处理中的费用扣除问题，从税收筹划的角度看，下列做法不利于企业获得税收利益的是（　　）。
A. 各项费用能待摊则不预提
B. 各项支出凡是能直接计入营业成本、期间费用和损失的不计入生产成本
C. 各项支出凡是能计入成本的不计入资产
D. 费用扣除的基本原则是就早不就晚

16. 下列关于企业税收筹划的说法中，正确的是（　　）。
A. 企业进行税收筹划时，应当尽可能避免作为非居民纳税人，而选择作为居民纳税人，从而实现节省税金支出的目的
B. 许多外商投资企业和外国企业将实际管理机构设在低税负区，或者在低税负区设立销售公司，之后以该销售公司的名义从事营销活动。这种方法对所有的商品转让都适合，在跨国经营公司中尤其如此
C. 一般而言，税负可以转嫁的税种称为间接税
D. 一般而言，税负不能转嫁的税种称为间接税

17. 下列关于税收递延的说法中，正确的是（　　）。

A. 从是否可调整的角度看，税收递延涉及的是时间性差异

B. 从是否可调整的角度看，税收递延涉及的是永久性差异

C. 由于时间性差异的发生是由于所得税法与会计准则的实质性差别所引起的，因此不存在递延问题

D. 会计所得与计税所得的差异仅指时间性差异

18. 下列选项中，不允许在企业所得税应纳税所得额中据实扣除的有（　　）。

A. 企业的财产保险费　　B. 向金融机构的借款利息支出

C. 转让固定资产的费用　　D. 企业的赞助支出

19. 企业从事下列项目的所得，减半征收企业所得税的是（　　）。

A. 糖料作物的种植　　B. 香料作物的种植

C. 油料作物的种植　　D. 麻料作物的种植

20. 纳税人在计算企业所得税应纳税所得额时，（　　）不超过规定比例的部分准予在税前扣除，超过部分准予在以后纳税年度结转扣除。

A. 职工教育经费　　B. 工会经费

C. 社会保险费　　D. 职工福利费

二、多项选择题

1. 合伙企业与公司制企业在进行税收筹划时应考虑的因素有（　　）。

A. 税收负担　　B. 经营风险

C. 员工工资　　D. 企业利润

2. 分公司、子公司的不同之处包括（　　）。

A. 法律地位不同　　B. 设立手续不同

C. 核算和纳税形式不同　　D. 税收优惠不同

3. 根据我国税法的规定，需要缴纳企业所得税的企业形式有（　　）。

A. 个人独资企业　　B. 有限责任公司

C. 股份有限公司　　D. 合伙企业

4. 设立子公司的好处在于（　　）。

A. 有法人资格，依法独立承担民事责任

B. 子公司利润汇回母公司要比分公司灵活

C. 独立承担企业所得税的纳税义务

D. 可以实现母子公司之间盈亏互抵

5. 设立分公司的好处在于（　　）。

A. 成本费用较子公司节省

B. 分公司与总公司之间的资本转移不负担税收

C. 经营初期亏损时可减轻总公司的税收负担

D. 对财务制度要求相对比较简单

6. 企业在重组兼并中，（　　）的改变，可能会为企业提供一定的税收筹划空间。

A. 纳税地点　　B. 纳税时间
C. 纳税主体　　D. 纳税环节

7. 当企业从生产经营环节进行税收筹划时，主要从（　　）方面进行税收筹划。

A. 所生产的产品结构
B. 对成本进行合理的调整
C. 对企业收入实现的时间和金额加以控制
D. 职工薪酬分配

8. 成本费用调整法主要是通过（　　）来实现的。

A. 存货计价法　　B. 折旧计算法
C. 费用的分摊法　　D. 调整费用的入账时间

9. 固定资产折旧的方法包括（　　）。

A. 直线折旧法　　B. 年数总和法
C. 双倍余额递减法　　D. 税额总和法

10. 企业签订销售合同时选择（　　）方式更有利。

A. 对方的资金运作情况比较好时，采用直接收款方式
B. 对方的资金周转情况不太好时，采用直接收款方式
C. 对方的资金周转情况不太好时，采用分期收款方式
D. 对方的资金周转情况不太好时，采用赊销方式

11. 根据税法的规定，允许税前扣除的广告费支出，必须符合（　　）条件。

A. 通过一定的媒体传播
B. 已实际支付费用，并已取得相应发票
C. 非广告性质的赞助支出
D. 通过工商部门批准的专门机构制作

12. 下列关于子公司与分公司税收待遇的阐述中，错误的是（　　）。

A. 子公司不是独立法人实体，在设立公司的所在国被视为居民纳税人，通常要承担与该国其他居民企业一样的全面纳税义务
B. 母公司所在国的税收法规对子公司同样具有约束力，除非其所在国之间缔结的双边税收协定有特殊规定
C. 分公司是独立的法人实体，在设立分公司的所在国被视为非居民纳税人，其发生的利润及亏损与总公司合并计算，人们称之为“合并报表”
D. 分公司与总公司经营成果的合并计算所影响的是居住国的税收负担，至于分公司所在的东道国，照样要对归属于分公司本身的收入课税

13. 下列选项中，能够降低企业所得税负担的有（　　）。

A. 亏损企业均应选择能使本期成本最大化的计价方法
B. 盈利企业应尽可能缩短折旧年限并采用加速折旧法
C. 采用双倍余额递减法和年数总和法计提折旧可以降低盈利企业的税负
D. 在物价持续下跌的情况下，采用先进先出法

14. 从税收角度考察，企业并购的税收筹划方法有（　　）。

A. 合并有大量经营亏损的企业　　B. 合并大量盈利、资金流充裕的企业

C. 合并小型微利企业　　D. 合并高新技术企业

15. 在日常税收筹划过程中，我们可以从（　　）方面来进行计税依据的税收筹划。

A. 提前实现获利年度　　B. 推迟计税依据实现

C. 选择合理的费用分摊方法　　D. 减少企业筹建期间的费用

三、判断题

1. 所得税方面，纯粹从税收角度来考虑，个体工商户的税负较私营企业的税负略重。（　　）

2. 在我国，个人独资企业和合伙企业不征收企业所得税。（　　）

3. 在分支机构发生亏损时，子公司比分公司可以享受更多的税收利益。（　　）

4. 企业选择设立分支机构时，还要考虑非税因素的影响。（　　）

5. 外国政府债券利息收入免征企业所得税。（　　）

6. 盈利企业兼并亏损企业，有助于实现盈利企业的规模化经营，但不能实现税收筹划的目标。（　　）

7. 所得税类一般不存在转嫁问题，因此称为间接税。（　　）

8. 某国有企业直接向某希望小学捐款，可以在计算应纳税所得额时扣除。（　　）

9. 企业在计算应纳税所得额时，其向非金融机构借款的利息支出可以按实际发生数扣除。（　　）

10. 在中国境内未设立机构、场所的非居民企业，不在中国境内纳税。（　　）

四、思考题

1. 企业设立从属机构时有哪些选择？相应的税收待遇有什么区别？

2. 公司与个人独资企业缴纳所得税有什么区别？纳税人应该如何选择？

3. 企业应如何合理地选择折旧方法？固定资产折旧的税收筹划方法有哪些？

4. 如何运用企业所得税的税率进行税收筹划？

5. 如何利用小微企业的税收待遇进行税收筹划？

6. 国家对于科技研发给予了怎样的税收支持？

7. 我国企业所得税在安置特殊人员就业方面制定了哪些税收优惠政策？请比较分析这些政策的优惠待遇，并分析利用这些优惠政策进行税收筹划的适用条件及范围。

五、案例分析题

【案例 4-1】某公司由于生产经营需要准备招用 50 名普通职工，该项工作不需要职工具备特殊技能且可以坐在椅子上从事工作，人均月工资为 4 000 元，合同期限为 3 年。

要求：请对该公司的招聘计划进行税收筹划。

【案例 4-2】某工业企业为提高其产品知名度及竞争力，树立良好的社会形象，决定向有关单位捐赠 300 万元。2021 年度预计捐赠后可以实现会计利润 2 000 万元（无其他纳税调整项目），企业所得税税率为 25%。

要求：请对该企业的捐赠进行税收筹划。

【案例 4-3】食为天公司是某市一家小有名气的餐饮企业，已经在该市设立 5 家分店（采取分公司的形式），计划 2021 年度在外省增开 5 家分店，合计达到 10 家分店。每家分店的年度应纳税所得额约为 90 万元。

要求：请计算该公司应纳企业所得税，并为之进行税收筹划。

【案例4-4】李先生投资兴办了一家企业，年应纳税所得额为150万元。

要求：李先生投资兴办的企业的类型在个人独资企业和有限责任公司之间应如何选择？

【案例4-5】某企业2020年应纳税所得额为400万元，现职工总数为110人，目前由于生产需要新招聘25名员工，假设平均月工资为5 000元。

要求：请根据实际情况制订税收筹划方案。

【案例4-6】A企业为新建企业，生产儿童食品，适用广告费扣除率15%，企业所得税税率为25%。A企业年初推出一种新产品，预计年销售收入为9 000万元（假设本地销售1 000万元，南方地区销售8 000万元），需要广告费支出1 800万元。A企业对此拟定了两个方案。

方案一：产品销售统一在A企业核算，需要在当地电视台、南方地区电视台分别投入广告费800万元、1 000万元。

方案二：鉴于产品主要市场在南方地区，A企业可以在南方地区设立独立核算的销售公司。销售公司设立以后，与A企业联合做广告宣传。成立销售公司预计需要支付场地、人员工资等相关费用30万元，向当地电视台、南方地区电视台分别支付广告费800万元、1 000万元。A企业当地销售额为1 000万元，A企业向南方地区销售公司按照出厂价7 000万元作价销售，南方地区销售公司销售额仍然为8 000万元。

要求：请问哪一种方案更优？

【案例 4-7】某企业有 2 000 万元的闲置资金，打算进行投资。其面临两种选择：一种选择是投资国债，国债年利率为 6%；另一种选择是投资金融债券，金融债券年利率为 7%，企业所得税税率为 25%。

要求：请从税务角度分析哪种方式更合适？

【案例 4-8】甲公司 2020 年 12 月购入价值为 300 万元（不含增值税）的电子设备，残值率为 5%，估计可以使用 3~5 年。按照税法的规定，最短可以在 3 年内按照直线法计提折旧。假设甲公司处于盈利期间，从 2020 年起，5 年内每年未扣除折旧前的利润为 1 000 万元，且没有企业所得税纳税调整项目。假设折现率为 10%。

要求：请为甲公司进行税收筹划。

【案例 4-9】某设备价值 200 万元，目前按照直线法提取折旧，折旧期限为 20 年。如果按照加速折旧法，该固定资产可以在 5 年内提完全部折旧。假设两种方案下该固定资产各年的折旧费用如表 4-1 所示（年利率为 10%时，第 20 年的年金现值系数为 8.514；年利率为 10%时，第 1~5 年的复利现值系数分别为 0.909、0.826、0.751、0.683 和 0.621）。

表 4-1 两种方案下固定资产各年的折旧费用 单位：万元

年度	1	2	3	4	5	6~20	合计
直线法折旧费用	10	10	10	10	10	每年 10	200
加速折旧法折旧费用	60	50	40	30	20	0	200

要求：哪种折旧方法更有利？

【案例 4-10】A 公司计划对外捐赠 500 万元，相关部门提出以下三个方案：

方案一：直接向受赠对象进行捐赠。

方案二：通过政府部门捐赠。

方案三：分两年通过政府部门进行捐赠，第一年捐赠 200 万元，第二年捐赠 300 万元。

已知 A 公司当年利润总额为 3 000 万元，预计第二年利润总额为 4 000 万元（假设无其他纳税调整项目）。

要求：请从税收筹划的角度来分析上述三个方案。

【案例 4-11】小明毕业后决定创业，开办一家文创企业，经过市场调查预计 2021 年应纳税所得额为 20 万元。

要求：在企业组织形式上，小明应该选择设立个人独资企业还是公司制企业，请为他进行税收筹划。

【案例 4-12】森马服饰 2012 年 5 月 28 日公告，森马服饰于 5 月 24 日召开第二届董事会第 21 次会议，审议通过了《关于使用募集资金以股权收购方式购买店铺的议案》，同意使用募集资金 1.56 亿元收购浙江华人实业发展有限公司（以下简称“华人实业”）100%股权并承继相应债务。其中，股权转让价格为 4 900 万元，承继债务 1.07 亿元。交易完成后，森马服饰将取得位于浙江省杭州市上城区延安路 236 号的房屋所有权及土地使用权。

公告称，华人实业所拥有的延安路房屋，位于浙江省杭州市的核心商圈，地理位置、使用面积、交易价格等均符合森马服饰营销网络建设项目的要求，未来作为店铺投入使用后，将有助于提升公司森马品牌与巴拉巴拉品牌在杭州地区的品牌形象与销售业绩，具有重要的战略意义。

华人实业店铺价值约为 1.56 亿元。如采取资产收购方式，华人实业要缴纳 500

多万元营业税金及其附加，5 000 多万元土地增值税，森马服饰要缴纳 400 多万元契税，双方需缴纳 16 万元印花税，交易总税负超过 6 000 万元。如果采取股权收购方式，双方仅需要缴纳几十万元的印花税，节税高达 6 000 万元。

森马服饰收购华人实业既可以采取资产收购的方式，也可以采取股权收购的方式。由于森马服饰收购华人实业的主要目的并不在于取得企业的股权继续经营华人实业，而是为了取得华人实业的不动产，因此在不考虑税收成本的情况下，森马服饰应该采取资产收购的方式。很明显，森马服饰采取股权收购的主要目的是节税。当地税务机关认为森马服饰的收购行为涉嫌避税。

要求：森马服饰应如何证明其行为并非避税行为，而是合理的交易？

第五章
个人所得税筹划

一、本章教学大纲

(一) 个人所得税纳税人的税收筹划

1. 纳税人的法律界定

个人所得税是对个人（自然人）取得的各项应税所得征收的一种税。

（1）居民纳税义务人。居民纳税义务人负有无限纳税义务，其所取得的应纳税所得，无论是来源于中国境内还是来源于中国境外，都要在中国缴纳个人所得税。

（2）非居民纳税义务人。非居民纳税义务人是指不符合居民纳税义务人判定标准（条件）的纳税义务人。非居民纳税义务人承担有限纳税义务，即仅就其来源于中国境内的所得，向中国政府缴纳个人所得税。

2. 居民个人与非居民个人的转换

个人所得税的纳税义务人根据纳税人的住所和其在中国境内居住的时间，分为居民个人和非居民个人。

（1）恰当安排离境时间进行税收筹划。对于跨国纳税人来说，由于个人所得税的计算是在对纳税人身份、所得来源地判断、所得性质判断的基础上进行的，因此纳税人主要应注意收入来源地居住天数的计算。居住天数的多少是判断居民或非居民的主要标准，而非居民的身份有利于节税。

（2）利用居住方式的选择进行税收筹划。人员的住所（居住地）变动是指个人通过个人的住所或居住地跨越税境的迁移，也就是具体实施税收筹划的当事人把自己的居所迁出某一国，但又不在任何地方取得住所，从而躲避所在国对其纳税人身份的确认，进而免除个人所得税的纳税义务。

（3）通过人员流动降低税收负担。通过人员流动降低税收负担的思路，从本质上讲，与人员的住所变动大同小异。其区别主要表现在：一种是住所的变化，而另一种则是人本身在不同的区域中的位移。

3. 利用不同企业组织形式进行税收筹划

（1）企业所得税纳税义务人与个体工商户、个人独资企业、合伙企业纳税义务人的选择。一般来讲，在收入相同的情况下，个体工商户、个人独资企业、合伙企业、有限责任制企业的税负是不一样的，有限责任制企业的税负最重。

（2）个体工商户与个人独资企业的转换。个人独资企业的投资者所承担的税负按年应纳税所得额及适用税率的不同而有所不同。一般情况下，应纳税所得额越少，对应的税率越低，税负也越轻。纳税人可以利用个体工商户与个人独资企业的转换，通过对税基大的应纳税所得额进行分解来获得税收利益。

（二）对不同收入项目计税依据与税率的税收筹划

1. 征税范围、计税依据以及税率的有关规定

（1）征税范围的有关规定。

①工资、薪金所得。工资、薪金所得是指个人因任职或受雇而取得的工资、薪金、奖金、年终加薪、劳动分红、津贴、补贴以及与任职或受雇有关的其他所得。

②劳务报酬所得。劳务报酬所得是指个人独立从事非雇佣的各种劳务所取得的所得。

③稿酬所得。稿酬所得是指个人因其作品以图书、报刊等形式出版、发表而取得的所得。

④特许权使用费所得。特许权使用费所得是指个人提供专利权、商标权、著作权、非专利技术以及其他特许权的使用权取得的所得。

⑤经营所得。经营所得是指个体工商户从事生产、经营活动取得的所得，个人独资企业投资人、合伙企业的个人合伙人来源于境内注册的个人独资企业、合伙企业生产经营的所得；个人依法从事办学、医疗、咨询以及其他有偿服务活动取得的所得；个人对企业、事业单位承包经营、承租经营以及转包、转租取得的所得；个人从事其他生产、经营活动取得的所得。

⑥利息、股息、红利所得。利息、股息、红利所得是指个人拥有债权、股权而取得的利息、股息、红利所得。

⑦财产租赁所得。财产租赁所得是指个人出租不动产、机器设备、车船以及其他财产取得的所得。

⑧财产转让所得。财产转让所得是指个人转让有价证券、股权、合伙企业中的财产份额、不动产、机器设备、车船以及其他财产取得的所得。

⑨偶然所得。偶然所得是指个人得奖、中奖、中彩以及其他偶然性质的所得。偶然所得应缴纳的个人所得税税款，一律由发奖单位或机构代扣代缴。

（2）计税依据的有关规定。

①费用减除标准。

居民个人的综合所得，以每一纳税年度的收入额减除费用 6 万元以及专项扣除、专项附加扣除和依法确定的其他扣除后的余额为应纳税所得额。

非居民个人的工资、薪金所得，以每月收入额减除费用 5 000 元后的余额为应纳税所得额；劳务报酬所得、稿酬所得、特许权使用费所得，以每次收入额为应纳税所得额。

专项扣除，包括居民个人按照国家规定的范围和标准缴纳的基本养老保险、基本医疗保险、失业保险等社会保险费和住房公积金等。

专项附加扣除，包括子女教育、继续教育、大病医疗、住房贷款利息、住房租金、赡养老人等 6 项支出。

依法确定的其他扣除，包括个人缴付符合国家规定的企业年金、职业年金，个

人购买符合国家规定的商业健康保险、税收递延型商业养老保险的支出以及国务院规定可以扣除的其他项目。

劳务报酬所得、稿酬所得、特许权使用费所得以收入减除20%的费用后的余额为收入额。稿酬所得的收入额减按70%计算。

经营所得，以每一纳税年度的收入总额减除成本、费用以及损失后的余额为应纳税所得额。

财产租赁所得，每次收入不超过4 000元的，减除费用800元；每次收入在4 000元以上的，减除20%的费用，其余额为应纳税所得额。

财产转让所得，以转让财产的收入额减除财产原值和合理费用后的余额为应纳税所得额。

利息、股息、红利所得，偶然所得，以每次收入额为应纳税所得额。

②每次收入的确定。

劳务报酬所得、稿酬所得、特许权使用费所得，属于一次性收入的，以取得该项收入为一次；属于同一事项连续取得收入的，以一个月内取得的收入为一次。

财产租赁所得，以一个月内取得的收入为一次。

利息、股息、红利所得，以支付利息、股息、红利时取得的收入为一次。

偶然所得，以每次收入为一次。

③计税依据的其他规定。

居民个人从中国境外取得的所得中，包含境外所纳税款可以限额抵免。

个人取得的应纳税所得，包括现金、实物和有价证券。

两个以上的个人共同取得同一项目收入，每个人的收入应分别依法纳税。

（3）税率的有关规定。

①居民个人取得综合所得，分别按不同项目预扣预缴税款，并在年终合并适用年度3%~45%的超额累进税率；取得全年一次性奖金等特殊项目，在规定期限前适用月度3%~45%的超额累进税率。

②非居民个人取得工资、薪金所得，劳务报酬所得，稿酬所得，特许权使用费所得等，按月（次）适用3%~45%的超额累进税率。

③经营所得，适用5%~35%的超额累进税率。

④利息、股息、红利所得，财产转让所得，财产租赁所得，偶然所得，适用比例税率，税率为20%。

2. 综合所得的税收筹划

（1）工资、薪金福利化税收筹划。把纳税人的现金性工资转为提供福利，一样可以增加其消费满足，并少纳个人所得税。

①企业提供住所。

②企业提供假期旅游津贴。

③企业提供职工福利设施。

由企业提供免费膳食或由企业直接支付搭伙管理费。企业提供的膳食必须具有不可变现性，即不可转让，不能兑换成现金。

使用企业提供的家具及住宅设备。企业向职工提供住宅或由企业支付租金时，由企业集中配备家具及住宅设备，然后收取低租金。

由企业提供办公用品和设施。某些职业的工作需要专用设备，如广告设计人员需要高档计算机等。如果由职工自己购买，则职工会提出加薪的要求，而加薪就要多缴税，此时由企业购买后分配给职工使用，可以避免职工多缴税。

由企业提供车辆供职工使用，该车辆不可以再租给他人使用。

企业为职工子女成立教育基金，提供奖学金。

使用由企业缔结合约提供给职工的公用设施，如水、电、煤气、电话等。

（2）纳税项目转化与选择的税收筹划。

①工资、薪金转化为劳务报酬。在某些情况下，如果将工资、薪金所得转化为劳务报酬所得，通过增加费用扣除，进而实现应纳税所得额的降低，就会节约纳税。

②工资、薪金转化为稿酬。如果纳税人能将获得的工资、薪金所得转化为稿酬所得，这样获得的节税利益要比将工资、薪金所得转化为劳务报酬所得和特许权使用费所得更多。

③综合所得预扣预缴与年终汇算清缴制度的递延纳税和占用税款问题。

（3）利用专项附加扣除进行税收筹划。专项附加扣除在纳税人本年度综合所得应纳税所得额中扣除，本年度扣除不完的，不得结转以后年度扣除。由于部分专项附加扣除存在选择空间或政策累进空间，因此为综合所得的税收筹划提供了一定的可能性。但需要注意的是，如果纳税人年度综合所得额小于每年6万元费用减除额，该纳税人就不能再抵扣专项附加扣除。

①租房还是买房的税收筹划。

②子女教育费用专项附加扣除的税收筹划。

③利用继续教育专项附加扣除进行税收筹划。

④灵活运用赡养老人专项附加扣除进行税收筹划。

（4）利用其他扣除进行税收筹划。其他扣除是指个人缴付符合国家规定的企业年金、职业年金，个人购买符合国家规定的商业健康保险、税收递延型商业养老保险的支出等。纳税人可以利用这些其他扣除项目，合理降低税收负担。

①利用企业年金、职业年金进行税收筹划。

②购买符合规定的商业健康保险。

③利用税收递延型商业养老保险实现递延纳税。

（5）利用累进税率临界点进行税收筹划。利用累进税率的临界点进行税收筹划也可称为“削山头”法，对于适用累进税率的纳税项目，应纳税额的计税依据在各期分布越平均，越有利于节省纳税支出。

①劳务报酬跨年分次支付税收筹划。

②稿酬的分期税收筹划。

（6）利用费用转移进行筹划。为他人提供劳务以取得报酬的个人可以考虑由对方提供一定的福利，将本应由自己承担的费用改由对方提供，以达到规避个人所得税的目的。

3. 利息、股息、红利所得的税收筹划

（1）利用双层公司保留股息。个人从非上市公司取得股息需要缴纳20%的个人所得税。公司从非上市公司取得股息免税。个人可以利用这种税制的差异，在投资之初即设置双层公司，下层公司从事实体经营，上层公司用来留存下层公司分配的股息。

（2）利用借款取得公司未分配利润。纳税人可以利用政策规定将利润留在投资公司，通过借款的方式取得公司未分配利润。

（3）利用上市公司股息差别化税收政策。纳税人在取得股息以后，应尽量延长持有股票的时间，以减轻上市公司股息的税收负担。

（4）投资方式筹划法。个人进行投资决策时，最重要的因素就是投资的净收益。如果一项投资的表面收益很高，但要缴纳的税费同样很高，则净收益不一定高；相反，虽然某项投资的表面收益不是很高，但是其净收益却较高，则这项投资也会吸引众多投资者。

4. 经营所得的税收筹划

（1）增加费用支出。

①尽可能地把一些收入转换成费用开支。

②纳税人如果使用自己的房产进行经营，可以采用收取租金的方法扩大经营费用支出。

③通过向家庭成员支付工资的办法扩大工资等费用支出。

（2）分散、推后收益实现。

①合理使用原材料核算的计价方法。

②在可以预见的若干年内合理地安排有关费用，一般以平均分摊为原则。

③合理安排预缴税款，使应纳所得税尽可能推迟实现。

④在必要的时候采取捐赠的手段，从而收到既降低税收负担又扩大纳税人的社会影响的效果。

（3）承包、承租经营所得。纳税人通过推迟或提前获得收入，或者通过改变收入支付方式，如将一次性支付改为多次支付，将多次支付变为集中支付等，使收入尽可能在各个纳税期限内保持均衡。这样不仅避免了在某些月份适用较高的税率，还能分享税负繁重月份税法所提供的费用扣除和费用减免等优惠，从而在总体上达到减轻纳税负担的节税效果。

（4）专利权节税筹划。纳税人应在出卖专利或自办企业间作出合理决策。

5. 财产租赁的税收筹划

（1）巧用税前扣除。

（2）收入分期均摊。

（三）个人所得税优惠政策的税收筹划

1. 优惠政策的有关规定

（1）免征个人所得税的项目。

（2）经批准可以减征个人所得税的情形。

（3）暂免征收个人所得税的所得。

（4）优惠政策的特殊规定。

2. 扣除境外已纳税额

（1）纳税义务人从中国境外取得的所得，准予其在应纳税额中扣除已在境外缴纳的个人所得税税额。

（2）但扣除额不得超过该纳税人境外所得依照本国税法计算的应纳税额。

（3）超过该国家或地区扣除限额的，其超过部分不得在本纳税年度的应纳税额中扣除。

（4）补扣期限最长不得超过 5 年。

（四）个人所得税的反避税规定

有下列情形之一的，税务机关有权按照合理方法进行纳税调整：

（1）个人与其关联方之间的业务往来不符合独立交易原则而减少本人或其关联方应纳税额，且无正当理由。

（2）居民个人控制的，或者居民个人和居民企业共同控制的设立在实际税负明显偏低的国家（地区）的企业，无合理经营需要，对应当归属于居民个人的利润不进行分配或减少分配。

（3）个人实施其他不具有合理商业目的的安排而获取不当税收利益。

个人所得税属于直接税，税额由纳税人自行承担。我国社会主义税收的本质是“取之于民，用之于民”，个人所得税亦是如此。新型冠状病毒肺炎疫情时期的应对就体现了社会主义税收“聚财为民”和社会主义国家众志成城“集中力量办大事”的责任担当。每位个人所得税的纳税人都应明白依法纳税、诚信纳税的重要性，在学习税法进行税收筹划的过程中应树立正确的人生观和价值观，培养良好的职业道德，公私分明，不贪不占，遵纪守法。

二、本章教学重点与难点

【教学重点】

（1）个人所得税纳税人的税收筹划，

（2）个人所得税计税依据的税收筹划；

（3）个人所得税税收优惠的税收筹划。

【本章难点】

（1）对综合所得的税收筹划，如年终一次性奖金发放问题；

（2）对不同组织形式，如个体工商户及个人独资企业的选择与税收筹划；

（3）对个人所得税税收优惠政策的运用问题。

本章思维导图如图 5-1 所示。

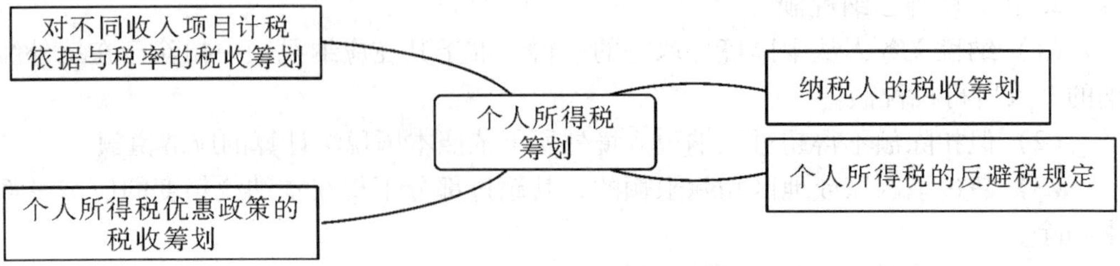

图 5-1　本章思维导图

三、练习题

一、单项选择题

1. 甲、乙、丙三人出资成立了一家合伙企业，三位合伙人各占 1/3 的股份，全年盈利 120 000 元，企业利润平分。三位合伙人的工资为每人每月 5 000 元，假设三人没有其他所得及专项附加扣除等，按照《中华人民共和国个人所得税法》的现行规定，甲的所得税实际负担率为（　　）。

A. 10.00%　　　　B. 13.33%

C. 3.55%　　　　D. 6.25%

2. 刘某在一家晚报上连载某小说半年，前三个月每月月末报社支付稿酬 8 000 元，后三个月每月月末报社支付稿酬 4 000 元。李某所获稿酬应预扣预缴个人所得税税额（　　）元。

A. 3 688　　　　B. 4 500

C. 4 980　　　　D. 4 032

3. 个体工商户的生产经营所得，以每一纳税年度的收入总额，减除成本、费用以及损失后的余额，为应纳税所得额。其中，关于个体工商户捐赠支出的扣除，说法错误的是（　　）。

A. 捐赠手段在必要时可以达到税收筹划的效果，从而收到既降低税收负担，又扩大纳税人的社会影响的效果

B. 捐赠必须是间接捐赠，主要是指个人将其所得通过中国境内的社会团体、国家机关向教育和其他社会公共事业及遭受严重自然灾害地区、贫困地区捐赠

C. 捐赠额未超过纳税人申报的应纳税所得额 30%的部分，可以从其应纳税所得额中扣除

D. 纳税人发生的纯公益性捐赠支出可以在税前从应纳税所得额中全额扣除

4. 下列不属于免征个人所得税项目的是（　　）。

A. 国债和国家发行的金融债券利息

B. 按照国家统一规定发给的补贴、津贴

C. 依照我国有关法律规定应予免税的各国驻华使馆、领事馆的外交代表、领事官员和其他人员的所得

D. 个人转让自用达 5 年以上并且是唯一的家庭居住用房取得的所得

5. 我国税法规定，纳税义务人从中国境外取得的所得，准予其在应纳税额中扣除已在境外缴纳的个人所得税税额。关于该规定的具体执行，下列选项中，错误的是（　　）。

A. 扣除额不得超过该纳税人境外所得依照税法规定计算的应纳税额

B. 已在境外缴纳的个人所得税税款是指纳税人从中国境外取得的所得，依照该所得来源国家或地区的法律应当缴纳并且实际已经缴纳的税款

C. 依照税法规定计算的应纳税额是指纳税人从中国境外取得的所得，区别不同国家或地区，但不区分应税项目，依照税法规定的费用减除标准和适用税率计算的应纳税额

D. 纳税人在中国境外一个国家或地区实际已经缴纳的个人所得税税额，超过该国家或地区扣除限额的，其超过部分不得在本纳税年度的应纳税额中扣除，但是可以在以后不超过5个纳税年度的该国家或地区扣除限额的余额中补扣

6. 根据《中华人民共和国个人所得税法》的规定，居民纳税义务人是指在中国境内有住所，或者无住所而在中国境内居住满（　　）天的个人。

A. 183　　B. 365

C. 90　　D. 180

7. 个人作品以图书、报刊形式出版和发表取得的所得应按（　　）税目计征个人所得税。

A. 工资、薪金所得　　B. 劳务报酬所得

C. 特许权使用费所得　　D. 稿酬所得

8. 约翰是美国人，在我国境内无住所，2020年8月10日来华工作，2021年5月15日回国，其间从未离境，则该纳税人（　　）。

A. 2020年度为我国非居民个人，2021年度为我国居民个人

B. 2020年度为我国居民个人，2021年度为我国非居民个人

C. 2020年度和2021年度均为我国非居民个人

D. 2020年度和2021年度均为我国居民个人

9 张先生为自由职业者，2020年5月取得如下所得：从境内A上市公司取得股息所得16 000元，持股满6个月；从境内B非上市公司取得股息所得7 000元；取得国债利息收入5 000元。张先生的上述所得应缴纳个人所得税（　　）元。

A. 4 600　　B. 3 000

C. 2 000　　D. 5 600

10. 中国公民赵某出版作品集取得稿酬所得20 000元，赵某稿酬所得年末应并入综合所得的收入额为（　　）元。

A. 2 240　　B. 20 000

C. 11 200　　D. 16 000

11. 中国公民李某取得工程设计收入20 000元，李某从中拿出5 000元直接捐赠给了农村义务教育，李某就该笔收入应预缴的个人所得税为（　　）元。

A. 0　　B. 1 400

C. 3 200　　D. 3 800

12. 个体工商户发生的下列支出中，允许在个人所得税税前扣除的是（　　）。

A. 用于家庭的支出

B. 非广告性质赞助支出

C. 已缴纳的增值税税款

D. 生产经营过程中发生的财产转让损失

13. 下列所得中，应按“综合所得”缴纳个人所得税的是（　　）。

A. 工资、薪金所得　　B. 经营所得

C. 财产租赁所得　　D. 财产转让所得

14. 下列补贴中，属于个人所得税“工资、薪金所得”征税范围的是（　　）。

A. 独生子女补贴

B. 劳动分红

C. 托儿补助费

D. 外国来华留学生领取的生活津贴费

15. 以下应按照“特许权使用费所得”征收个人所得税的是（　　）。

A. 转让债券取得的所得

B. 转让住房取得的所得

C. 个人将其收藏的已故作家文字作品手稿拍卖取得的所得

D. 个人将自己的文字作品手稿拍卖取得的所得

16. 在计算个人所得税时，下列选项中，允许税前全额扣除的是（　　）。

A. 通过非营利性社会团体向贫困地区的捐赠

B. 通过非营利性社会团体向遭受严重自然灾害地区的捐赠

C. 用于对关联性科研机构经费的资助

D. 个人捐赠北京 2022 年冬奥会、冬残奥会、测试赛的资金和物资支出

17. 以下在计算个人独资企业生产经营所得的应纳税所得额时，不允许扣除的项目是（　　）。

A. 因贩卖假货被群众举报，工商部门查收的假货造成的损失

B. 以融资租赁方式租入固定资产的折旧费用

C. 广告性质的赞助支出

D. 以经营租赁方式租出固定资产的折旧费用

18. 根据税法的相关规定，计算财产转让所得时，准予扣除的是（　　）。

A. 定额 800 元　　B. 定额 800 元或定率 20%

C. 财产净值　　D. 财产原值和合理费用

19. 根据税法的相关规定，个人所得税的纳税义务人不包括（　　）。

A. 个体工商业主　　B. 个人独资企业

C. 在中国有所得的外籍人员　　D. 私营企业

20. 在计算个人独资企业生产经营所得的应纳税所得额时，不允许扣除的项目有（　　）。

A. 业主每月领取的工资

B. 以经营租赁方式租入固定资产的费用

C. 按规定缴纳的协会会费

D. 发生的与生产经营有关的财产保险费

二、多项选择题

1. 下列关于税法中稿酬所得纳税的规定，说法正确的是（　　）。

A. 同一作品再版取得的所得，应视作另一次稿酬所得计征个人所得税

B. 同一作品先在报刊上连载，之后再出版；或者先出版，再在报刊上连载的，应视为两次稿酬所得征税，即连载作为一次，出版作为另一次

C. 同一作品在报刊上连载取得收入的，以连载完成后取得的所有收入合并为一次，计征个人所得税

D. 同一作品在出版和发表时，以预付稿酬或分次支付稿酬等形式取得的稿酬收入，应合并计算为一次

E. 同一作品出版、发表后，因添加印数而追加稿酬的，应与以前出版、发表时取得的稿酬合并计算为一次，计征个人所得税

2. 下列关于《中华人民共和国个人所得税法》中规定的专项附加扣除标准，正确的是（　　）。

A. 纳税人年满 3 岁的子女接受学前教育和学历教育的相关支出，按照每个子女每年 12 000 元（1 000 元/月）的标准定额扣除

B. 纳税人在境内接受学历（学位）继续教育的支出，在学历（学位）教育期间按照每年 3 600 元（300 元/月）的标准定额扣除

C. 纳税人在一个纳税年度内发生了与基本医保相关的医药费用支出，扣除医保报销后个人负担累计超过 15 000 元的部分，由纳税人在办理年度汇算清缴时，在 80 000 元限额内据实扣除

D. 纳税人可以同时享受住房贷款利息专项附加扣除和住房租金专项附加扣除

E. 独生子女纳税人父母其中之一年满 60 周岁的，纳税人可以享受每年 24 000元标准的定额扣除

3. 下列关于各项所得计算个人所得税时的费用减除标准，说法错误的是（　　）。

A. 工资、薪金所得现执行的标准是每月收入额减除 2 000 元后的余额为应纳税所得额

B. 个体工商户的生产、经营所得，以每一纳税年度的收入总额，减除成本、费用以及损失后的余额为应纳税所得额

C. 劳务报酬所得，对企事业单位的承包经营、承租经营所得，稿酬所得，特许权使用费所得，财产租赁所得，每次收入不超过 4 000 元的，减除费用 800 元；每次收入在 4 000 元以上的，减除 20% 的费用，其余额为应纳税所得额

D. 财产转让所得，以转让财产的收入额减除财产原值和合理费用后的余额为应纳税所得额

E. 利息、股息、红利所得，偶然所得和其他所得，以每次收入额减除各项手续费后的余额为应纳税所得额

4. 下列属于按照“福利化”方法进行个人所得税税收筹划的是（　　）。

A. 将纳税人一部分现金性工资转为免费提供住房或仅收取部分租金

B. 由企业支付旅游费用，提供假期旅游津贴，同时降低个人的薪金

C. 将工资、薪金所得转化为劳务报酬所得，以主动适用较低的边际税率

D. 将现金奖金转换为由企业缔结合约购买水、电、煤气、电话等公用设施和服务，并免费提供给职工

E. 派出本企业职工为他人提供劳务，将取得的一部分报酬转为由对方承担本应由己方承担的费用

5. 下列关于《中华人民共和国个人所得税法》中对利息、股息和红利所得设定的税收优惠，说法错误的是（　　）。

A. 个人取得的国债和国有金融企业发行的债券利息所得免税

B. 国家发行的金融债券利息所得免税

C. 个人持有中国铁路建设债券而取得的利息所得免税

D. 对个人投资者买卖基金单位获得的差价收入，在对个人买卖股票的差价收入未恢复征收个人所得税以前，暂不征收个人所得税

E. 对投资者从基金分配中获得的国债利息和个人买卖股票差价收入，在国债利息收入和个人买卖股票差价收入未恢复征收个人所得税以前，暂不征收个人所得税

6. 下列各项所得，可以免征个人所得税的有（　　）。

A. 外籍人员的探亲费

B. 军人的转业安置费

C. 国有企业职工从依法破产的企业中取得的一次性安置费收入

D. 个人兼职取得的收入

7. 下列选项中，不应按照“利息、股息、红利所得”项目征收个人所得税的有（　　）。

A. 个人取得的企业债券利息

B. 合伙企业的个人投资者以企业资金为本人购买住房

C. 个人参与商场的抽奖活动抽到的奖金

D. 公司职工取得的用于购买企业国有股权的劳动分红

8. 对个体工商户的生产经营所得在计算个人所得税时，允许对一些支出项目按一定标准予以税前扣除。下列关于税前扣除项目和标准的表述中，正确的有（　　）。

A. 个体工商户业主的工资、薪金可以据实扣除

B. 实际支付给从业人员合理的工资、薪金和缴纳的“五险一金”可以税前扣除

C. 在经营过程中发生的业务招待费可以据实扣除

D. 以经营租赁方式租入固定资产发生的租赁费支出，按照租赁期限均匀扣除

9. 下列各项所得中，按“工资、薪金所得”缴纳个人所得税的有（　　）。
A. 年终一次性奖金
B. 退休后再任职取得的收入
C. 从事个体出租车运营的出租车驾驶员取得的收入
D. 出租汽车经营单位对出租车驾驶员采取单车承包或承租方式运营，出租车驾驶员从事客货营运取得的收入

10. 下列选项中，属于个人所得税专项附加扣除项目的有（　　）。
A. 子女教育　　B. 继续教育
C. 住房租金　　D. 赡养老人

三、判断题

1. 在中国境内无住所，但是在中国境内居住累计满 183 天的年度连续不满 6 年的个人，其来源于中国境外的所得，经向主管税务机关备案，可以免征个人所得税。（　　）

2. 在中国境内无住所的个人，在中国境内居住累计满 183 天的年度连续满 6 年的，且在 6 年间未发生单次离境超过 30 天情形的，从第 7 年起，继续在中国境内居住累计满 183 天的，应当就其来源于中国境外的全部所得缴纳个人所得税。（　　）

3. 个人担任外部董事职务所取得的董事费收入，属于工资、薪金所得性质，按照工资、薪金所得项目征收个人所得税。（　　）

4. 我国税法规定，纳税义务人从中国境外取得的所得，准予其在应纳税所得额中扣除已在境外缴纳的个人所得税税额，但扣除额不得超过该纳税人境外所得依照我国税法规定计算的应纳税额。（　　）

5. 个人独资企业的生产经营所得实行核定应税所得率征收方式的，不能享受个人所得税的优惠政策。（　　）

6. 个人将其所得通过中国境内的社会团体、国家机关向社会公益事业以及遭受严重自然灾害地区、贫困地区捐赠，捐赠额未超过纳税义务人申报的应纳税所得额 20%的部分，可以从其应纳税所得额中扣除。（　　）

7. 同一作品出版、发表后，因添加印数而追加稿酬的，应与以前出版、发表时取得的稿酬合并计算为一次，计征个人所得税。（　　）

8. 现行《中华人民共和国个人所得税法》中居民纳税人身份判定相关规定中，关于“中国境内”的概念，是指中国大陆地区，包括我国香港、澳门特区，但不包括我国台湾地区。（　　）

9. 个人办理内部退养手续后从原任职单位取得的一次性收入，免征个人所得税。（　　）

10. 作者将自己的文字作品手稿原件或复印件拍卖取得的所得，按照“财产转让所得”项目适用 20%税率缴纳个人所得税。（　　）

四、思考题

1. 综合所得是个人所得税最主要的征税项目，其税收筹划方法有哪些？

2. 什么是综合所得项目税收筹划的“削山头”法？通过什么方式可以实现收入的平均化，从而减少纳税？

3. 居民个人取得劳务报酬预扣预缴税款如何计算？是否需要进行汇算清缴？

4. 对于稿酬收入可以采取何种方法进行税收筹划？

5. 经营所得中，个体工商户如何通过增加成本、费用，进而减少应纳税所得额，减轻税收负担？

6. 股权投资是当前投资的主要方式，居民个人取得股权和转让股权时应如何纳税？

7. 独立交易原则对个人开展税收筹划有什么影响？

五、案例分析题

【案例 5-1】王海和李红是一对夫妻，有两个孩子（都处在接受义务教育阶段），二人可享受子女教育的专项扣除 2 000 元，他们选择夫妻二人各扣 1 000 元。2020 年，王海收入高，李红收入低。王海全年收入 124 000 元，除子女教育外符合条件的各项扣除 32 000 元；李红全年收入 90 000 元，除子女教育外符合条件的各项扣除 31 000 元。

要求：计算夫妻二人应缴纳的个人所得税，并提出税收筹划建议。

【案例 5-2】美国公民丹尼尔和乔治受雇于美国大型设计公司，两人均在 2020 年年底被派往该公司在中国的分公司工作。2021 年，因工作需要，丹尼尔 3~6 月离境 100 天回国述职，10~12 月又回国探亲 90 天。乔治 2021 年因工作需要，年内曾 4 次离境，每次均未超过 30 天，共计 85 天。2021 年内，丹尼尔从美国公司取得报酬 4 万美元，从中国公司取得报酬 12 万元；乔治从美国公司取得报酬 4 万美元，从中国公司取得报酬 6 万元。

要求：不考虑除每年 6 万元费用扣除外的其他扣除因素，试计算比较丹尼尔和乔治各自应纳的个人所得税（假设美元对人民币汇率为 1：6.5）。

【案例 5-3】科技人员赵先生 2020 年发明了一种新技术，该技术获得了国家专利，专利权属个人所有。如果单纯将该专利使用权转让，扣除增值税后可以获得转让收入 100 万元；如果将该专利折合成股份投资，扣除相关费用后也可以拥有相同价款的股权，当年可获取股息收入 10 万元。

要求：假设赵先生没有其他综合所得，在只考虑每年 6 万元费用扣除的前提下，赵先生应当如何选择？

【案例 5-4】贾先生准备创办一个小微企业，对于企业组织形式有两种选择。

方案一：成立一个个人独资企业，企业每年的利润需要按照《中华人民共和国个人所得税法》中的经营所得纳税（不考虑专项扣除、专项附加扣除和其他扣除因素）。

方案二：成立一个有限责任公司，贾先生控股 100%，该企业的利润则需要缴纳企业所得税，税后利润完全以股息的方式分配给股东贾先生。

要求：若该有限责任公司能够享受当前税法对于小微企业的企业所得税减征优

惠，且预计 2020 年该小微企业的年利润为 45 万元。假设贾先生只有经营所得没有其他所得，那么贾先生应该如何选择（不考虑专项扣除、专项附加扣除和其他扣除等因素）？

【案例 5-5】2020 年，黄先生开设了一个经营地板建筑材料的公司（个体工商户），由其妻子负责经营管理。黄先生同时也承接一些安装维修工程。预计其每年销售地板材料的应纳税所得额为 50 万元，承接安装维修工程的应纳税所得额为 35 万元（假设夫妻二人每年仅扣除费用 6 万元，且税法规定该项费用只能由个体工商户户主扣除）。

要求：请计算其所需要缴纳的个人所得税并进行税收筹划。

【案例 5-6】2020 年，张某、李某、王某和赵某 4 人欲成立一家皮鞋商场，4 人的出资额相等，均享有 25%的股份。现有两种方案可供选择：

方案一：成立有限责任公司，每年利润总额为 1 200 000 元，没有企业所得税纳税调整项目（应纳税所得额 = 利润总额），且税后利润提取 10%的法定盈余公积后全部平均分配给股东（已知该企业符合小微企业标准）。

方案二：成立合伙企业，每年利润总额（应纳税所得额）为 1 200 000 元，且 4 位合伙人约定将利润全部平均分配（假设 4 位合伙人每人分得的利润恰好等于其计算经营所得个人所得税的应纳税所得额）。本年度张某、李某、王某和赵某 4 人每人除了获取上述所得之外，没有获取综合所得（工资、薪金所得，劳务报酬所得，稿酬所得，特许权使用费所得）。

要求：请对上述业务进行税收筹划。

【案例 5-7】预计居民个人张某 2019 年、2020 年、2021 年三年取得的综合所得应纳税所得额（每一纳税年度的收入额减除费用 60 000 元以及专项扣除、专项附加扣除和依法确定的其他扣除后的余额）合计 450 000 元。根据张某各种工作的先后次序，现有三种取得所得的方案可供选择。

方案一：2019 年的应纳税所得额为 50 000 元，2020 年的应纳税所得额为 150 000元，2021 年的应纳税所得额为 250 000 元。

方案二：2019 年的应纳税所得额为 100 000 元，2020 年的应纳税所得额为 150 000元，2021 年的应纳税所得额为 200 000 元。

方案三：2019 年的应纳税所得额为 150 000 元，2020 年的应纳税所得额为 150 000元，2021 年的应纳税所得额为 150 000 元。

要求：请对上述业务进行税收筹划。

【案例 5-8】居民个人张某和王某是一对夫妻，其独生子在上小学，张某任职于甲公司，本年度从甲公司获取税前工资、薪金收入共 100 000 元，本年度专项扣除和依法确定的其他扣除合计 18 500 元，专项附加扣除只有子女教育这一项符合税法扣除规定。王某任职于乙公司，本年度从乙公司获取税前工资、薪金收入共计 300 000元，本年度专项扣除和依法确定的其他扣除合计 55 500 元，专项附加扣除只有子女教育这一项符合税法扣除规定。张某和王某本年无其他收入。

要求：请对上述业务进行税收筹划。

【案例 5-9】非居民个人汤姆（英国国籍）本年 1 月 1 日至 5 月 31 日在中国境内的甲公司工作，之后返回英国。汤姆以每月绩效与薪酬挂钩的方式取得工资、薪金收入。汤姆 1~5 月取得的税前工资、薪金收入分别为 10 000 元、2 000 元、4 000 元、3 000 元、7 000 元。

要求：请对上述业务进行税收筹划。

【案例 5-10】非居民个人杰克住在北京，本年 7 月受邀为深圳甲公司的高管张某讲课，为期 7 天，有以下两种方案可供选择：

方案一：杰克去深圳的甲公司为高管张某讲课，杰克可以从甲公司获取税前劳务报酬收入 100 000 元，但交通费、食宿费等由杰克自理，杰克共支出 20 000 元。

方案二：深圳甲公司的高管张某去北京听杰克讲课，杰克可以从甲公司获取税前劳务报酬收入 80 000 元，高管张某去北京的交通费、食宿费 20 000 元由甲公司承担。假设不考虑增值税因素。

要求：请对上述业务进行税收筹划。

【案例 5-11】

某地税务机关在对辖区内某企业进行检查时，识破该公司形式上利用劳务公司开具劳务费发票，实质是发放正式员工奖金、补助的违法手段。税务机关最终对该公司的涉税违法行为作出了补扣缴个人所得税 1 600 多万元、罚款 800 多万元的税务处理处罚决定。

起初税务机关稽查人员在对该公司的账簿凭证资料进行仔细核查时发现该公司存在巨额劳务费用支出，虽然附有合同、发票及转账记录，但是财务及人力资源部门均不能很好地解释该项目的具体情况。

为谨慎起见，稽查人员前往开具发票的人力资源公司进行外调取证，发现人力资源公司除为该公司提供真实的劳务之外，还将该公司汇来的部分款项直接汇给 5 个私人银行账户。稽查人员经过比对国税系统该公司的个人所得税申报表，发现 5 人均属于该公司的在职员工。

稽查人员将从银行查询得来的 5 个私人账户的流水明细与该公司的工资表、申报个人所得税数据一一比对，核实资金的最终去向为该公司的在职员工。

在确凿的证据面前，该公司不得不承认其利用私人账户发放奖金、补助的税收违法行为，并积极补缴了个人所得税税款及由此产生的罚款。

要求：税务机关作出该惩罚决定的依据有哪些？作为一名公民，依法纳税是我们的义务，我们应如何正确履行我们的权利与义务？

第六章
其他税种筹划

一、本章教学大纲

（一）资源税筹划

资源税是对在我国境内从事应税矿产品开采和生产盐的单位与个人课征的一种税，属于对自然资源占用课税的范畴。

1. 纳税义务人

资源税的纳税义务人是指在中华人民共和国领域及管辖的其他海域开发应税资源的单位和个人。应税资源的具体范围由《中华人民共和国资源税法》（以下简称“《资源税法》”）所附“资源税税目税率表”确定。

单位和个人以应税产品投资、分配、抵债、赠与、以物易物等，视同销售，应按规定计算缴纳资源税。

2. 税目与税率

资源税的税目包括能源矿产、金属矿产、非金属矿产、水气矿产和盐 5 大类，在 5 个税目下面又设有若干子目。目前所列的税目有 164 个，涵盖了所有已经发现的矿种和盐。

3. 减免税项目

（1）免征资源税。有下列情形之一的，免征资源税：

①开采原油以及油田范围内运输原油过程中用于加热的原油、天然气。

②煤炭开采企业因安全生产需要抽采的煤成（层）气。

（2）减征资源税。有下列情形之一的，减征资源税：

①从低丰度油气田开采的原油、天然气减征 20%资源税。

②高含硫天然气、三次采油和从深水油气田开采的原油、天然气，减征 30%资源税。

③稠油、高凝油减征 40%资源税。

④从衰竭期矿山开采的矿产品，减征 30%资源税。

4. 资源税的税收筹划空间

（1）分别核算应税资源。2020 年 9 月 1 日起施行的《资源税法》规定，纳税人开采或生产不同税目应税产品的，应当分别核算不同税目应税产品的销售额或销售数量；未分别核算或不能准确提供不同税目应税产品的销售额或销售数量的，从高适用税率。

因此，纳税人可以通过准确核算各应税资源的课税数量或销售额，分清不同税率的产品，区分免税产品与征税产品，从而充分享受税收优惠，节约资源税。

（2）巧妙利用综合回收率和选矿比进行税收筹划。企业测算后，如果自身煤炭回收率或选矿比低于同行业平均水平，则可不提供应税资源销售数量或自用数量。在这种情况下，税务机关就会根据同行业的平均综合回收率或平均选矿比来折算，计算出来的应税产品的数量则会少于实际使用数量，达到节税的目的。反之，如果企业的加工技术或选矿技术比较先进，本企业煤炭的加工生产综合回收率或金属矿选矿比相对同行业较高，则应该向税务机关提供准确的应税产品销售数量或移送数量，以避免使用税务机关的核定数，达到节省税款的目的。

（3）扣减销售额的税收筹划。纳税人将自采原煤与外购原煤（包括煤矸石）进行混合后销售的，应当准确核算外购原煤的数量、单价以及运费，在确认计税依据时可以扣减外购相应原煤的购进金额。

（二）房产税筹划

1. 纳税义务人与征税范围

房产税是以房屋为征税对象，按照房屋的计税余值或租金收入，向产权所有人征收的一种财产税。房产税以在征税范围内的房屋产权所有人为纳税人。

房产税以房产为征税对象。所谓房产，是指有屋面和围护结构（有墙或两边有柱），能够遮风避雨，可供人们在其中生产、学习、工作、娱乐、居住或储藏物资的场所。房产税的征税范围为城市、县城、建制镇和工矿区，不包括农村。

2. 房产税的税收筹划空间

（1）合理确定房产范畴。若将不符合房产定义的建筑物在会计凭证中单独核算，则这些建筑物的造价不计入房产原值，不缴纳房产税。

（2）合理划分租赁范围。企业若要租赁厂房或办公楼，其中的附属设施并不征收房产税，若将这种设施与房屋分别签订租赁合同，即可少缴纳房产税，降低企业的税负压力。

（3）谨慎确定“免租期”。纳税人出租不动产，免租期内由产权所有人按房产计税余值从价计算缴纳房产税。因此，纳税人应谨慎确定“免租期”，必要时可以采取减少租金的方式来降低税负。

（4）投资联营的税收筹划。对以房产投资联营，投资者参与投资利润分红，共担风险的，按房产余值作为计税依据计征房产税；对以房产投资，收取固定收入，不承担联营风险的，实际是以联营名义取得房产租金，应根据《中华人民共和国房产税暂行条例》的有关规定由出租方按租金收入计算缴纳房产税。纳税人可以进行成本效益分析以决定投资方式。

（三）契税筹划

契税是以在中华人民共和国境内转移土地、房屋权属为征税对象，向产权承受人征收的一种财产税。

1. 纳税义务人和征税范围

契税的纳税义务人是境内转移土地、房屋权属，承受的单位和个人。

契税的具体征税范围包括以下五项：

（1）国有土地使用权出让。

（2）土地使用权的转让。

（3）房屋买卖。

（4）房屋赠与。

（5）房屋交换。

2. 契税的税收筹划空间

（1）等价交换免征契税。税法规定，土地使用权、房屋交换，契税的计税依据为所交换的土地使用权、房屋的价格差额。交换价格相等时，免征契税；交换价格不等时，由多交付的货币、实物、无形资产或其他经济利益的一方缴纳契税。

（2）房屋附属设施的税收筹划。在支付独立于房屋之外的建筑物、构筑物以及地面附着物价款时不征收契税。

（3）以房产投资、入股的税收筹划。以自有房产作股投入本人独自经营的企业，免纳契税。

（四）土地增值税筹划

土地增值税是对有偿转让国有土地使用权及地上建筑物和其他附着物产权，取得增值收入的单位和个人征收的一种税。

1. 纳税义务人与征税范围

土地增值税的纳税义务人为转让国有土地使用权、地上的建筑及其附着物（以下简称“转让房地产”）并取得收入的单位和个人。

土地增值税的征税范围包括：

（1）转让国有土地使用权。

（2）地上的建筑物及其附着物连同国有土地使用权一并转让。

（3）存量房地产的买卖。

2. 土地增值税的税收筹划空间

（1）开发费用的税收筹划。房地产开发费用有两种扣除方式，这为企业进行税收筹划提供了空间。企业可以根据自身实际情况，选择较高的一种进行扣除。企业判断是否提供金融机构证明，关键在于所发生的能够扣除的利息支出占税法规定的开发成本的比例，如果超过5%，则提供证明比较有利；如果没有超过5%，则不提供证明比较有利。

（2）增值额的税收筹划。纳税人既建造普通标准住宅，又建造其他房地产开发的，应分别核算增值额。

（3）收入分散的税收筹划。收入筹划法主要是指收入分散的税收筹划，即将可以分开单独处理的部分从整个房地产中分离，如房屋里面的各种设施，从而使得转让收入变少，降低纳税人转让的土地增值额。当然，这种税收筹划应有一定的限度，无节制地任意分散容易导致税务机关的纳税调整，因此企业可以根据自身实际情况合理分散收入。

（4）代收费用的税收筹划。按照规定，房地产开发企业在售房时按县级及县级以上人民政府要求代收的各项费用，如果代收费用未计入房价中，而是在房价之外单独收取的，可以不作为转让房地产的收入，在计算增值额时也不允许扣除代收费用；如果代收费用是计入房价中向购买方一并收取的，要作为转让房地产所取得的收入计税，在计算扣除项目金额时，可予以扣除，但不允许作为加计20%扣除的基数。

是否将代收费用计入房价对于计算土地增值税的增值额不会产生影响，但是会影响房地产开发的总成本，也会影响适用的增值率，进而影响土地增值税的税额。以上规定显然为税收筹划创造了空间。

（五）印花税筹划

印花税是以经济活动和经济交往中书立、领受应税凭证的行为为征税对象征收的一种税。印花税因其采用在应税凭证上粘贴印花税票的方法缴纳税款而得名。

1. 纳税义务人

印花税的纳税义务人是在中国境内书立、使用、领受税法所列举的凭证并应依法履行纳税义务的单位和个人。上述单位和个人，按照书立、使用、领受应税凭证的不同，可以分别确定为立合同人、立据人、立账簿人、领受人、使用人和各类电子应税凭证的签订人。

立合同人是指合同的当事人。

立据人是指产权转移书据的纳税人。

立账簿人是指营业账簿的纳税人。

领受人是指权利、许可证照的纳税人。

使用人是指在国外书立、领受，但在国内使用的应税凭证的纳税人。

各类电子应税凭证的签订人是指以电子形式签订的各类应税凭证的当事人。

2. 税目和税率

印花税共有13个税目。

3. 印花税的税收筹划空间

（1）减少流转环节。减少流转环节可以避免重复缴纳印花税，因为在货物或劳务的流转环节中，每一次订立合同都需要缴纳一次印花税。纳税人如果事先能够确定下一个流转环节，就完全可以节省印花税。

（2）分项核算的税收筹划。一个合同如果涉及若干项经济业务，应当分别核算各项业务的金额，因为业务类型不同，适用的印花税税率也不同。税法规定，同一凭证载有两个或两个以上经济事项而适用不同税目与税率，分别记载金额的，应分别计算应纳税额，相加后按合计税额贴花；未分别记载金额的，按税率较高的计税贴花。

（3）不确定金额的税收筹划。有些合同在签订时无法确定计税金额，如技术转让合同中的转让收入，是按销售收入的一定比例收取或按实现利润分成的；财产租赁合同只是规定了月（天）租金标准而无租赁期限的。对于这类合同，纳税人可以在签订时先按定额5元贴花，以后结算时再按实际金额计税，补贴印花。这也能起到递延纳税的作用，减轻企业的税负。

二、本章教学重点与难点

【教学重点】

（1）资源税筹划；

（2）房产税筹划；

（3）契税筹划；

（4）土地增值税筹划；

（5）印花税筹划。

【本章难点】

（1）资源税的税收筹划空间；

（2）房产税的法律界定；

（3）土地增值税的税收筹划空间；

（4）印花税的法律界定。

本章思维导图如图 6-1 所示。

图 6-1　本章思维导图

三、练习题

一、单项选择题

1. 下列单位、个人中不用缴纳关税的有（　　）。

A. 进口货物的收货人　　B. 出口货物的发货人

C. 出入境物品的所有人　　D. 在商场购买进口商品的消费者

2. 下列选项中，需要缴纳土地增值税的有（　　）。

A. 出让国有土地使用权　　B. 转让国有土地使用权

C. 房地产的继承　　D. 出租房地产

3. 土地增值税按照纳税人转让房地产所取得的（　　）和规定的税率计算征收。

A. 收入额　　B. 所得额

C. 增值额　　D. 利润额

4. 下列选项中，属于资源税应税产品的是（　　）。

A. 加热、修井原油　　B. 柴油

C. 人造石油　　D. 天然原油

5. 下列选项中，属于房产税的征税对象的是（　　）。

A. 玻璃暖房　　B. 房屋

C. 室外游泳池　　D. 围墙

6. 我国不征收房产税的地方有（　　）。

A. 城市的市区　　B. 县城

C. 建制镇和工矿区　　D. 农村

7. 按照房产租金收入计算房产税所适用的税率是（　　）。

A. 1.2%　　B. 12%

C. 10%　　D. 20%

8. 城镇土地使用税采用（　　）税率。

A. 全省统一的定额　　B. 有幅度差别的定额

C. 全县（区）统一的定额　　D. 有幅度差别的比例

9. 由受托方代征代扣增值税、消费税的单位和个人，其代征代扣的城市维护建设税按（　　）适用税率。

A. 受托方所在地　　B. 纳税义务人所在地

C. 7%　　D. 5%

10. 车船税实行（　　）。

A. 比例税率　　B. 累进税率

C. 定额税率　　D. 差别比例税率

11. 进出口货物完税价格的确定权属于（　　）。

A. 国务院　　B. 财政部门

C. 税务部门　　D. 海关

12. 进口货物的完税价格是指货物的（　　）。

A. 成交价格　　B. 到岸价格

C. 以成交价格为基础的到岸价格　　D. 以到岸价格为基础的成交价格

13. 如果跨国公司想利用原产地标准来合理避税，那么最后组装成最终产品的地点（原产国）就非常重要，一般应选择在（　　）。

A. 同进口国签订有优惠税率的国家

B. 进口国征收一般关税的国家

C. 进口国征收特别关税的国家

D. 以上选项均正确

14. 下列选项中，应征土地增值税的项目为（　　）。

A. 合作建房，建成后自用　　B. 以房地产进行联营投资

C. 企业进行房地产交换　　D. 国家征用房地产

15. 纳税人建造普通标准住宅出售，增值额超过扣除项目金额 20%的，应就其（　　）按规定计算缴纳土地增值税。

A. 超过部分的金额　　B. 全部增值额

C. 扣除项目金额　　D. 出售金额

16. 下列关于资源税的计税依据的说法中，不正确的是（　　）。

A. 资源税计税依据包括向购买方收取的优质费

B. 向购买方收取的违约金不作为资源税的计税依据

C. 实行从量征收资源税的应该以销售数量为计税依据

D. 纳税人开采应税矿产品由其关联单位对外销售的，按其关联单位的销售额征收资源税

17. 房产税的从价计征方式按房产的原值减除（　　）后的余值计算缴纳。

A. 10%~20%　　B. 10%~30%

C. 20%~30%　　D. 5%~20%

18. 税法规定，可以享受减免契税优惠待遇的是（　　）。

A. 城镇职工购买公有住房

B. 房屋交换

C. 取得荒山、荒沟、荒丘、荒滩土地使用权，用于工业园建设的

D. 因不可抗力灭失住房而重新购买住房的

19. 某企业在市区拥有一块地，尚未由有关部门组织测量面积，但持有政府部门核发的土地使用证书。下列关于该企业履行城镇土地使用税纳税义务的表述中，正确的是（　　）。

A. 暂缓履行纳税义务

B. 以证书确认的土地面积作为计税依据履行纳税义务

C. 自行测量土地面积并履行纳税义务

D. 待将来有关部门测定完土地面积后再履行纳税义务

20. 2019 年 8 月，某市甲企业实际缴纳消费税 56 万元，并于当月委托某县乙企业加工应税消费品，乙企业代扣代缴消费税 30 万元。甲企业当月应当缴纳（含被代收代缴）城市维护建设税（　　）万元。

A. 3.92　　B. 1.50

C. 5.42　　D. 2.62

二、多项选择题

1.《中华人民共和国土地增值税暂行条例》规定的计算增值额的扣除项目有（　　）。

A. 取得土地使用权所支付的金额

B. 开发土地的成本、费用

C. 与转让房地产有关的税金

D. 新建房及配套设施的成本、费用

2. 土地增值税的征税范围包括（　　）。

A. 转让国有土地使用权

B. 出让国有土地使用权

C. 地上建筑物及附着物连同国有土地使用权一并转让
D. 以赠与方式转让房地产

3. 资源税的税目共有5个，其中包括（　　）。
A. 天然气　　B. 天然矿泉水
C. 其他非金属矿　　D. 煤炭制品

4. 属于房产税纳税人的有（　　）。
A. 经营管理单位　　B. 出典人
C. 房产使用人　　D. 房产代管人

5. 房产税的计税依据有（　　）。
A. 房产净值　　B. 房产余值
C. 租金收入　　D. 房产市价

6. 以下情况中，符合城市维护建设税计征规定的有（　　）。
A. 对出口产品退还增值税、消费税的，也一并退还已纳城市维护建设税
B. 纳税人享受增值税、消费税的免征优惠时，也同时免征城市维护建设税
C. 税务机关对纳税人违反增值税、消费税有关税法而加收的滞纳金和罚款，也作为城市维护建设税的计税依据
D. 海关对进口产品代征的增值税、消费税，不征收城市维护建设税

7. 某企业免纳印花税的凭证有（　　）。
A. 与某公司签订的房屋租赁合同
B. 与供销部门签订的物资收购合同
C. 已缴纳印花税的凭证的副本
D. 与银行签订的贴息贷款合同

8. 免纳印花税的凭证是（　　）。
A. 无息、贴息贷款合同
B. 建筑安装工程承包合同
C. 工商营业执照
D. 外国政府向我国政府提供优惠贷款所书立的合同

9. 不需要缴纳车船税的是（　　）。
A. 机动车　　B. 非机动车
C. 非机动船　　D. 已购置尚未使用的车船

10. 契税的征税对象是境内转移土地、房屋权属，具体包括（　　）。
A. 国有土地使用权出让　　B. 承包土地
C. 房屋出卖　　D. 房屋赠与

三、判断题

1. 在货物进口以后发生的基建、安装、维修和技术服务费用，无论如何也不能计入完税价格中。（　　）

2. 土地增值税只对新建房屋建筑物的转让征税，而对已使用过的房屋建筑物的转让，不征土地增值税。（　　）

3. 纳税人建造普通标准住宅出售，增值额未超过扣除项目金额20%的，免征土地增值税；增值额超过扣除项目金额20%的，应就其超过20%的部分计算征收土地增值税。（　）

4. 个人转让、交换自有居住用房，经税务机关核准同意，可免征土地增值税。（　）

5. 计算土地增值税的扣除项目时，超过贷款期限的利息部分和加罚的利息允许扣除。（　）

6. 水塔和围墙这类建筑不征房产税。（　）

7. 发生增值税、消费税减征时，不减征城市维护建设税。（　）

8. 印花税是对经济活动和经济交往中书立、领受的一切凭证征收的一种税。（　）

9. 同一应税凭证载有两项经济事项，并分别记载金额，应按两项合计和最高适用税率计税贴花。（　）

10. 契税的纳税人为在中国境内转移土地、房屋权属的单位和个人。（　）

四、思考题

1. 根据《中华人民共和国资源税》的规定，哪些资源征税，哪些资源不征税？

2. 房产税的征税范围有哪些？

3. 城镇土地使用税的税收筹划空间有哪些？

4. 城市维护建设税的税收筹划空间有哪些？

5. 印花税的税收筹划空间有哪些？

6. 车船税的税收筹划空间有哪些？

7. 契税的征税范围有哪些？

8. 房屋的继承与赠与在什么情况下不征收土地增值税？

五、案例分析题

【案例 6-1】某房地产开发企业有可供销售的 10 000 平方米的商品房，现有两种销售方式。方式一：每平方米售价 2 000 元（不含装修费 140 元），转让收入 2 000万元，扣除项目金额 1 670 万元，增值额 330 万元。方式二：每平方米售价 2 140元（含装修费 140 元），转让收入 2 140 万元，扣除项目金额 1 676 万元，增值额 464 万元。

要求：假设不考虑其他因素，只考虑土地增值税，请分析哪种销售方式税负较低。

【案例 6-2】某矿产开采企业 12 月开采销售原油 20 000 吨，每吨销售价格4 000 元，生产销售原煤 5 000 吨，开采自用天然气 10 万立方米（其中 5 万立方米开采原油时伴生，5 万立方米开采煤炭时伴生，该企业未分开核算），天然气销售价格为 4 元/立方米，其适用的单位税额或税率为原油 8%，原煤 10 元/吨，天然气 8%。

要求：请计算该企业需要缴纳的资源税并考虑如何进行税收筹划能使税负降低。

【案例 6-3】某公司拟委托加工一批总价值为 500 万元的化妆品，受托加工单位有两个选择：一个是位于市区的 A 企业，加工费为 10 万元，该过程中消费税为 250 万元；另一个是位于附近乡镇的 B 企业，加工费为 12 万元，该过程中消费税为 254 万。

要求：该公司应委托哪个企业加工？

【案例 6-4】假设 A 公司有 10 000 平方米自持商品房，房产价值为 1 亿元，当地规定的扣除比例是 20%。

要求：请计算该企业需要缴纳的房产税，并考虑如何进行税收筹划能使税负降低。

【案例 6-5】假定某设备租赁公司欲和某生产企业签订一项租赁合同，租金每年 200 万元。

要求：计算该企业需要缴纳的房产税，并考虑如何进行税收筹划能使税负降低。

【案例 6-6】某房地产开发公司 2021 年预计商品房销售收入为 40 000 万元，其中普通住宅的销售额为 25 000 万元，豪华住宅的销售额为 15 000 万元。根据税法的规定，可扣除项目金额应为 29 000 万元，其中普通住宅的可扣除项目金额为 20 000 万元，豪华住宅的可扣除项目金额为 9 000 万元。

要求：从税收的角度讲，该公司应如何操作才能实现利益最大化？

【案例 6-7】某房地产开发公司开发 2021 年 1 月与某建筑工程公司签订工程施工合同，金额为 180 000 万元。该工程于 2021 年 11 月竣工。由于工程建筑图纸经过重大修改，原办公楼由八层改为四层，实际工程决算金额为 100 000 万元。

要求：该公司应如何操作才能实现利益最大化？

【案例 6-8】有甲、乙、丙三位经济当事人，甲和丙均拥有一套价值 800 万元的房屋，乙想购买甲的房屋，甲也想购入丙的房屋后出售自己的房屋。

要求：如何进行税收筹划才能使三人的总税负最低（契税税率为 5%）？

【案例 6-9】某公司 2020 年购进一处房产，2021 年年初将该房产用于投资联营。现有两种方案可供选择：方案一为参与投资利润分红，共担风险，每年取得收入 390 万元；方案二为只收取固定收入，当年取得收入 400 万元。该房产原值 4 000

万元，当地政府规定的减除幅度为30%。

要求：若只考虑房产税，该公司应该选择哪一种方案？

【案例6-10】

2013年11月，B县税务局向已按核定征收缴纳土地增值税的某房地产开发公司送达了土地增值税清算通知书，要求其在规定期限内办理土地增值税清算手续，但该公司未按要求办理清算。

2014年6月，B县税务局向该房地产开发公司下达责令限期改正通知书。7月，该房地产开发公司向B县税务局提交了某税务师事务所出具的土地增值税清算税款鉴证报告及相关清算资料。

2015年3月，B县税务局下达了税务事项通知书，指出清算鉴定报告中“取得土地使用权所支付的价款扣除项目的成本分摊方式”和“开发成本均采取层高系数法进行分摊”不合理。5月，该房地产开发公司不服B县税务局的决定，向A市税务局申请行政复议，请求撤销B县税务局的税务事项通知书并要求退税。理由是：对未达清算即采取核定征收方式预缴税款不符合土地增值税征收管理规定；对土地增值税清算成本分摊方法不予采信，没有说明依据和理由。A市税务局经复议撤销了B县税务局的税务事项通知书并要求B县税务局重新作出具体行政行为。理由是：税务事项通知书对申请人提交的土地增值税清算税款鉴定报告不予采信未说明法律依据和理由，也未告知申请人依法享有的权利事项。7月，该房地产开发公司不服复议决定，以A市税务局为被告向C县人民法院提起诉讼。12月，双方达成和解，该房地产开发公司自愿撤诉。

2016年3月，B县税务局再次下达税务事项通知书，同时下达土地增值税清算结论通知书。5月，该房地产开发公司不服B县税务局的决定，再次向A市税务局申请行政复议，请求撤销B县税务局的税务事项通知书和清算结论通知书，要求退还多缴纳的土地增值税。理由是：被申请人依据《中华人民共和国土地增值税暂行条例实施细则》第九条，以建筑面积法计算分摊扣除项目的方式确定应缴纳的土地增值税，侵害申请人合法权益，应依据《土地增值税清算管理规程》第二十一条的规定，按照受益对象，分摊共同的成本费用。8月，A市税务局维持复议决定，该房地产开发公司不服，将A市税务局和B县税务局作为被告向D区人民法院提起诉讼。12月，D区人民法院判决驳回该房地产开发公司的诉讼请求。理由是：税务机关有权依据《中华人民共和国土地增值税暂行条例实施细则》第九条之规定，以建筑面积确定土地增值税的分摊计算方法。

2017 年 1 月，该房地产开发公司不服 D 区人民法院判决，向 A 市中级人民法院提起上诉。5 月，A 市中级人民法院驳回上诉、维持原判。10 月，该房地产开发公司不服该判决，向 A 省高级人民法院申请再审被驳回，理由如 D 区人民法院的理由。

2018 年 4 月，该房地产开发公司向 A 市人民检察院提起行政检察监督申请，请求对 A 市中级人民法院判决提请抗诉；9 月，A 省人民检察院作出不支持监督申请决定。理由是：该房地产开发公司的计算方式于法无据。

要求：该案例中所涉及的法律依据有哪些？根据此案例，为了加强对土地增值税的管理，税务机关在征收中应注意哪些问题？

第七章
国际税收筹划概述

一、本章教学大纲

（一）国际税收筹划原理

1. 国际税收筹划的概念

国际税收筹划是指纳税人在不违反相关国家的国内税法、国与国之间的税收协定、区域性的税收协调法规以及其他国际税收法律规定的前提下，基于降低其全球总税负的目的，对其跨国经济活动和税务成本进行规划与安排。国际税收筹划不仅需要在全球范围内降低企业税负，还需要重点关注国际重复征税和国际反避税问题。

2. 国际税收筹划的特征

（1）综合考虑多国税法。税收筹划的合法性原则不仅适用于国内税收筹划，而且适用于国际税收筹划。与国内税收筹划不同，国际税收筹划不仅需要跨国企业遵循本国的税法，而且还要遵循东道国的税法。由于不同国家实现其税收管辖权的方式各不相同，因此各国对境外企业在境内从事经营活动的税收法律法规也不相同。综合考虑多国税法是国际税收筹划的最主要特征。

（2）目的是减轻整体税负。企业的跨国经营活动使得其可以在不同国家获得收入，并且要按照不同国家的税法规定缴纳税款。在这种情况下，国际税收筹划的目的就不仅仅是减轻企业在某一国的税负，而是要综合考虑，降低其整体税负。

（3）空间更大，方法更复杂，风险更高。由于跨国企业的生产经营活动涉及多个国家，因此与国内税收筹划相比，国际税收筹划不仅有着明显不同且更为复杂的筹划方法，而且往往拥有更大的空间。不仅如此，由于世界各国税法差异巨大，有一部分国家（或地区）会采取非常优惠的税收政策，甚至是免税，这就使得税收筹划的空间进一步扩大。然而，各国对于企业国际税收筹划的管理也越来越严格，这使得国际税收筹划越来越呈现出高风险性的特点。

3. 国际税收筹划应注意的问题

国际税收筹划应注意的问题包括不同国家税制结构的差异、不同国家税务高低的差异、纳税义务的确定、经济性重叠征税、国际税收协定等。

（1）不同国家税制结构的差异。世界各国存在着以下三种不同的税制结构模式：

①以直接税（所得税等）为主体的税制结构。

②以间接税（流转税或商品劳务税）为主体的税制结构。

③实行低税模式，其中一些国家和地区被人们称为“避税天堂”。

（2）不同国家税负高低的差异。

①宏观税负水平的差异。作为一个跨国投资者，衡量一个国家的税负轻重不能简单地看税种的多少，也不能以某一个税种的负担轻重来代表税负总水平的高低。

通常，从宏观上看，国际公认的衡量一国税负高低的标准是：税收总额（T）占国内生产总值（GDP）的比重。

②各国的税率差异。税率是世界各国税收制度中差别最大的一个要素，是国际税收筹划考虑的重要影响因素之一。一般来说，各国税收制度大多采用两种税率制度，即比例税率和累进税率。以企业所得税为例，黎巴嫩采用10%的比例税率，中国和巴西采用25%的比例税率，加拿大的税率为38%，德国的税率高达45%，而美国、安曼、沙特阿拉伯又分别采用不同级别的超额累进税率。

（3）纳税义务的确定。跨国投资者在进行跨国税收筹划时，必须特别关注有关国家对纳税义务的确定。就所得税而言，目前各国税法大多采取区分居民与非居民纳税义务的规定，对本国居民纳税人采取属人主义，要求其承担无限纳税义务，即对本国居民纳税人取得的来源于全世界范围的所得征收所得税；而对非居民纳税人则采取属地主义，只要求其承担有限纳税义务，即只对其从本国境内取得的所得征收所得税。

（4）经济性重叠征税。在国际通行税制下，公司取得的经营利润，在公司层次要缴纳企业所得税；其税后利润作为股息分配给投资者时，在股东层次还要另行缴纳企业或个人所得税。这就是经济性重叠征税。

（5）国际税收协定。国际税收协定是两个或两个以上国家为了消除对跨国所得的国际重复征税和处理跨国纳税人征纳事务方面的关系而签订的书面协议。国际税收协定最初为消除国际重复征税而产生，经过不断发展和完善，如今已涵盖了避免国际重复征税、税收管辖权的划分、国际税收征管等更为丰富全面的内容，并且形成了较为完备的、得到大多数国家认可的国际准则——经济合作与发展组织（OECD）税收协定范本和联合国税收协定范本。

（二）国际税收筹划方法

1. 利用国际避税地进行税收筹划

国际避税地又称“避税天堂”、避税港，是指那些税负非常低甚至不征收所得税的国家或地区。对跨国企业来说，这些国际避税地为其进行国际税收筹划活动提供了主要途径，即通过将利润从其他国家的子公司转移到位于国际避税地的子公司，并将利润累积在国际避税地，便可以在很大程度上降低企业的整体税负。除此之外，跨国企业还可以利用国际避税地进行多种形式的税收筹划，如规避较高的预提税税率、混合海外公司利润、降低间接转让财产的税负等。

2. 利用转让定价进行税收筹划

转让定价是跨国企业进行国际税收筹划的基本手段。为了实现集团利益的最大化，跨国企业可以通过转让定价的手段来降低其位于高税负地区的关联企业的利润，同时增加低税负地区的关联企业的利润，从而降低集团的整体税负，实现税后利润最大化。简而言之，跨国企业通过转让定价在内部各企业间转移利润，主要是通过转让货物、提供劳务、资金融通、成本分摊等活动实现。

3. 企业组织形式的税收筹划

企业组织形式的税收筹划主要是跨国企业根据各国对于子公司和分公司征税规定的不同，通过合理设置境外经营机构的组织形式，以达到减轻税负的目的。一般情况下，如果企业预计其境外经营机构在设立之初会亏损，那么应将其设为分公司，在分公司亏损的情况下，其亏损可以抵消一部分境内总公司的盈利，从而减少应纳税所得额，降低税负。如果境外分公司开始盈利，企业应将分公司改设为子公司，使其成为东道国的居民企业，以享受税收优惠。

（三）国际反避税

1. 税基侵蚀和利润转移项目

“税基侵蚀与利润转移行动计划”（以下简称“BEPS 行动计划”）是由二十国集团（以下简称“G20”）领导人背书，并委托经济合作与发展组织（以下简称“OECD”）推进的国际税改项目，是 G20 框架下各国携手打击国际逃（避）税，共同建立有利于全球经济增长的国际税收规则体系和行政合作机制的重要举措。

（1）BEPS 行动计划的实质。BEPS 行动计划的内容与技术均十分庞杂，但遵循 2014 年 2 月 G20 财长与央行行长悉尼会议达成的原则，即税收要与实质经济活动和价值创造相匹配。

（2）税基侵蚀和利润转移项目的影响。税基侵蚀与利润转移行的计划不仅是通过政策调整，使征税行为与经济活动和价值创造保持一致，从而增加税收收入，更是为了在国际共识的基础上，创建应对 BEPS 问题的一整套国际税收规则，为纳税人增加确定性和可预见性，并实现保护税基的目的。

作为深度参与 BEPS 行动计划的一员，中国的税务系统及业界专家为 BEPS 行动计划和成果文件的拟订做出了不懈的努力，也为构建新的国际税收体系规则做出了巨大贡献。因此，中国理应在未来国际税收联合执法过程中发挥重要作用。

2. 一般反避税

为规范一般反避税管理，根据《中华人民共和国企业所得税法》及其实施条例、《中华人民共和国税收征收管理法》及其实施细则的有关规定，国家税务总局制定了《一般反避税管理办法（试行）》。

3. 特别纳税调整

（1）转让定价。转让定价，即交易各方之间确定的交易价格，通常是指关联企业之间内部转让交易所确定的价格。这种内部交易价格通常不同于一般市场价格。转让定价是现代企业特别是跨国公司进行国际避税的重要工具，主要是利用各国税收差异来实现的。

按照《中华人民共和国企业所得税法》和《中华人民共和国税收征收管理法》的有关规定，税务机关有权对企业与其关联方之间的业务往来是否符合独立交易原则进行审核评估和调查调整。

（2）成本分摊协议。成本分摊协议是专门针对利用分摊成本避税的手段而出台的反避税措施。企业与其关联方签署成本分摊协议，共同开发、受让无形资产，或者共同提供、接受劳务，应符合法律规定。

（3）受控外国企业。受控外国企业是指由居民企业，或者由居民企业和居民个人（以下统称为中国居民股东，包括中国居民企业股东和中国居民个人股东）控制的设立在实际税负低于25%的企业所得税税率水平50%的国家（地区），并非出于合理经营需要对利润不做分配或减少分配的外国企业。受控外国企业的上述利润中应归属于该居民企业股东的部分，应当视同分配计入该居民企业的当期收入。

（4）资本弱化。资本弱化是专门针对利用资本结构避税的手段而出台的反避税措施。由于债权融资可以为纳税人带来更大的税收利益，因此通过加大债权融资比重减轻税负也是企业常用的税收筹划方法。资本弱化的规定一般是限制企业债权融资和股权融资的比例，超过规定比例的债务利息不允许在企业所得税前扣除。我国规定的企业债资比例通常为：一般企业不超过2∶1，金融企业不超过5∶1。这种限制债资比例的措施虽然简单，但非常直接，对跨国企业利用资本结构进行的税收筹划活动产生了较大的影响。

目前，中国已全面加入国际反避税行动，通过加强国际税收合作，提升反避税水平。

此外，国家税务总局还初步构建了反避税防控体系，成功阻止了欧美经济危机中外国母公司向中国子公司的损失转移。同时，国家税务总局正在研究开发的跨国公司利润指标监控体系，将全面跟踪和监控在华跨国公司的利润水平变化情况。中国全面的反避税行动必将对推进反避税产生积极的影响。

二、本章教学重点与难点

【教学重点】

（1）跨国税收筹划的概念及条件；

（2）跨国税收筹划应注意的问题；

（3）经济性重叠征税对税负的影响；

（4）跨国公司的税收筹划方法。

【本章难点】

（1）避免国际双重征税方法的差别；

（2）利用国际控股公司和常设机构进行税收筹划；

（3）利用转让定价的方法进行税收筹划；

（4）利用避税地进行税收筹划。

本章思维导图如图7-1所示。

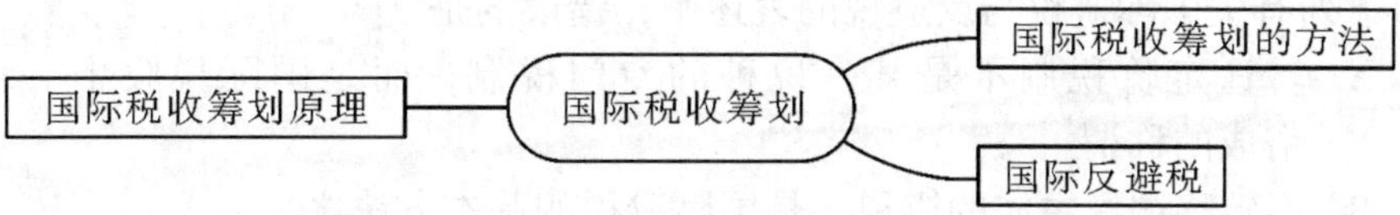

图 7-1　本章思维导图

三、练习题

一、单项选择题

1. 跨国税收筹划产生的主观动机是（　　）。

A. 规避风险的需要　　B. 扩大规模的需要

C. 追求利润最大化的需要　　D. 各国税制及法律的差异

2. 国际公认的衡量一国税负高低的标准是（　　）。

A. 资本回报率

B. 税种的多少

C. 所占比重最大的税种的税负

D. 税收总额占国内生产总值（GDP）的比重

3. 在中国境内未设立机构、场所的非居民企业从中国境内取得的（　　）应按差额计算征收企业所得税。

A. 股息所得　　B. 特许权使用费所得

C. 租金所得　　D. 财产转让所得

4. 跨国公司税收筹划的客体是（　　）。

A. 跨国公司　　B. 跨国公司的税收

C. 跨国公司的利润　　D. 跨国公司的组织机构

5. 高税负国甲国纳税人在避税港乙国设立一家信托子公司，然后把自己远离避税港的所得和财产委托给这家子公司，并通过契约或合同使受托人按自己的指令行事，这种跨国税收筹划方法为（　　）。

A. 个人持股信托公司　　B. 转让定价

C. 虚设避税地信托财产　　D. 虚构避税港营业

6. W 是美国的非居民外国人，其居住国并未与美国签订税收协定。现 W 想在美国购买股票，其取得的股息要在美国缴纳 30%的预提所得税。为躲避这项预提所得税，W 在荷属安的列斯群岛建立一家公司，并由这家公司购买美国的股票。那么，根据美国与荷属安的列斯群岛签订的税收协定，W 通过这家公司取得的股息就只需缴纳 15%的预提税。这种情况属于（　　）。

A. 人的流动筹划法　　B. 税收协定的滥用

C. 利用国际租赁进行税收筹划　　D. 利用转让定价

7. 下列有关国际避税与反避税的表述中，错误的是（　　）。

A. 转让定价税制不是某一税种的专门税制，而是国际税收中一种约定俗成的称谓

B. 不转移纳税主体的避税，是国际避税的基本方法之一

C. 转让定价税制的管辖对象是公司集团内部的关联交易

D. 确认关联交易是整个转让定价税制的核心内容

8. 某外国公司实际管理机构不在中国境内，也未在中国设立机构场所，2020 年从中国境内某企业获得专有技术使用权转让收入 200 万元（该技术的成本为 80 万元）；从外商投资企业取得投资收益 300 万元；转让其在中国境内的房屋一栋，转让收入 3 000 万元，原值 1 000 万元，已提折旧 600 万元。该外国公司 2020 年应当向我国缴纳的企业所得税为（　　）万元。

A. 350　　B. 310

C. 50　　D. 250

9. 某企业 2020 年度境内所得应纳税所得额为 400 万元，全年已预缴税款 50 万元；来源于境外某国税前所得 100 万元，境外实纳税款 20 万元。该企业当年汇算清缴应补（退）的税款是（　　）万元。

A. 60　　B. 62

C. 55　　D. 79

10. A 国一居民企业在 B 国设有一个分公司，总公司在本国取得所得 250 万元，设在 B 国的分公司取得所得 60 万元，分公司按 40%的税率向 B 国缴纳所得税 24 万元。A 国所得税税率为 30%，实行限额抵免法。计算该居民企业应向本国缴纳所得税为（　　）万元。

A. 55　　B. 60

C. 70　　D. 75

11. 下列关于资本弱化的表述中，错误的是（　　）。

A. 企业从其关联方接受的债权性投资与权益性投资的比例超过规定标准而发生的利息支出，不得在计算应纳税所得额时扣除

B. 金融企业实际支付给关联方的利息支出，标准债资比例为 5∶1

C. 企业同时从事金融业务和非金融业务，其实际支付给关联方的利息支出，应按照合理方法分开计算；没有按照合理方法分开计算的，一律按照其他企业的比例计算准予税前扣除的利息支出

D. 税法规定不得在计算应纳税所得额时扣除的利息支出，可以结转到以后纳税年度扣除

12. 某非居民企业在中国境内未设立机构、场所，2020 年从境内 A 公司取得贷款利息收入 120 万元，从境内 B 公司取得房产转让收入 100 万元，该房产净值 60 万元。2020 年该企业应向我国缴纳企业所得税（　　）万元。

A. 16　　B. 28

C. 30　　D. 20

13. 下列关于经济合作与发展组织范本的表述中，错误的是（　　）。

A. 在某些特殊方面承认收入来源国的优先征税权

B. 主导思想强调的是居民税收管辖权

C. 主要是为了促进经济合作与发展组织成员之间国际税收协定的签订

D. 较为注重扩大收入来源国的税收管辖权

14. 企业应自与关联方签订（变更）成本分摊协议之日起（　　）日内，向主管税务机关报送成本分摊协议副本。

A. 10　　B. 15

C. 30　　D. 45

15. 对于符合独立交易原则的成本分摊协议，有关税务处理错误的是（　　）。

A. 企业按照协议分摊的成本，应在协议规定的各年度税前扣除

B. 涉及补偿调整的，应在补偿调整的年度计入应纳税所得额

C. 涉及无形资产的成本分摊协议，加入支付、退出补偿或终止协议时对协议成果分配的，应按资产购置或处置的有关规定处理

D. 涉及补偿调整的，应追溯到以前年度调整应纳税所得额

16. 某外国企业常驻中国代表机构2020年从事劳务活动发生的工资、薪金等经费支出450万元，相关收入不能正确核算，当地主管税务机关核定其利润率为25%。该代表机构2020年应缴纳企业所得税（　　）万元。

A. 16.19　　B. 40.18

C. 16.07　　D. 37.5

17. 外国企业常驻代表机构应准确计算其应税收入和应纳税所得额，并在季度终了之日起（　　）日内向主管税务机关据实申报缴纳企业所得税。

A. 10　　B. 15

C. 20　　D. 30

18. 某外商投资企业自行申报以45万元从境外甲公司（关联企业）购入一批产品，又将这批产品以50万元转售给乙公司（非关联企业）。假定该公司的销售毛利率为20%，企业所得税税率为25%，按再销售价格法计算，此次销售业务应缴纳的企业所得税为（　　）元。

A. 0　　B. 12 500

C. 15 000　　D. 25 000

19. 根据税法的规定，对关联企业价格进行调整的方法中，按照从关联方购进商品再销售给没有关联关系的交易方的价格，减除相同或类似业务的销售毛利进行定价的方法是（　　）。

A. 可比非受控价格法　　B. 再销售价格法

C. 成本加成法　　D. 交易净利润法

20. 按照没有关联关系的交易各方进行相同或类似业务往来取得的净利润水平确定利润的转让定价方法是（　　）。

A. 交易净利润法　　B. 利润分割法

C. 成本加成法　　D. 再销售价格法

二、多项选择题

1. 当今世界各国行使的税收管辖权通常有（　　）。
A. 收入来源地管辖权　　B. 居民管辖权
C. 公司管辖权　　D. 公民管辖权
2. 世界各国存在的税制结构模式主要有（　　）。
A. 以直接税为主体的税制结构
B. 以间接税为主体的税制结构
C. 避税地
D. 以流转税和所得税为主体的双主体税制结构
3. 跨国个人税收筹划的方法有（　　）。
A. 临时离境　　B. 人的流动筹划法
C. 税收最小化　　D. 人的非流动筹划法
4. 以下关于投资所得的说法中，正确的是（　　）。
A. 包括股息、利息、特许权使用费等
B. 以投资者所在地为收入来源地
C. 以被投资单位所在地为收入来源地
D. 以投资所得的支付者所在地为收入来源地
5. 以下关于财产所得的说法中，正确的是（　　）。
A. 不动产所得是指转让、出售不动产的所得
B. 不动产所得是指出租或转让、出售不动产所取得的所得
C. 不动产所得通常以不动产的所在地或坐落地为其收入来源地
D. 不动产所得通常以不动产的转让者所在地为其收入来源地
6. 下列属于《经济合作与发展组织范本》中常设机构判别标准的有（　　）。
A. 企业进行全部或部分营业的固定场所
B. 为储存、陈列或交付本企业货物或商品的目的而使用的设施
C. 专为本企业采购货物或商品，或者为搜集情报所设的固定营业场所
D. 非居民在一国的代理人有代表该非居民经常签订合同、接受订单的权利，就可以认定该非居民在该国有常设机构
7. 下列选项中，属于转让定价作用的有（　　）。
A. 可以使关联企业避免或延迟缴纳企业所得税
B. 可以使关联企业减轻预提税税收负担
C. 可以使关联企业减少从价计征的关税
D. 减弱或消除政府货币和财政政策对关联企业的影响
8. 以下属于国际避税主要方式的有（　　）。
A. 利用转让定价转移利润　　B. 滥用国际税收协定
C. 利用信托方式转移财产　　D. 组建内部保险公司
9. 下列属于 BEPS 行动计划的是（　　）。
A. 应对数字经济的税收挑战
B. 消除混合错配安排的影响

C. 制定有效受控外国公司规则

D. 考虑透明度和实质性因素，有效打击有害税收实践

10. 国际避税的基本方式和方法有（　　）。

A. 通过纳税主体的国际转移进行的国际避税

B. 不转移纳税主体的避税

C. 通过纳税客体的国际转移进行的国际避税

D. 不转移纳税客体的避税

三、判断题

1. 跨国纳税人采取隐蔽的非法手段进行的国际逃税（偷税、漏税）活动也可称为税收筹划。（　　）

2. 一般来说，税收优惠越多，税基越大、越宽；反之，税收优惠越少，税基越小、越窄。（　　）

3. 当 A 国采用比例税率、B 国采用累进税率时，在相同收入的条件下，B 国的实际税负要高于 A 国的实际税负。（　　）

4. 跨国纳税人在进行跨国税收筹划时，不仅要考虑各国之间税制结构的差异，还要考虑一国国内税制结构的复杂程度。（　　）

5. 在采取属人主义原则的国家，若纳税人为本国居民或公民，则对本国负有无限纳税义务，即对其来自本国和外国的全部所得，都要依照本国税法的规定纳税。（　　）

6. 劳务报酬收入来源地的确定，以劳务报酬的支付者所在地为收入来源地。（　　）

7. 投资所得来源地的确定，是以投资所得的支付者所在地为收入来源地。（　　）

8. 假如母公司所在国的税率低于子公司，或者母公司所在国对境外汇入股息不征收所得税，母公司就没有必要累积子公司的境外所得。（　　）

9. 跨国个人的税收筹划仅指自然人的税收筹划。（　　）

10. 人的流动包括两方面的含义：第一，这里所谓的“人”，不仅限于个人的国际迁移，也包括居民身份的改变；第二，这里所谓的“流动”，是指跨越“税境”而言，不一定非得是跨越国境。（　　）

四、思考题

1. 什么是跨国税收筹划？它与一般国内税收筹划有什么区别和联系？

2. 跨国税收筹划产生的条件有哪些？

3. 进行跨国税收筹划应注意哪些问题？

4. 如何利用个人住所和公司住所的变化进行税收筹划？

5. 什么是国际避税地？国际上有哪几种类型的避税地？

6. 如何利用避税地进行税收筹划？

7. 什么是转让定价？如何利用转让定价进行税收筹划？

五、案例分析题

【案例 7-1】2020 年，我国的甲公司到 A 国从事建筑工程工作，工期约为 8 个月。根据我国与 A 国的双边税收协定，建筑工期达到 6 个月以上的即构成常设机构，需按该国规定缴纳企业所得税。甲公司实施该建筑工程的总成本为 2 000 万元，工程总收入为 3 000 万元。A 国对该工程征收的除企业所得税以外的其他税为 200 万元（均可以在企业所得税税前扣除），企业所得税税率为 30%。

要求：请对上述业务进行税收筹划。

【案例 7-2】A 国的甲公司在 B 国拥有一家子公司——乙公司并控制其全部股权。本年甲公司向乙公司销售一批零件，由乙公司加工后对外出售。甲公司生产这批零件的成本为 80 万元，按正常价格销售该批零件的收入为 160 万元，乙公司的总成本为在甲公司的进价基础上加价 30 万元，乙公司加工完毕后以 320 万元的价格对外出售最终产品。A 国企业所得税税率为 40%，B 国企业所得税税率为 20%，假设不考虑相关流转税。

要求：请对上述业务进行税收筹划。

【案例 7-3】甲公司是我国的一家跨国企业，本年预计应纳税所得额为 8 000 万美元，适用我国 25%的企业所得税税率。甲公司在 B 国设有子公司——乙公司，本年预计乙公司应纳税所得额为 2 000 万美元，B 国公司的企业所得税税率为 30%。B 国税法规定：企业在汇总计算企业所得税时，其境外营业机构的亏损可以抵减境内营业机构的盈利。甲公司欲在 A 国投资兴建丙公司，预计丙公司当年发生亏损 500 万美元。

要求：请对上述业务进行税收筹划。

【案例 7-4】乙公司系甲公司在国外设立的子公司，本年盈利 200 万元。已知甲公司与乙公司的企业所得税税率分别为 25%和 15%。

要求：请对上述业务进行税收筹划。

【案例 7-5】甲国的 A 公司在避税港乙国设立了全资子公司——B 公司，现 A 公司欲销售一批货物给丙国的 C 公司，这批货物的成本及分摊的经营管理费用为 600 万美元，双方协定的离岸价格为 800 万美元。已知甲、乙两国的企业所得税税率分别为 30%和 10%，假设不考虑相关流转税。

要求：请对上述业务进行税收筹划。

税收筹划练习题参考答案

第一章　税收筹划基本理论和基本方法练习题参考答案

一、单项选择题

1. A。合法性是税收筹划最本质的特点，无论是企业法人还是自然人，逃避缴纳税款均是违法的。避税的合法性目前存在争议，代表性的观点为避税是非法行为、不违法行为、脱法行为等几种。抗税是指纳税人以暴力、威胁等方法拒不缴纳税款的违法行为。

2. B。企业税收筹划的时效性风险是指如果企业不能及时学习和了解最新的税法政策，及时合理地变换税收筹划方案，仍然按照以前期间的税收筹划方案，就会面临税收筹划失败的风险。税收筹划条件包括专业技术人员的素质、筹划技术手段、筹划时机的选择和筹划时间跨度的确定等。

3. D。企业成果分配中的税收筹划是指企业在对经营成果进行分配时充分考虑各种方案的税收影响，选择税负最轻的分配方案的行为。它主要通过合理归属所属年度来进行。合理归属所属年度是指利用合理手段将所得归属在税负最轻的年度里，其途径是合理提前所得年度或合理推迟所得年度，从而起到减轻税负或延期纳税的作用。

4. B。货物劳务税收筹划主要是围绕纳税人身份、销售方式、货款结算方式、销售额、适用税率、税收优惠等涉税相关项目进行。所得税税收筹划主要是围绕收入实现、经营方式、成本核算、费用列支、折旧方法、捐赠、筹资方式、投资方式、设备购置、机构设置、税收政策等涉税相关项目进行。

5. D。两国同时行使居民管辖权，且同时以住所标准确定自然人的居民身份时，跨国纳税人在两个国家均无住所，才可以同时躲避在两国的纳税义务。

6. D。费用不涉及流转税，只涉及所得税。从税收的角度看，费用确认的基本原则是就早不就晚。具体而言，费用确认应当遵循如下原则：凡是能直接计入营业成本、期间费用和损失的，不计入生产成本；凡是能计入成本的，不计入资产；能预提的，不待摊；能多提的就多提；能迅速摊销的就迅速摊销。

7. A。税负前转是指企业将所纳税款通过提高商品或生产要素价格的方法转嫁给购买者或最终消费者承担。这是最为典型、最具普遍意义的税负转嫁形式。税负后转是指纳税人已纳税款因各种原因不能向前转给购买者和消费者，而是向后逆转给货物的生产者。税负消转是指一定的税额在名义上分配给纳税人后，既不能前转也不能后转，而是要求企业对所纳税款完全通过自身经营业绩的提高和技术进步等手段，自行补偿其纳税的损失。税负叠转是指同时采用几种转嫁方法以转嫁税负的行为。

8. B。税收抵免是指从应纳税额中扣除税收抵免额。减税是指国家出于照顾或奖励的目的，对特定的地区、行业、企业、项目或情况（纳税人或纳税人的特定应税项目，或者由于纳税人的特殊情况）给予纳税人减征部分税收的优惠政策。优惠退税是指政府将纳税人已经缴纳或实际承担的税款退还给规定的受益人。亏损抵补是指当年经营亏损在次年或其他年度经营盈利中抵补，以减少以后年度的应纳税款。

9. A。时间性差异是指会计准则和税法因确认收益或费用、损失的时间不同而产生的税前会计利润与应纳税所得额的差异。永久性差异是指由于会计准则和税法在计算收益或费用、损失时的规定不同而产生的税前利润与应纳税所得额之间的差异。

10. B。偷税是指在纳税人的纳税义务已经发生且能够确定的情况下，采取不正当或不合法的手段以逃避纳税义务的行为。偷税具有故意性、欺诈性，是一种违法行为，应该受到惩罚。

11. B。避税是指纳税人利用税法漏洞或缺陷，通过对经营及财务活动的精心安排，以期达到纳税负担最小的经济行为。因此，从避税的概念来看，避税从法律上来讲，是一种“非违法性”行为。

12. D。税收不同税种当中存在较多临界点的计算，如增值税的价格优惠临界点等，都是利用税收筹划的临界点进行税收筹划的。

13. B。根据税法的知识可知，税法根据纳税人负担能力的不同，为确保税收征收的公平原则，政府征收税收主要是根据纳税人负担能力的不同，负担能力强的纳税人多纳税，负担能力弱的纳税人少纳税，尤其是在个人所得税实行超额累进税率的规定下，负担能力原则表现得最为明显。

14. A。税收筹划以实现优化纳税、减轻税负或延期纳税为目标，对居民个人纳税人而言，其主要是通过投资和消费的安排以及对财产的恰当处置减少应纳税款；对企业而言，减轻税负或通过延期纳税来减轻税负是其直接目标，而整体优化纳税是其最终目标，整体优化纳税不仅涉及减轻税收负担，还要考虑企业的整体经济效益，不能为了进行税收筹划而使企业财产受到更大的损失。

15. A。税收优惠是国家税制的重要组成部分，是政府为达到一定的政治、社会、经济目的对纳税人实行的税收鼓励。税收优惠对节税潜力的影响表现为税收优惠的范围越广、差别越大、方式越多、内容越丰富，则纳税人税收筹划的活动空间越广阔，节税的潜力也就越大。因此，纳税人进行税收筹划时必须考虑有没有地区性的税收优惠等。

16. C。整体税收筹划是指对纳税人生产经营、投资理财等涉税活动进行的全面整体的税收筹划。一般而言，大中型企业的生产经营规模大，运营情况比较复杂，涉税事项也多，财务规划任务重，整体税收筹划具有特殊重要的意义。整体税收筹划具有“两大”“两高”的特点，即难度大、风险大，成本高、收益高。法人税收筹划主要是对法人的组建、分支机构的设立、筹资、投资、运营、核算、分配等活动进行的税收筹划。自然人税收筹划主要是在个人投资理财领域进行。

17. B。按涉及的不同税种分类，税收筹划分为商品劳务税的税收筹划、所得税的税收筹划、财产税的税收筹划、资源税的税收筹划和行为目的税的税收筹划。

18. A。税收筹划的基本特点之一是合法性，而偷税、逃税、抗税、骗税等则是违反税法的。因此，合法性原则是税收筹划与偷税在原则上的区别。

19. D。近几年，我国进行了增值税转型、营改增、资源税从价计征、开征环保税、个人所得税实施分类与综合相结合的征收模式等税制改革以及合并了国税和地税两大系统。因此，对企业来讲，在一定时期内，某一个税收筹划方案可能是有效的，但是税法变动可能会使其无效，甚至导致违反税法的事情发生。这就要求纳税人或税收筹划的策划者关注税法的变动，及时调整税收筹划的方案。

20. A。税收筹划是一种事前行为，筹划性有事先规划、设计、安排的含义。这是税收筹划的本质特点之一。在经济活动中发生的纳税义务通常具有滞后性，因此税收筹划必须在纳税义务之前进行，提前规划。

二、多项选择题

1. CD。税收筹划的特点包括合法性、筹划性、风险性、多样性、综合性、专业性。

2. BD。在企业目标定位于利润最大化的条件下，税收筹划的目标必然是追求税后利润最大化。价值最大化目标是针对利润最大化目标的缺陷而提出来的。在此目标下，作为价值评估基础的现金流量的确定，仍然是基于企业当期的盈利，但需要从企业整体的角度考虑企业的利益取向，使之更好地满足企业各利益相关者的利益。同时，现金流量价值的评价标准不仅仅是看企业目前的获利能力，更看重的是企业未来的和潜在的获利能力。理想的税收筹划是节税、税后利润最大化和价值最大化三者的统一。

3. AC。按税收筹划供给主体的不同，税收筹划可分为自行税收筹划和委托税收筹划。

4. ACD。在税收合法性原则下，法定税率水平是不允许改变的，需要严格依据税法的规定来执行，任何税收筹划都只能改变实际税率。纳税申报期限在税法中有明确规定，需要严格依据税法规定来执行。

5. ABC。抗税是指纳税人以暴力、威胁方法拒不缴纳税款的行为。而税收筹划采取的手段是合法的。骗税采取的是弄虚作假和欺骗手段，将本来没有发生的应税（应退税）行为虚构成发生了的应税行为，将小额的应税（应退税）行为伪造成大额的应税（应退税）行为，即事先根本未向国家缴过税或未缴足声称已缴纳的税款，而从国库中骗取了退税款。纳税人利用税法漏洞或缺陷钻空取巧，通过对经营及财务活动的精心安排，以期达到纳税负担最小的经济行为，属于避税。

6. ABCDE。税收筹划的原则包括系统性原则、预见性原则、合法性原则、时效性原则、保护性原则。

7. ACD。按照企业生产经营的不同阶段，税收筹划可以分为企业设立的税收筹划、投资融资的税收筹划、物资采购的税收筹划、生产研发的税收筹划、市场营销的税收筹划。

8. ABC。影响税收筹划的因素主要有税收制度因素、经济环境因素、执法因素、拥有一定的营业收入和经营规模、具备筹划意识等。因此，主要的主观因素有纳税人自身应具备相应的法律意识，掌握专业的税法知识，还要有税收筹划的意识。

9. ABCD。税收筹划有助于增强纳税人的纳税意识，抑制偷税、逃税等违法行为；税收筹划有助于税收法律法规的完善；税收筹划有助于实现纳税人利益最大化；税收筹划有助于企业经营管理水平和会计管理水平的提高；税收筹划有助于优化产业结构和资源的合理配置；税收筹划有助于税务服务行业的健康发展；从长远和整体来看，税收筹划有助于国家增加税收。

10. ABC。涉税零风险是指纳税人账目清楚，纳税申报正确，缴纳税款及时、足额，不会出现任何涉税处罚，即在税收方面没有任何风险，或者风险极小可以忽略不计的一种状态。在这种状态下，纳税人虽然不能直接获取税收上的好处，但能间接地获取一定的经济利益，更加有利于企业的长远发展和规模扩大。首先，实现涉税零风险可以避免发生不必要的经济损失。虽然这种税收筹划不会使纳税人直接获取税收上的好处，但由于纳税人经过必要的筹划之后，可以避免税务机关的经济处罚，这种损失的避免实际上相当于获取了一定的经济利益。其次，实现涉税零风险可以避免发生不必要的名誉损失。在商品经济高速发展的今天，企业的好品牌意味着其产品容易被消费者接受并带来经济效益和社会地位。个人的口碑越好，个人就越容易被社会接受。一旦某个企业或个人被税务机关认定为偷税、漏税，甚至犯罪，那么该企业或个人的声誉将会因此遭受严重损失。最后，纳税人的涉税零风险税收筹划可以使企业的账目更加清楚，更有利于企业控制成本费用，使管理更加有条不紊，从而实现企业的健康发展。

三、判断题

1. ×。从各个学者对税收筹划的解释来看，税收筹划在时间上具有前瞻性。这是税收筹划的显著特征，即税收筹划往往是发生在纳税义务发生之前，提前制定税收筹划的策略，实现降低税负的目的。

2. ×。

3. √。当课税对象金额一定时，税率越高，税额越多；税率越低，税额越少。所得税中的累进税率设计使得高、低边际税率一般相差好几倍，有的甚至达十几倍，对税收筹划具有特别的激励作用。

4. ×。税收优惠的范围越广、差别越大、方式越多、内容越丰富，则纳税人税收筹划的活动空间越广阔，节税的潜力也就越大。纳税人进行税收筹划时必须考虑有没有地区性的税收优惠；有没有行业性的税收倾斜政策；减免税期如何规定；对纳税人在境外缴纳的税款是否采取避免双重征税的措施，采取什么样的方式给予抵扣等。

5. ×。从长远和整体来看，税收筹划不仅不会减少国家的税收收入总量，甚至可能增加国家的税收收入。纳税人进行税收筹划，降低了企业的税收负担，为企业发展提供了契机。虽然税收筹划在短期内减少了国家的税收收入，但是从长期来看，将促进企业发展，培植税源，从而增加税收收入。

6. √。税收筹划是纳税人在意识到自身纳税金额较高的情况下，提前安排制订相应的税收筹划方案以节约税收。因此，税收筹划与纳税人纳税意识增强之间有客观一致性。

7. ×。如果总公司所在地税率较低，而从属机构设立在税率较高地区，设立分公司汇总纳税，则分公司的所得利润与总公司的合并申报缴纳，所负担的是总公司的较低税率，总体上减少了公司所得税税负。

8. √。根据税收筹划中税负转嫁的筹划方法可知，商品课税的税负较易转嫁，所得课税的税负不易转嫁。税负转嫁还与供给弹性和需求弹性有关。在本题中，税负很轻的商品对消费者来说，消费者对税负的变化没有多大反应，因此加价幅度对消费者影响较小，税负可以全部转嫁给消费者。

9. √。从价计征的商品，征税依据主要是商品的销售额，因此销售额越高，在税率相同的情况下，税额也随售价变高；反之亦然。

10. ×。一般来讲，只有对商品交易行为或活动课征的间接税才能转嫁，而与商品交易行为无关或对人课征的直接税则不能转嫁或很难转嫁。

四、思考题

1. 答：企业成本核算中的税收筹划是指企业通过对经济形势的预测及其他因素的综合考虑，选择恰当的会计处理方式，以获得税收利益的行为。在能对税收缴纳产生重要影响的会计方法中，主要有固定资产折旧方法和存货计价方法。就存货计价方法而言，目前主要有先进先出法、加权平均法或个别计价法，企业可以自己选择，但一经选定，不得随意变更。先进先出法带有很大的主观性。先进先出法以存货的流出与流入的时间同向为前提。在存货价格紧缩时，采用这一方法可以使前期耗用存货的成本增大，使所得额缩小，从而少缴税款。

2. 答：企业税收筹划的直接目的是谋取合法的税收利益，是财务管理的一部分，必须服从、服务于企业财务管理的总体目标，必须注重综合平衡。将税收筹划看作一种单纯的节税行为，是不可取的。税收筹划的节税目标与企业整体理财目标也会出现矛盾。一是税收支出与其他成本支出的矛盾。如果税收支出少，但其他成本高，节税就不能带来资本总体收益的增加。二是节税与现金流量的矛盾。如果一个企业的现金流前松后紧，滞延纳税时间将不利于企业资金收支的管理，会加剧后期现金流动的紧张，造成企业资金运动困难。三是如果企业在实施税收筹划的过程中片面地追求自身节税效果的提高，则会扰乱正常的经营理财秩序，导致企业内在经营机制紊乱，并最终招致企业更大的潜在损失。这些情况的出现和发生都有违税收筹划的初衷。

3. 答：税收筹划策略的实施流程一般可以分为主体选择，收集信息与目标确定，方案列示、策略分析、方案选择，实施和反馈。其中，从被列示的诸多税收筹划方案中作出最佳选择是税收筹划工作的一项核心内容。在掌握相关信息和确立目标之后，策略制定者可以着手设计税收筹划的具体方案。关注角度不同，具体方案就可能存在差异，因此策略制定者需要将方案逐一列示，并在后续过程中进行选择。

方案列示以后，必须进行一系列分析。

第一，合法性分析。税收筹划策略的首要原则是合法性原则，任何税收筹划方案都必须从属于合法性原则，因此，对设计的方案首先要进行合法性分析，控制法律风险。

第二，可行性分析。税收筹划的实施需要多方面的条件，企业必须对方案的可行性作出评估，这种评估包括实施时间的选择、人员素质以及未来的趋势预测。

第三，目标分析。每种设计方案都会产生不同的纳税结果，这种纳税结果是否符合企业既定的目标，是税收筹划策略选择的基本依据。因此，纳税人必须对方案进行目标符合性分析，同时选出最佳方案。目标分析还包括评价税收策略的合理性，防止税收策略“喧宾夺主”，影响企业整体竞争策略。

逐项分析所列示的方案之后，方案设计者可能获取新的信息，并以此对原有的税收筹划方案进行调整，同时继续规范分析过程。

4. 答：税收递延，即纳税期的递延或延期纳税，是指允许企业在规定的期限内，分期或延迟缴纳税款。纳税期的递延，有利于企业资金周转、节省利息支出。由于通货膨胀的影响，延期以后缴纳的税款币值下降，从而降低了实际应纳税额。固定资产折旧是将固定资产价值按照其使用年限分摊计入有关成本费用项目。固定资产折旧费用冲减企业利润，因此会对所得税产生很大影响。固定资产折旧对所得税的影响包括三个方面：一是固定资产残值率。固定资产残值率降低，意味着分摊计入有关成本费用的折旧费增加，从而冲减利润，减少应纳所得税额。因此，从相对节税的角度看，残值率越低越好。二是折旧年限。折旧年限越短，每年分摊计入成本费用的折旧费越多，相应地当期缴纳的所得税就越少。因此，从相对节税的角度看，折旧年限越短越好。三是折旧方法。折旧方法包括平均年限法、工作量法和加速折旧法。平均年限法是指在固定资产使用年限内每期计提相同的折旧额；工作量法是指按各期实际工作量计提折旧额；加速折旧法是指在固定资产使用前期多计提折旧，后期少计提折旧。显然，从相对节税的角度看，加速折旧法比平均年限法更有利。利用工作量法有时也能起到加速折旧的效果。

5. 答：预提和待摊是会计上两种相对的费用确认方法。预提是指在费用尚未支付以前按一定比例提前计入成本费用；待摊是指在费用支付后按一定比例分摊计入成本费用。例如，企业购入一台设备，每隔两年需大修一次，每次大修费用预计为240 000元。采用预提方法，从购入后每月预提修理费10 000元，计入相关成本费用，这就意味着从购入开始，每月企业减少利润10 000元，两年后实际进行大修时一次性支付修理费240 000元。采用摊销法，设备购入后不做处理，两年后进行大修时实际支付大修费240 000元，从大修当月开始，按月分摊10 000元，计入有关成本费用，再经过两年后分摊完毕。显然，由于预提能提前将有关费用计入成本，因此从相对节税角度来说，预提优于待摊，能预提的不摊销。

6. 答：企业为购置或开发、建造各种资产（固定资产、无形资产等）所发生的支出，形成资产的成本。这部分资产成本需要通过资产的销售、消费使用才能转化为企业的费用，从而冲减利润、减少应纳税所得额。例如，企业购建一项固定资产，其发生的费用形成固定资产成本，在固定资产使用年限内通过折旧分摊计入企业管理费用等各项费用，而固定资产使用年限短则3年、5年，长则10年、20年，甚至更长。进入生产成本的费用，一旦产品完工，如果适销对路，若干天或一两个月内产品就能销售出去，其生产成本就会转化为营业成本。因此，从相对节税角度来说，凡是能计入成本（生产成本）的不计入资产。

7. 答：收入既涉及流转税又涉及所得税。从税收的角度看，收入确认总是越晚越好。关于推迟收入的确认有以下两种基本方法：

第一，对生产经营活动的合理安排。企业通过对其生产经营活动的合理安排，如合理地安排交货时间、结算时间、销售方式等，推迟营业收入实现的时间，从而推迟税款的缴纳。当然，在大多数情况下，企业总是希望尽快收回货款，以加速资金周转，提高资金使用效率。因此，通过这种方法来推迟税款缴纳经常受到各种限制。

第二，合理的财务安排。这主要是指在会计上通过合理安排确认营业收入实现的时间来推迟税款的缴纳，或者说合理安排营业收入的入账时间以推迟税款的缴纳。在会计上，商品销售收入的确认方法有收款法、销售法和生产法。与销售法和生产法相比，收款法不仅更符合谨慎性原则，而且推迟了营业收入的确认。劳务收入的确认有两种基本方法：一种是完成合同法，另一种是完工百分比法。从税收的角度看，完成合同法比完工百分比法更有利，因为它推迟了收入的确认。对于让渡资产使用权收入，如利息收入、专利权及商标权使用费收入等，企业既可以依据合同规定的收费标准按期确认营业收入，也可以在实际收到有关收入时确认营业收入，由于后者推迟了收入的确认，因此比前者更有利。

五、案例分析题

【案例1-1】

【筹划方案】

税收筹划前，企业以成套销售方式销售高档化妆品。

应缴纳消费税=(600+300+100+80)×15%=162（万元）

税收筹划后，先销售，后包装，分别核算。

应缴纳消费税=(600+300)×15%=135（万元）

由此可见，如果改成“先销售，后包装”方式，并且分别核算，化妆品消费税税负将降低27万元，而且增值税税负仍然保持不变。因此，企业从事消费税的兼营业务时，能单独核算时最好单独核算，没有必要成套销售的，最好单独销售，尽量降低企业的税收负担。

【案例1-2】

【筹划方案】

方案一：筹划之前，甲粮食白酒生产企业将产品以9 000万元的价格销售给销售公司，销售公司再以10 000万元的价格对外销售。甲粮食白酒生产企业与销售公司发生的业务招待费均为30万元，广告费均为150万元，业务宣传费均为40万元。假设甲粮食白酒生产企业2020年度税前会计利润为300万元，销售公司税前会计利润为200万元。

（1）对于白酒生产企业。

业务招待费扣除限额=9 000×5‰=45（万元）

业务招待费扣除金额=30×60%=18（万元）

业务招待费税前调增金额=12（万元）

广告费、业务宣传费扣除限额=9 000×15%=1 350（万元）>190（万元）

无需进行纳税调整。

白酒生产企业需要缴纳的企业所得税=(300+12)×25%=78（万元）

（2）对于销售公司。

业务招待费扣除限额=10 000×5‰=50（万元）

业务招待费扣除金额=30×60%=18（万元）

业务招待费税前调增金额=12（万元）

广告费、业务宣传费扣除限额=10 000×15%=1 500（万元）>190（万元）

无需进行纳税调整。

销售公司应缴纳的企业所得税=(200+18)×25%=53（万元）

方案二：甲粮食白酒生产企业不再单独将产品通过销售公司销售出去，直接以10 000万元的价格对外销售产品，业务招待费50万元，广告和宣告费合计380万元。

业务招待费税前扣除限额=10 000×5‰=50（万元）

业务招待费扣除金额=50×60%=30（万元）

业务招待费税前调增金额=50−30=20（万元）

广告费、业务宣传费税前扣除限额=10 000×15%=1 500（万元）>380（万元）

不需要进行纳税调整。

调增应纳税所得额=20（万元）

应纳企业所得税额=(500+20)×25%=130（万元）

由此可见，甲粮食白酒生产企业应该选择方案一的销售方式，方案一比方案二节约52万元企业所得税，对企业更有利。

【案例1-3】

【筹划方案】

根据增值税的相关规定，个人转让专利技术免征增值税；同时根据个人所得税的相关规定，转让专利技术属于特许权使用费收入，应并入王某当年综合所得，汇算清缴个人所得税。

王某若向甲公司转让该笔专利，应预缴的个人所得税=200×(1−20%)×20%=32（万元）

方案一：采用业务转化筹划技巧，王某不转让该专利技术，而通过进一步改进加以研发，提高该专利技术性能并将其用于甲公司生产经营中，王某选择每年从甲公司取得50万元的技术服务收入的形式。

根据个人所得税的规定，个人取得的技术咨询、技术服务所得，应在取得所得的当月按照20%的比例税率预缴个人所得税，同时并入综合所得于年终汇算清缴。

王某应预缴的个人所得税=50×20%=10（万元）

王某所负担的个人所得税可以实现递延缴纳的作用。

纳税人提供技术开发和与之相关的技术服务免征增值税。

方案二：采用技术投资入股形式。技术投资入股是属于转让技术成果和投资同时发生的。按照税法相关规定，转让技术成果是销售无形资产，免征增值税。个人技术投资入股，被投资企业支付的对价全部作为股票（权）的，企业或个人可以选择适用递延纳税优惠政策。经主管税务机关备案，投资入股当期可暂不纳税，允许递延至转让股权时，按股权转让收入减去技术成果原值和合理税费后的差额计算缴纳个人所得税。假如王某在间隔一年之后转让股权且取得相应的收益，就能够比方案一延迟缴纳税款，节约当年税额。

【案例 1-4】

【筹划方案】

方案一：设立公司形式应缴纳的税款及税后收入情况计算如下：

增值税＝20÷(1+13%)×13%＝2.3（万元）

企业所得税＝17.7×25%＝4.43（万元）

税款合计＝2.3+4.43＝6.73（万元）

税后收入＝17.7－6.73＝10.97（万元）

方案二：设立个体工商户形式应缴纳的税收及税后收入情况计算如下：

增值税＝20÷(1+13%)×13%＝2.3（万元）

个人独资企业不需要缴纳企业所得税。

个人所得税＝20÷(1+13%)×20%－1.05＝2.49（万元）

税款合计＝2.3+2.49＝4.79（万元）

税后收入＝17.7－4.79＝12.91（万元）

综上所述，和设立公司相比，设立个体工商户可以节税 1.94 万元。根据企业所得税和个人所得税的相关税法规定，设立公司形式时，纳税人应根据自身收入情况，合理选择纳税人身份。当然，在纳税人收入发生变化的情况下，上述税收筹划方案结果可能会发生变化，但税收筹划作为一种提前进行税额安排的合理的方法，提前考虑相关税收额度，能够给纳税人减轻税负。

【案例 1-5】

【筹划方案】

根据税法的相关规定，个人独资企业需要缴纳个人所得税，按照个体工商户生产经营所得缴纳个人所得税，个人独资企业每一纳税年度的收入总额减除成本、费用以及损失后的余额，作为投资者个人的生产经营所得，适用五级超额累进税率。

方案二中，王某若选择成立个人独资企业，相关计算如下：

王某应纳个人所得税＝350 000×30%－40 500＝64 500（元）

税后净利润＝350 000－64 500＝285 500（元）

方案一中成立一人有限责任公司，一人有限责任公司是指只有一个自然人股东或一个法人股东的有限责任公司。一人有限责任公司作为一种特殊的有限制责任公司，是企业法人，有独立的法人财产，享有法人财产权，根据企业所得税的相关规定，一人有限责任公司需要缴纳的是企业所得税。

王某若成立一人有限责任公司，应纳税额为350 000×25%=87 500（元）。同时需要注意的是，一人有限责任公司往往还会涉及个人所得税的问题。当一人有限责任公司将税后的利润分配给投资者的时候，还需要缴纳个人所得税，按照股息、红利所得缴纳个人所得税。假设在本案例中，当公司把缴纳企业所得税之后的利润分配给王某时，还需要代扣代缴个人所得税。假设公司所有的利润都分配给王某，相关计算如下：

王某应纳个人所得税=(350 000−87 500)×20%=52 500（元）

上述应合计缴纳的税额为140 000元，王某最终获利为210 000元。王某成立个人独资企业的税后净收益为285 500元。因此，王某应该选择成立个人独资企业。

第二章　增值税筹划练习题参考答案

一、单项选择题

1. A。根据税法的规定，一般纳税人和小规模纳税人划分标准中的定量标准为500万元，其中年应征增值税销售额为500万元以上的，可以登记为一般纳税人。

2. C。

3. C。

4. B。远洋运输中的程租业务、期租业务按照交通运输服务缴纳增值税，适用9%的增值税税率，光租业务和干租业务按照租赁服务缴纳增值税，适用13%的增值税税率。

5. C。

6. D。

7. A。本期增值税销项税额为(2 000+350×10)÷(1+13%)×13%=632. 74元。纯金项链应按照“以旧换新”业务中，从消费者手中收取新旧差价款2 000元作为计税依据计算增值税销项税额；对外销售的高档手表应按照新货物的同期销售价格每件350元作为计税依据计征增值税销项税额。

8. B。生产企业外购钢材用于扩建厂房，属于将外购的货物用于增值税非应税项目，不属于视同销售行为。外购的货物用于投资、分配、赠送是属于视同销售行为，因此A、C、D不属于视同销售行为。

9. A。增值税进项税额可以抵扣的主要是纳税人取得增值税专用发票、海关进口增值税专用缴款书、农产品收购凭证、交通运输相关票据等，发生非正常损失的购进货物以及在产品等，不能抵扣进项税额。

10. A。增值税中的免税项目主要有：农业生产者销售的自产农业产品，避孕药品和用具，古旧图书，直接用于科学研究、科学试验和教学的进口仪器、设备，外国政府、国际组织无偿援助的进口物资和设备，来料加工、来件装配和补偿贸易所需进口的设备，由残疾人组织直接进口的供残疾人专用的物品，销售的自己使用过的物品。除上述规定外，增值税的免税、减税项目由国务院规定，任何地区、部门均不得规定免税、减税项目。

11. B。工程勘察勘探服务属于“现代服务——研发和技术服务”，其他几项都是按照“建筑服务”缴纳增值税。

12. A。市场调查服务属于“鉴证咨询服务”。

13. B。B 选项以物易物不属于视同销售，而是特殊的销售业务。其他选项都属于税法规定的视同销售行为，都应缴纳增值税。

14. B。个体工商户只要符合一般纳税人资格登记条件，即可申请登记为一般纳税人。年应税销售额是指纳税人在连续不超过 12 个月或四个季度的经营期内累计应征增值税销售额，包括纳税申报销售额、稽查查补销售额、纳税评估调整销售额、免税销售额。年应税销售额未超过规定标准的企业，但如果企业会计账簿等完整、准确，也可以登记为一般纳税人。

15. B。金融商品转让，按照卖出价扣除买入价后的余额为销售额，是按照差额确定销售额的。

16. C。利用销售额节税的关键在于销售额的大小。

17. A。应缴纳的增值税 $=66\ 950\div(1+3\%)\times3\%+17\ 098\div(1+3\%)\times2\%=1\ 950+332=2\ 282$（元）

18. D。增值税一般纳税人提供文化体育服务、装卸搬运服务、公共交通运输服务等的，可以选择简易计税方法缴纳增值税，税务咨询服务属于现代服务，按照 6%的税率征收增值税。

19. C。对于这种形式的管理费用，应该按陆路运输服务征收增值税。

20. D。包装物押金属于增值税含税销售额项目，并入销售额时，应先将其换算成不含税销售额，征收增值税。

二、多项选择题

1. ABCD。增值税征税范围主要包括销售货物、销售服务、无形资产、不动产以及提供加工、修理修配服务等。

2. ABD。根据税法的规定，纳税人销售货物价格明显偏低且无正当理由的，按以下顺序确定销售额：按纳税人最近时期同类货物的平均销售价格确定、按其他纳税人最近时期同类货物的平均销售价格确定、按组成计税价格确定。

3. BC。增值税视同销售行为中，企业之间的货物移送行为，是指两个企业之间不在同一县（市）的行为，在同一县（市）的不属于视同销售行为，外购的货物用于职工福利属于不得抵扣进项税额的范围。

4. BC。购进的贷款服务、餐饮服务、居民日常服务属于不得抵扣进项税额的范围，纳税人外购货物用于集体福利或个人消费不得抵扣进项税额。

5. ACD。纳税人采取赊销和分期收款方式销售货物的，为合同约定的收款日期的当天；无书面合同的或书面合同没有约定收款日期的，为货物发出的当天。

6. BD。出租运输工具属于有形动产租赁服务，适用 13%的税率；食用盐属于生活用品，适用 9%的税率征收增值税。

7. ABC。纳税人可以选择简易计税方法征收增值税的范围除了选项 ABC 之外，还包括县级及县级以下小型火力发电单位生产的电力。

8. AD。增值税一般纳税人将外购的货物用于简易计税项目、免税项目、职工福利等方面的，不得抵扣进项税额。

9. ACD。工程勘察勘探服务属于“现代服务——研发和技术服务”。

10. ABC。

三、判断题

1. ×。根据税法的规定，销售额中不包括未形成买方收入的单纯代垫收入，如销售货物的同时代办保险等而向购买方收取的保险费，以及向购买方收取的代购买方缴纳的车辆购置税、车辆牌照费等。

2. ×。根据税法的规定，发生以销售折扣方式销售货物的，折扣额可以从销售额中扣减，但要求折扣额和销售额在同一张发票“金额”栏上分别注明，否则不允许扣除折扣额。

3. √。根据包装物押金的规定，酒类产品中除了啤酒、黄酒以外，白酒类产品收到的包装物押金，在收到时即并入销售额征收增值税。

4. √。

5. ×。还本销售是指纳税人销售货物后，到一定期限由销售方一次或分次退还给购货方全部或部分价款，销售额就是货物销售价格，不得扣减还本支出，退还的货款即为还本支出。

6. ×。根据税法的规定，采取商业折扣方式销售货物的，金额和折扣额分别在同一张发票的金额栏和备注栏注明的，可以按扣除折扣额之后的金额计算销项税额。

7. ×。采取预收款方式销售货物的，为货物发出的当天。但生产销售、生产工期超过 12 个月的大型机械设备、船舶、飞机等货物，为收到预收款或书面合同约定的收款日期的当天。

8. √。兼营行为主要是属于多业经营的行为，因此适用不同的税率和不同的征收率的，应分别按不同的税率和不同的征收率计算缴纳增值税。

9. √。

10. √。

四、思考题

1. 答：在销售额既定的情况下，小规模纳税人应纳税款即已确定，但一般纳税人的应纳税款还需要根据其可抵扣的进项税额予以确定。可抵扣的进项税额越大，应纳税款越少；反之，可抵扣的进项税额越小，应纳税款越多。或者说，其增值率越高，应纳税款越多。在进行增值税一般纳税人和小规模纳税人身份的税收筹划时，增值率是一个关键因素，纳税人可以通过比较实际增值率与无差别平衡点增值率来作为选择纳税人身份的标准和依据，若增值率高于无差别平衡点增值率，可以通过企业分立选择成为小规模纳税人；若增值率低于无差别平衡点增值率，可以合并选择成为一般纳税人。

2. 答：销项税额的税收筹划方法包括销售方式的税收筹划、结算方式的税收筹划、销售价格的税收筹划。在销售方式的税收筹划中，纳税人要注意折扣销售、销售折扣中的销售额和折扣额的规定，利用折扣额是否能在税前扣除予以税收筹划，节约税收。在销售价格的税收筹划中，税收主要是考虑关联企业之间的转让定价，目的是促使企业的总体税负最低。在结算方式的税收筹划中，企业产品的销售形式是多种多样的，但总体上有两种类型，即现销方式和赊销方式，税法对不同的结算方式规定了不同的纳税义务发生时间。企业选择合理的结算方式，不仅可以拖延入账时间，达到延缓税款缴纳、获得资金时间价值的目的，而且可以避免不必要的税收损失。

3. 答：因为税法规定以增值税专用发票为抵扣凭证，所以一般计税方法纳税人的进货渠道不同，可抵扣的比例就不同，从而影响其实际税收负担。一般计税方法纳税人采购物品的渠道主要有以下两种选择：一是选择一般计税方法纳税人为供货单位，其可以开具应税项目适用税率的增值税专用发票；二是选择简易计税方法纳税人为供货单位，其只能开具应税项目适用征收率的增值税专用发票。此外，一般纳税人从小规模纳税人处认购的货物或接受的劳务，小规模纳税人可以到主管税务机关申请代开小规模纳税人增值税专用发票，一般纳税人可根据发票上的税额计提进项税额，抵扣率为3%。增值税一般纳税人从小规模纳税人处采购的货物在不能完全抵扣进项税额的情况下，必然会要求小规模纳税人在价格方面给予一定程度的优惠，双方就价格方面进行协商时，可以用价格折让临界点为标准进行比较和分析并作出决策。当小规模纳税人报价折扣率低于价格折让临界点时，向一般纳税人采购获得增值税专用发票可抵扣的税额大于小规模纳税人价格折扣。因此，纳税人可以考虑能否按时取得增值税专用发票，进行进项税额的抵扣，从而来考虑进货渠道。

企业在选择购货对象时，必然要考虑到税收规定的差异。第一，对于购货方为一般纳税人的，在含税采购价格相同的情况下，企业应选择从一般纳税人处采购，可抵扣进项税额高，不含税采购成本低。如果小规模纳税人的含税采购价格低于一般纳税人的含税采购价格，企业就要比较小规模纳税人的价格折扣程度是否能够弥补其进项税额较低而产生的差额，进而决定供货方。第二，对于购货方为小规模纳税人的，企业应选择含税价格较低的一方为供货方。

4. 答：全面“营改增”后，一项销售行为如果既涉及货物又涉及服务，为混合销售。从事货物的生产、批发或零售的单位和个体工商户的混合销售行为，按照销售货物缴纳增值税；其他单位和个体工商户的混合销售行为，按照销售服务缴纳增值税。上述从事货物的生产、批发或零售的单位和个体工商户，包括以从事货物的生产、批发或零售为主（纳税人每年的货物销售额与服务销售额合计数中，货物的销售额超过50%）并兼营销售服务的单位和个体工商户在内。

应注意，纳税人销售活动板房、机器设备、钢结构件等自产货物的同时，提供建筑、安装服务，不属于《营业税改征增值税试点实施办法》（财税〔2016〕36号文件印发）规定的混合销售，应分别核算货物和建筑服务的销售额，分别适用不同的税率或征收率。同时，一般纳税人销售自产机器设备的同时，提供安装服务，应分别核算机器设备和安装服务的销售额，安装服务可以按照甲供工程选择适用简易计税方法计税。

5. 答：纳税人兼营销售货物、劳务、服务、无形资产或不动产，适用不同税率或征收率的，应当分别核算适用不同税率或征收率的销售额；未分别核算的，从高适用税率。

（1）兼有不同税率的销售货物或提供加工、修理修配劳务，销售服务，无形资产或不动产，从高适用税率。

（2）兼有不同征收率的销售货物或提供加工、修理修配劳务，销售服务，无形资产或不动产，从高适用征收率。

（3）兼有不同税率和征收率的销售货物或提供加工、修理修配劳务，销售服务，无形资产或不动产，从高适用税率。

因此，对于兼营行为，在税收筹划方面，首先，合法的兼营行为在税种以及账务处理上应该严格区分不同税率的业务，纳税人可以变更经营的主业，同时结合税收中的其他税种，来选择税负较轻的税种。其次，变混合销售为兼营行为，从而能够实现针对不同税率进行分别核算、分别纳税。最后，纳税人可以选择设立独立核算的专业服务公司，改变混合销售业务的性质。例如，常见的送货上门的混合销售行为，纳税人设立了专业服务公司之后，可以实现分别核算的目的。

6. 答：税法规定，纳税人兼营不同税率的货物或劳务，应当分别核算不同税率的货物或应税劳务的销售额；未分别核算的，从高适用税率。兼有不同税率的销售货物、提供应税劳务或应税服务的，从高适用税率；兼有不同征收率的销售货物、提供应税劳务或应税服务的，从高适用征收率；兼有不同税率或征收率的销售货物或应税劳务的，从高适用税率或征收率。为了避免从高适用税率或征收率，纳税人应将不同情况下的销售额分开核算，能够为企业带来一定的税收利益。同时，纳税人在增值税税率的税收筹划中，应准确掌握增值税低税率的范围有哪些。例如，农机适用低税率，但此处的农机是指整机，不包括农机零部件。因此，若企业是生产农机零件的企业，则可以与农机整机生产企业合并或组合之后以整机的形式销售，使得相应的产品符合低税率的标准，实现节税的目标。此外，纳税人还可以在税率的税收筹划方面，通过转变企业的经营方式，将适用高税率的应税项目转变为适用低税率的应税项目，从而获得节税效益。

7. 答：根据增值税优惠政策中减免税的有关规定，纳税人可以利用减免税的规定以及机构的适当分立达到节税的目的。

根据税法的规定，农业生产者销售自产农产品免征增值税，一般纳税人从农业生产者手中购买的免税农产品或从小规模纳税人手中购买的农产品，准予按 9%或 10%的税率抵扣进项税额。如果纳税人所在的企业经常需要从农业生产者手中或相应的农场收购农产品作为产品加工原材料，那么纳税人在利用优惠政策进行税收筹划时，可以将生产产品的原材料独立设为另一个企业经营，但征税中由于上一环节相应的税票的缺失，纳税人很难抵扣进项税额，导致税额变大，那么企业后续经营中所需的原材料购进可以抵扣进项税额，节约税收。因此，纳税人在利用税收优惠政策进行税收筹划时，必须充分掌握相应的优惠政策适用的范围、时间和地区等的规定。例如，2020 年由于新型冠状病毒肺炎疫情的影响，政府又出台了一些优惠政策，但是这些优惠政策往往是有时间规定的，纳税人在进行税收筹划时，必须加以注意。

五、案例分析题

【案例 2-1】

【筹划方案】

方案一：将原价 1 000 元的商品采取打 8 折的方式销售时的纳税情况和税后利润金额计算。

应纳的增值税 = [800÷(1+13%)×13%] − [700÷(1+13%)×13%] = 11.50（元）

应交的企业所得税 = [(800−700)÷(1+13%)]×25% = 22.12（元）

税后利润 = (800−700)÷(1+13%) − 22.12 = 66.38（元）

方案二：选择采用赠送 200 元现金的方式进行促销时纳税情况和税后利润金额计算。

应纳的增值税 = [1 000÷(1+13%)×13%] − [700÷(1+13)×13%] = 34.51（元）

应纳的企业所得税 = (1 000−700)÷(1+13%)×25% = 66.37（元）

税后利润 = (1 000−700)÷(1+13%) − 66.37 − 200 = −0.88（元）

因此，两个方案相比，方案一比方案二更可取，能为企业带来更高的税后利润。赠送货币资金相当于将自己的利润也赠送出去，反而对企业不利。采用打折出售的方式，企业可以选择按扣除商业折扣后的金额确定销售额，计算销项税额以及计算企业所得税，最终影响企业的税后净利润。

【案例 2-2】

【筹划方案】

甲有限责任公司将安装工程另设立为一独立核算的公司。

甲有限责任公司的实际增值率 = (2 800+2 574−2 000)÷(2 800+2 574)×100% = 62.78%

增值税负担较重。

进一步分析发现，甲有限责任公司的安装收入比例较高，可将工程安装施工队单独组建成一个乙公司且独立核算，自行缴纳税款。工程安装收入适用的增值税税率为 6%。税收筹划后纳税情况如下：

甲有限责任公司应缴纳增值税 = 2 800÷(1+13%)×13% − 260 = 62.12（万元）

乙公司应缴纳增值税 = 2 574÷(1+6%)×6% = 145.70（万元）

合计应纳税额 = 62.12 + 145.70 = 207.82（万元）

由此可见，比较税收筹划前后，税收负担降低了。

【案例 2-3】

【筹划方案】

当增值率为无差别平衡点增值率时，一般纳税人和小规模纳税人的税负是相同的；当增值率低于无差别平衡点增值率时，小规模纳税人的税负不变，而一般纳税人因其可以抵扣进项税额，登记为一般纳税人具有降低税负的作用，小规模纳税人的税负重于一般纳税人的税负；随着增值率的升高，一般纳税人的优势越来越不明显，当增值率高于无差别平衡点增值率时，小规模纳税人的税负轻于一般纳税人的税负。

第一种情况中，该制造企业的增值率为 (489.25−391.4)÷489.25 = 20%，小于无差别平衡点增值率 25.32%。因此，该制造企业登记为一般纳税人资格后，其税负会相对较低。

第二种情况中，该制造企业的增值率为(432.6-257.5)÷432.6=40.48%，高于无差别平衡点增值率 25.32%。因此，该制造企业保持小规模纳税人身份时，其税负会相对较低。

纳税人在利用无差别平衡点增值率进行纳税人身份筹划时，还需注意以下问题：

（1）税法的相关规定。

首先，根据规定，年应税销售额超过小规模纳税人标准的其他个人按小规模纳税人纳税，非企业性单位、不经常发生应税行为的企业可以选择按小规模纳税人纳税。这说明，个人无论销售额、购进额的情况如何，即使达到一般纳税人经营规模，都必须按照小规模纳税人处理。

其次，《国家税务总局关于增值税一般纳税人登记管理办法》规定，凡年应税销售额超过小规模纳税人标准的，应当按规定办理一般纳税人资格登记，对逾期不办理一般纳税人资格登记的纳税人，其销售额依照增值税税率计算应纳税额，并且不得抵扣进项税额，直至纳税人办理相关手续为止。

最后，根据规定，除国家税务总局另有规定外，纳税人一经登记为一般纳税人资格，不得转为小规模纳税人。因此，纳税人一定要合理预测自身的年应税销售额。不是所有纳税人都可以选择身份的。

（2）企业产品的性质及客户类型。如果企业生产、经营的产品为消费品或客户多为小规模纳税人，则不受发票类型的限制，纳税人身份选择的空间较大；而如果企业产品销售对象多为一般纳税人，决定着企业受到开具增值税专用发票的制约，必须选择做一般纳税人，才有利于产品的销售。总之，纳税人在一般纳税人与小规模纳税人身份的选择上，应综合考虑自身经营的特点、税收法律规定等来选择相应的纳税人身份。

【案例 2-4】

【筹划方案】

方案一：销售额分别核算。环氧大豆油占比为 60%，进项税额为 3.9 万元；橄榄油占比为 40%，进项税额为 2.6 万元。

环氧大豆油应纳的增值税=200×60%×13%-3.9=11.7（万元）

橄榄油应纳的增值税=200×40%×9%-2.6=4.6（万元）

合计应纳的增值税=11.7+4.6=16.3（万元）

方案二：销售额未分别核算，按照增值税兼营行为的相关规定，从高适用税率征收增值税。

上述销售业务应纳的增值税=200×13%-6.5=16.5（万元）

两个方案相比，按兼营行为分别核算销售额可以节约增值税税额 0.2 万元(16.5-16.3)。

综上所述，若增值税一般纳税人发生兼营行为，适用增值税不同税率或不同征收率的销售行为，应按照税法规定分开核算不同业务的销售额，以达到节税的目的。

【案例 2-5】

【筹划方案】

从价格优惠临界点原理可知，当增值税税率为 13%，小规模纳税人的抵扣率为 3% 时，价格优惠临界点为 90.24%。或者说，价格优惠临界点的销售价格为451 200 元（500 000×90.24%）。从题中乙供应商的报价看，465 000 元大于价格优惠临界点 451 200 元，因此该汽车生产企业应从甲（一般纳税人）处采购。

从企业利润核算的角度看，该汽车生产企业从甲供应商处购进该批零部件的净成本计算如下：

净成本 = 500 000÷(1 + 13%) - [500 000÷(1 + 13%)×13% ×(7% + 3%)] = 436 725.66（元）

从乙供应商处购进该批零部件的净成本计算如下：

净成本 = 465 000÷(1 + 3%) - [465 000÷(1 + 3%)×3%×(7%+3%)] = 450 101.94（元）

由此可以看出，不论是从增值税价格临界点的角度还是从采购零部件的成本角度看，选择从甲供应商处购买对该汽车生产企业都是有利的。

【案例 2-6】

【筹划方案】

方案一：该工业企业选择登记成为一般纳税人。

应纳增值税 = 300×13%-80×13% = 28.6（万元）

方案二：该工业企业继续选择作为小规模纳税人。

应纳增值税 = 300×3% = 9（万元）

由此可见，该工业企业继续作为小规模纳税人，由于适用 3%的征收率，因此比方案一节约 19.6 万元的增值税。

【案例 2-7】

【筹划方案】

筹划前：

不得抵扣进行税额 = 进项税额×(免税、简易计税项目销售额)÷当期全部销售额 = 6.8×50÷(50+100) = 2.27（万元）

应纳增值税 = 100×13%-(6.8-2.27) = 8.47（万元）

筹划后：能将抗生素药品和免税药品的耗料情况准确划分，抗生素药品和免税药品耗料情况占比分别为 70%和 30%。

当期该制药厂应纳的增值税 = 113÷(1+13%)×13%-4.76 = 8.24（万元）

由此可见，该制药厂若能将上述业务的进项税额准确划分，则能达到节约税收的目的。若是一些大型制药企业，此种业务较多的话，准确划分进项税额则能节省更多的税收。

【案例 2-8】

【筹划方案】

方案一：继续按照租赁方式合作，则甲物流公司在该业务上应纳税费情况如下：

应纳增值税 = 72×13% = 9.36（万元）

应纳城市维护建设税、教育费附加=9.36×(7%+3%)=0.936（万元）

应纳印花税=72×0.1%=0.072（万元）

甲物流公司的净收入=72-9.36-0.936-0.072=61.63（万元）

方案二：如果甲物流公司与该公司协议，将72万元的装卸设备租赁合同变为装卸搬运作业合同，同时由甲物流公司配备两名操作人员并支付两人的年薪10万元，为该公司提供装卸服务的同时收取82万元的服务费。应纳税费情况如下：

应纳增值税=82×6%=4.92（万元）

应纳城市维护建设税、教育费附加=4.92×(7%+3%)=0.492（万元）

甲物流公司的净收入=82-10-4.92-0.492=66.59（万元）

从上述过程可以看到，方案二比方案一增收4.96万元，就该业务来说，甲物流公司应选择方案二。

【案例2-9】

【筹划方案】

方案一：收取手续费方式，双方的收入和应纳税费情况。

家电生产企业收入增加=4 000×2 500-800×2 500=800（万元）

增值税销项税额=4 000×2 500×13%=130（万元）

商场收入增加=800×2 500=200（万元）

应纳增值税=200×13%=26（万元）

城市维护建设税及教育费附加为2.6万元。

家电生产企业与商场合计销售收入增加1 000万元，应纳税费158.6万元。

方案二：视同买断方式，双方的收入和应纳税费情况。

家电生产企业收入增加=3 200×2 500=800（万元）

增值税销项税额=3 200×2 500×13%=104（万元）

商场收入增加=（4 000-3 200）×2 500=200（万元）

增值税销项税额=4 000×2 500×13%=130（万元）

增值税进项税额=3 200×2 500×13%=104（万元）

应纳增值税=130-104=26（万元）

城市维护建设税及教育费附加为2.6万元。

家电生产企业与商场合计销售收入增加1 000万元，应纳税费132.6万元。

因此，选择方案二，采用视同买断的方式对双方更为有利。

采取视同买断方式的优越性只能在双方都是一般纳税人的前提下才能得到体现，若一方为小规模纳税人，则受托方的进项税额不能抵扣，就不宜采取这种方式。

【案例2-10】

【筹划方案】

方案一中，Y公司的行为属于“从事货物的生产、批发或零售的单位和个体工商户的混合销售行为”，根据税法的规定，Y公司应该按照13%的税率计算缴纳增值税。

应税销售额=1 000÷(1+13%)=884.96（万元）

应纳增值税=884.96×13%=115.04（万元）

方案二中，Y 公司通过签订销售合同和安装合同，应该分别按照 13%和 9%的税率计算缴纳增值税。

钢结构销售业务应税销售额 = 600÷(1+13%) = 530.97（万元）

钢结构销售业务应缴纳增值税 = 530.97×13% = 69.03（万元）

钢结构安装业务应税销售额 = 400÷(1+9%) = 366.97（万元）

钢结构安装业务应缴纳增值税 = 366.97×9% = 33.03（万元）

方案二缴纳的增值税为 102.06 万元（69.03+33.03），比方案一节约增值税 12.98 万元（115.04−102.06）。

从两个方案的结果来看，Y 公司应该选择方案二。

税收筹划方案落地实施取决于买卖双方。从上述计算结果来看，对于作为具有钢结构制造、销售与安装业务范围的 Y 公司来说，方案二无疑是合算的。但交易是甲乙双方的博弈，对于甲方 Z 公司来说，两个方案所获得的进项税额、产生的采购成本是截然不同的。因此，如果 Y 公司想把方案一改为方案二，Z 公司必然对总体价格、钢结构销售额、安装业务销售额作出调整。也就是说，Y 公司给 Z 公司开一张税率为 13%的发票时，会有一个交易价格。如果 Y 公司要将业务划分为两个合同，分别开具税率为 13%和税率为 9%的发票，会形成另外一个交易价格。在 Y 公司和 Z 公司的讨价还价中，Y 公司的筹划方案是无法实现的，最终达成的结果双方都要能接受。这种一般纳税人公司之间的交易，不存在一方少缴税，另一方不多缴税；一方利润增加，另一方利润不减少的情况。但如果 Z 公司是小规模纳税人，可以采用简易计税方法，上述筹划方案有可能实现。

答案：【案例 2-11】

【案例解析】

（1）出行方式的选择。

方案一：乘长途汽车出差，可以取得注明旅客身份信息的公路客票若干张，票面金额合计 10 000 元。

可抵扣的进项税额 = 10 000÷(1+3%)×3% = 291.26（元）

方案二：乘高铁出差，可以取得注明旅客身份信息的铁路车票若干张，票面金额合计 10 000 元

可抵扣的进项税 = 10 000÷(1+9%)×9% = 825.69（元）

方案三：乘飞机出差，可以取得注明旅客身份信息的航空运输电子客票行程单若干张，票面金额合计 10 000 元

可抵扣的进项税额 = 10 000÷（1+9%）×9% = 825.69（元）

方案四：乘坐轮船出差，可以取得注明旅客身份信息的水路客票若干张，票面金额合计 10 000 元。

可抵扣的进项税额 = 10 000÷(1+3%)×3% = 291.26（元）

方案二和三比方案一和四多抵扣进项税额 534.43（825.69−291.26）元，相当于少缴纳增值税 534.43 元，若以实现税负最小化为税收筹划目标，A 公司应当选择方案二或方案三。

（2）食宿开支分配方式的选择。食宿开支分配方式的选择包括购进的贷款服

务、餐饮服务、居民日常服务和娱乐服务的进项税额不得从销项税额中抵扣。

方案一：购进餐饮服务 5 000 元，购进住宿服务 6 000 元。

可抵扣的进项税额=6 000÷(1+6%)×6%=339.62（元）

方案二：购进餐饮服务 7 000 元，购进住宿服务 4 000 元。

可抵扣的进项税额=4 000÷(1+6%)×6%=226.42（元）

方案三：购进餐饮服务 9 000 元，购进住宿服务 2 000 元。

可抵扣的进项税额=2 000÷(1+6%)×6%=113.21（元）

方案一比方案三多抵扣增值税 226.41 元（339.62−113.21），相当于少缴纳增值税 226.41 元，方案一比方案二多抵扣增值税 113.2 元（339.62−226.42），相当于少缴纳增值税 113.2 元，若以实现税负最小化为税收筹划目标，则应当选择方案一，其次是方案二，最后是方案三。

（3）从不同的供应商购进农产品的选择。

方案一：从甲农场购买，每吨含税价格为 15 000 元，取得由甲农场开具农产品销售发票。

可抵扣的进项税额=15 000×9%=1 350（元）

方案二：从小规模纳税人乙公司购买，每吨含税价格为 15 000 元，可取得乙公司开具的征收率为 3%的增值税专用发票。

可抵扣进项税=15 000÷(1+3%)×9%=1 310.68（元）

方案三：从一般纳税人丁公司购买，每吨含税价格为 15 000 元，可取得由丙公司开具的税率为 9%的增值税专用发票。

可抵扣的进项税额=15 000÷(1+9%)×9%=1 238.53（元）

方案一比方案三多抵扣增值税 111.47 元（1 350−1 238.53），相当于少缴纳增值税 111.47 元，方案一比方案二多抵扣增值税 39.32 元（1 350−1 310.68），相当于少缴纳增值税 39.32 元，若以实现税负最小化为税收筹划目标，A 公司应当优先选择方案一，其次是方案二，最后是方案三。

【案例 2-12】

【案例解析】

增值税改革对企业和消费者的影响。

（1）税率下调对企业的影响。

①企业税负。增值税所缴纳的税额占整个企业所缴纳税额的比重是最大的，税率降低，使企业税负降低，从而使企业税务成本降低，税务成本降低使企业竞争力提高，有利于企业的良性发展。

②企业利润。处于行业龙头地位的制造型企业，在增值税税率下调后，可以保持产品售价不变，不需随增值税税率下调而下调，而其采购的原材料价格却随着增值税税率下调而下调，这样一来，企业的利润就会相对增加。

③企业税收筹划。当增值税税率下调了，小规模纳税人的认定标准也进行了重新规定，企业可以选择到更多的开具增值税专用发票的供应商，或者是符合新规定的小规模纳税人，进而可以进行进项税额的抵扣，减少应纳税额。

（2）税率下调对消费者的影响。增值税税率变化对消费者的影响是综合性的，覆盖范围广，不仅涉及衣食住行、日常生活，也在改变着整个社会消费环境，渗透于消费者购买行为全过程，将直接作用于产品或劳务，税率的降低可能会刺激消费者需求的增加，助推消费者购买活动的升级。

增值税改革不仅仅是一项税制改革，更超越税制本身——不仅是减轻负担、纾解民生焦虑的惠民之举，同时也是促进结构调整、催生发展内生动力的有效措施。这是向第二个百年奋斗目标迈进，实现中华民族伟大复兴的必然要求。

改革开放以来，我国发生翻天覆地的变化，祖国繁荣昌盛，中国特色社会主义进入了新时代。新时代的青年，要坚定“四个自信”，厚植爱国主义情怀，把爱国情、强国志、报国行自觉融入实现中华民族伟大复兴的奋斗之中。

第三章　消费税筹划练习题参考答案

一、单项选择题

1. A。根据税法的规定，卷烟除了在生产环节征收消费税之外，还要在批发环节加征一道消费税。超豪华小汽车在零售环节加征一道消费税。高档手表和高档化妆品在生产环节征收消费税。

2. A。酒类产品征收消费税的税目主要是白酒、啤酒、其他酒等消费税税目，其中葡萄酒按照“其他酒”适用的税率征收消费税。

3. C。航空煤油暂缓征收消费税。

4. D。车类产品征收消费税的主要包括中轻型商用客车（10~23 座）和各类乘用车（最多 9 座）。

5. C。轮胎、卡丁车、酒精不属于消费税征收范围。

6. D。应纳消费税=[12 000×5+7 254÷(1+13%)]×20%+12 000×0.5+6 000×300×20%+6 000×4×0.5=444 419.47（元）

7. B。消费税批发环节征收的税目仅限于卷烟。零售环节征收消费税的主要是金银首饰、钻石饰品以及超豪华小汽车。

8. D。

9. B。卷烟批发环节适用的税率为比例税率 11%，定额税率为 0.005 元/支。

10. B。

11. A。只有卷烟在批发环节加征一道消费税，但不包括卷烟批发商之间销售卷烟；卷烟批发企业的机构所在地，总机构与分支机构不在同一地区的，应当汇总纳税。

12. B。消费税委托加工业务纳税义务人是委托方，但如果受托方是个人（含个体工商户），委托方须在收回加工应税消费品后向所在地主管税务机关缴纳消费税。在本题中，应该由委托方张某补缴税款。

13. D。根据税法的规定，自产自用应消税费品用于本企业连续生产应税消费品，不缴消费税；用于其他方面于移送使用时，缴纳消费税，主要包括本企业连续生产非应税消费品、在建工程、管理部门、非生产机构、馈赠、赞助、集资、广告、样品、职工福利、奖励等方面。

14. C。根据税法的规定，啤酒从量征收消费税，每吨出厂价（含包装物和包装物押金）在3 000元（含3 000元）以上的，按照250元/吨征收消费税；每吨出厂价（含包装物和包装物押金）在3 000元以下的，按220元/吨征收消费税，因此啤酒定价的高低与其纳税多少是有关系的。啤酒包装物押金不影响啤酒应纳的消费税，但会影响每吨出厂价是在3 000元以上还是3 000元以下，纳税多少与包装物押金有关。啤酒逾期押金不退时，需要缴纳增值税，不需要缴纳消费税。

15. B。根据税法的规定，金银、金基、银基合金首饰以及金基、银基合金的镶嵌首饰、钻石及钻石饰品、铂金首饰，在零售环节缴纳消费税，税率是5%；其他贵重首饰和珠宝玉石在生产、进口、委托加工环节缴纳消费税，适用税率是10%；金银首饰与其他产品组成成套消费品销售，按销售额全额征收消费税。此金店是生产企业，在生产环节征收消费税。因此，若将纯金戒指与其他产品成套销售，对企业是不利的，会导致税率高出5个百分点。

16. A。自产自用的应税消费品连续生产应税消费品的，不再缴纳消费税。A选项中用白酒连续生产酒心巧克力，白酒是征收消费税的产品，但酒心巧克力不征收消费税，因此白酒作为中间产品，在移送环节应征收消费税。

17. D。日化厂将产品通过独立核算的经销部销售，相当于将产品销售给经销部，是需要开具发票的，因此应由日化厂缴纳增值税和消费税，门市部对外销售再根据情况征收消费税，不应该按门市部价格征收日化厂这批化妆品的消费税，区别于非独立核算部门。

18. D。从税收筹划的角度来看，普遍意义上，包装物如果能够周转使用，收取包装物押金的方式比收取租金的形式对企业更有利，随同产品销售时收取的包装物租金是作为价外费用计入应税产品的销售额计税的，包装物押金如果没有逾期且能周转使用，能为企业带来节税的利益。

19. D。根据税法的规定，纳税人将自产应税消费品用于对外偿还债务、换取原材料、对外投资的，应当以纳税人同类应税消费品的最高销售价格为依据计算消费税。因此，从税收筹划的角度来看，纳税人将小汽车先对外销售，然后用销售收入对外投资，既不影响汽车厂对外投资，还能以市场销售价格核算消费税，比按最高价征收消费税节约企业税收。

20. A。应纳消费税 $=90\times10\%-50\times10\%=4$（万元）

二、多项选择题

1. ABC。

2. CD。零售金银首饰的，纳税人是零售金银首饰的单位，委托加工业务纳税人是委托方（自然人和个体工商户除外）。

3. BD。消费税应税消费品仅卷烟在批发环节征收消费税，批发环节销售的白酒征收增值税，不征收消费税，不符合题意。加油站属于销售环节，销售成品油不征收消费税，成品油属于生产环节和进口环节征收的应税消费品。

4. ABC。价外费用是指价外向购买方收取的手续费、补贴、基金、集资费、返还利润、奖励费、违约金（延期付款利息）、赔偿金、包装费、包装物租金、储备费、优质费、运输装卸费、代收款项、代垫款项及其他各种性质的价外收费，不包括同时符合两个条件的代垫运费。

5. ABD。

6. ABCD。销售白酒收取的优质费、品牌使用费、包装物租金、包装物押金均应并入销售额计征消费税。

7. ABC。委托加工应税消费品，为委托方收回的应税消费品的数量。

8. ABCD。消费税纳税人将自产的应税消费品用于其他方面的，应当视同销售缴纳消费税，主要包括对外捐赠、职工福利、用于企业非生产机构和管理部门等。

9. AB。外购已税消费税可抵扣的范围主要是处在同一纳税环节的消费税应税消费品，酒类产品中只有葡萄酒才能抵扣外购已纳的消费税，其他的酒类产品不能抵扣外购或委托加工环节已纳的消费税。D 选项中，手表和镶嵌钻石的手表不属于同一纳税环节，不能抵扣已纳的消费税。

10. AC。酒厂下设非独立核算的门市部，应该按门市部对外销售价格或销售数量征收消费税，而不是以酒厂的销售价格或销售数量作为计税依据。

三、判断题

1. ×。消费税的纳税环节包括生产环节、进口环节、批发环节和零售环节。在生产环节，纳税人生产的应税消费品由生产者销售时纳税。其中，自产自用的用于本企业连续生产的不纳税；用于其他方面的，移送使用时纳税。委托加工的应税消费品，由受托方在向委托方交货时代扣代缴。在进口环节，纳税人进口的应税消费品，由进口报关者报关进口时纳税。在批发环节，烟草在批发环节缴纳 5% 的消费税。在零售环节，金银首饰消费税由零售者在零售环节缴纳。

2. √。纳税人将不同税率的应税消费品组成成套消费品销售的，应从高适用税率。纳税人兼营适用不同消费税税率（税额）的应税消费品，应当分别核算其销售额、销售数量；未分别核算销售额、销售数量的，从高适用税率计征消费税。

3. ×。根据税法的规定，消费税纳税人将自产的应税消费品用于职工福利，应视同销售缴纳消费税。如果将自产应税消费品奖励给职工，不做销售处理的话，企业将自产产品大量用于这些方面，可能会造成大量税收流失，不利于税收的征管。

4. ×。消费税属于价内税，增值税属于价外税，应税消费品销售额为不含增值税的销售额。

5. √。

6. √。委托加工的应税消费品，除受托方为个人外，由受托方在向委托方交货时代收代缴税款；委托个人加工的应税消费品，由委托方收回后缴纳消费税。

7. √。

8. √。根据《中华人民共和国消费税暂行条例实施细则》的规定，委托加工的应税消费品直接出售的，不再征收消费税。因为消费税属于单一环节一次征收的税种，在生产和进口环节源泉征收。按照税法的规定，委托加工应税消费品的单位和个人是消费税的纳税人。委托加工的应税消费品本应由委托方收回后对外销售或自用时纳税，但考虑到消费税的课税对象绝大多数属于最终消费品，消费税又是在工业环节一次征收，而委托加工收回的应税消费品一般退出了工业生产领域以后就很难控管。因此，消费税对委托加工的应税消费品实行了由委托方收回后销售时应纳的消费税提前到加工环节征收。这样规定后，对委托方将委托加工的产品收回后直接销售的，就不再征收消费税了。

9. √。根据税法的规定，纳税人兼营销售应税消费品的，应分别核算；未分别核算的从高适用税率征收消费税，因此分别核算能够在一定程度上减轻纳税人的税负。

10. ×。消费税中所称价外费用，是指价外向购买方收取的手续费、补贴、基金、集资费、返还利润、奖励费、违约金、滞纳金、延期付款利息、运输装卸费等费用。这些价外费用可以看成纳税人的收入部分，但是消费税中还有一项包装物押金的规定，针对不同情况，分别确定是否并入销售额计算征收消费税。因此，对于白酒而言，收到的包装物押金就要并入销售额征收消费税，但此项包装物押金可能最后还需退还给购货方，并不属于纳税人收入。

四、思考题

1. 答：由于消费税是针对特定纳税人的，因此企业可以通过合并，递延纳税时间。

（1）合并会使原来企业间的购销环节转变为企业内部的原材料转让环节，从而递延部分消费税税款。如果两个合并企业之间存在着原材料供应的关系，则在合并前这笔原材料的转让关系为购销关系，应该按照正常的购销价格缴纳消费税税款；而在合并后企业之间的原材料供应关系转变为企业内部的原材料使用关系，因此这一环节不用缴纳消费税，而是递延到销售环节再征收。

（2）如果后一环节的消费税税率较前一环节低，则可以直接减轻企业的消费税税负。前一环节应该征收的税款延迟到后面环节再征收，如果后面环节的税率较低，则合并前企业间的销售额，在合并后适用了较低的税率而减轻了税负。

2. 答：纳税人销售的应税消费品，以外汇结算销售额时，应按外汇市场牌价折合成人民币销售额以后，再按公式计算应纳税额。人民币折合汇率既可以采用结算当天的国家外汇牌价，也可以采用当月 1 日的外汇牌价。企业应从减轻税负的角度考虑，根据外汇市场的变动趋势，选择有利于企业的汇率。一般情况下，越是以较低的人民币汇率计算应纳税额，越有利于减轻税负；外汇市场波动越大，进行税务筹划的必要性也越强。需要注意的是，根据税法的规定，汇率的折算方法一经确定，一年内不得随意变动。因此，纳税人在选择汇率折算方法的时候，需要对未来的经济形势及汇率走势作出恰当的判断。

3. 答：消费税的征收不同于增值税。增值税是以每个流通环节的增值额作为课征对象，体现为“道道征收”；而消费税的征收环节具有单一性，即它只是在应税消费品生产、流通或消费的某一环节征税，并不是多环节多次征收。从消费品的生产流通体制表看，国内生产的应税消费品一般要经过生产、批发、零售三个环节，进口的消费品要经过进口、批发、零售三个环节。

相对于为数众多的批发商和消费者而言，生产环节和进口环节牵涉生产经营者数量最少，从而有利于实行有效的源泉控制和保障税收征管效率，因此将消费税的征收环节确定在消费品生产流通的源头，即产制环节最为适宜。根据税法的规定，纳税人从事应税消费品生产销售的，其纳税环节一般是应税消费品的生产销售环节，且纳税人用于换取生产资料和消费资料、投资入股和抵偿债务、支付代购手续费以及在销售之外另付给购货方或中间人作为奖励和报酬的应税消费品，也属于销售范畴。纳税人将自产自用应税消费品用于连续生产应税消费品以外的其他方面，应在移送使用环节纳税。委托加工应税消费品的纳税环节确定在委托方提货时，由受托方代收代缴税款。进口的应税消费品，纳税环节确定在报关进口环节。但是，金银首饰则改在零售环节课征消费税。

在税收筹划方面，由于消费税的课征只选择单一环节，而消费品的流通还存在着批发、零售等若干个流转环节，这在客观上为企业选择一定的方式节税提供了可能。企业可以采用分设独立核算的经销部、销售公司的办法，降低生产环节的销售价格向其供货，经销部、销售公司再以正常价格对外销售。由于消费税主要在产制环节征收，企业的税收负担会因此减轻许多。但企业还需注意的是，生产厂家向经销部出售应税消费品时，只能适度压低价格；如果压低幅度过大，就属于税法所称“价格明显偏低”，此时税务机关就可以行使对价格的调整权。

4. 答：（1）根据税法的规定，应税消费品连同包装物销售的，无论包装物是否单独计价以及在会计上如何核算，均应并入应税消费品的销售额中缴纳消费税。

（2）如果包装物不作价随同产品销售，而是收取押金，此项押金则不应并入应税消费品的销售额中征税。但对因逾期未收回的包装物不再退还的，或者已收取的时间超过12个月的押金，应并入应税消费品的销售额，按照应税消费品的适用税率缴纳消费税。

（3）对既作价随同应税消费品销售，又另外收取的包装物押金，凡纳税人在规定期限内没有退还的，均应并入应税消费品的销售额，按照应税消费品的适用税率缴纳消费税。

（4）另外，根据《财政部 国家税务总局关于酒类产品包装物押金征税问题的通知》的规定，对酒类产品生产企业销售酒类产品而收取的包装物押金，无论押金是否返还及会计上如何核算，均需并入酒类产品销售额中征收消费税（啤酒、黄酒除外）。

因此，在消费税中，关于包装物的税收筹划，企业需要考虑包装物是否需要计入销售额中征税，应尽可能选择先销售、后包装的形式来销售产品，从而能将包装物押金不计入销售价格计征消费税，且遵循税法的规定，从而减轻企业的税收负担。

5. 答：当企业按照合同为其他企业加工定做产品时，先将本企业生产该产品需要耗用的原材料以“卖给对方”的名义转入往来账，待产品生产出来后，不做产品销售处理，而是向购货方分别收取材料款和加工费。也有的企业在采购原材料时，就以购贷方的名义进料。同样，某些委托加工企业为达到“避高就低”少缴税的目的，采用减少中间纳税环节来达到避税的目的。

作为消费税的纳税人，企业应事先区分清楚委托加工与自行加工哪一种方式的税负较轻。税法规定，委托加工的应税消费品由受托方向委托方交货时代收代缴税款。委托加工的应税消费品，委托方用于连续生产应税消费品的，所纳税款准予按规定抵扣；如果委托加工的应税消费品收回后直接出售的，不再征收消费税。

计算委托加工的应税消费品应缴纳的消费税与自行加工的应税消费品应缴纳的消费税的税基不同。

（1）委托加工时，受托方（个体工商户除外）代收代缴税款，税基为组成计税价格或同类产品销售价格。

（2）自行加工时，计税的税基为产品销售价格。

在通常情况下，委托方收回委托加工的应税消费品后，要以高于成本的价格售出以求盈利。不论委托加工费是大于还是小于自行加工成本，只要收回的应税消费品的计税价格低于收回后直接出售的价格，委托加工应税消费品的税负就会低于自行加工的税负。对委托方来说，其产品对外售价高于收回委托加工应税消费品的计税价格部分，实际上并未纳税。对于作为价内税的消费税，企业在计算应税所得时，消费税可以作为扣除项目，因此消费税的多少会进一步影响企业所得税，进而影响企业的税后利润。由于应税消费品的加工方式不同会导致纳税人的税负不同，因此纳税人可以进行税收筹划，特别是利用关联关系，压低委托加工成本，达到节税目的。即使没有关联关系，纳税人也可以估算委托加工费的上限，以使税负最低、利润最多。

6. 答：消费税的纳税义务发生时间，根据应税行为性质和结算方式分别按不同情况确定。

纳税人销售应税消费品的，按不同的结算方式分别为：

（1）采取赊销和分期收款结算方式的为销售合同规定的收款日期的当天，书面合同没有约定收款日期或无书面合同的，其纳税义务发生时间为发出应税消费品的当天。

（2）预收货款结算方式的，其纳税义务发生时间为发出应税消费品的当天。

（3）托收承付和委托银行收款方式的，其纳税义务发生时间为发出应税消费品并办妥托收手续的当天。

（4）委托加工应税消费品的，其纳税义务发生时间为纳税人提货的当天。

（5）纳税人自产自用应税消费品的，其纳税义务发生时间为移送使用的当天；纳税人委托加工应税消费品的，其纳税义务发生时间为纳税人提货的当天。

（6）纳税人进口应税消费品的，其纳税义务发生时间为报关进口的当天。

因此，企业在销售中采用不同的销售方式，纳税义务发生时间是不同的，从税收筹划的角度看，选择恰当的销售方式可以使企业合理推迟纳税义务的发生时间，递延税款缴纳。

7. 答：消费税按不同的消费品划分项目，税率在税目的基础上，采用“一目一率”的方法，每种应税消费品的消费税税率各不相同，这种差别为税收筹划提供了客观的条件。消费税的税率分为比例税率、定额税率和复合税率。现行消费税的比例税率最低为1%，最高为56%；定额税率最低为0.5元，最高为每征税单位250元。消费税税率的税收筹划方法主要包括利用子税目转换的税收筹划以及兼营和成套销售的税收筹划。

（1）利用子税目转换的方法。消费税在一些税目下设置了多个子税目，不同的子税目适用不同的税率，而同一税目不同子税目的项目之间有很多的共性，纳税人可以创造条件将某项子税目转为另一项子税目，在不同的税率之间进行选择，择取较低的税率纳税。另外，有些税目的子项目之间由于价格的变化而导致税率调档，如甲类啤酒和乙类啤酒，应在税率相邻等级之间合理定价。

（2）兼营和成套销售方面。根据税法的规定，纳税人兼营不同税率的应税消费品，应当分别核算不同税率应税消费品的销售额和销售数量，未分别核算的，从高适用税率。企业在兼营不同税率应税消费品的情况下，一方面要健全财务核算，做到账目清楚并分别核算不同税率的应税消费品；另一方面要选择适用的销售方式和核算方式，达到适用较低消费税税率的目的，从而降低税负。税法规定，纳税人将应税消费品组成成套销售的，需要从高适用税率征收消费税。因此，企业要对成套销售的收益与税负进行全面平衡，看有无必要搭配成成套消费品，以免造成不必要的税收负担。

五、案例分析题

【案例 3-1】

【筹划方案】

方案一：自行加工生产甲类卷烟应纳消费税税额＝1 500×56%＝840（万元）

税后利润＝(1 500－200－220－80－840)×(1－25%)＝120（万元）

方案二：委托加工成烟丝代收代缴消费税税额＝(200＋220)÷(1－30%)×30%＝180（万元）

该卷烟厂应纳消费税税额＝1 500×56%－180＝660（万元）

该卷烟厂税后利润＝(1 500－200－220－80－660)×(1－25%)＝255（万元）

方案三：该卷烟厂购进已税烟丝继续加工成甲类卷烟销售。

该卷烟厂应纳消费税税额＝1 500×56%－660×30%＝642（万元）

该卷烟厂税后利润＝(1 500－660－80－642)×(1－25%)＝88.5（万元）

该卷烟厂应选择方案二。本案例中，分别属于企业自己生产加工应税消费品销售、委托加工成半成品收回后再继续加工成应税产品销售以及购进已纳消费税产品生产应税消费品销售，可以抵扣外购消费品已纳的消费税。三个方案相比，委托加工成半成品企业税后利润最高，企业可以选择以委托加工的方式生产产品。现实中，还有委托加工成半成品企业收回后再继续加工后销售的情形，企业在进行税收筹划的时候，应该对不同方案进行比较，选择对企业最有利的方式进行生产。

【案例 3-2】

【筹划方案】

税收筹划前：A 公司应纳的消费税税额＝10 000×100×10%＝100 000（元）

税收筹划后：A 公司可以选择将摩托车先行销售后，再用销售获得的款项去购买生产摩托车使用的原材料。

A 公司应纳的消费税税额＝(6 000×200＋10 000×300)÷(200＋300)×100×10%＝84 000（元）

税收筹划后比税收筹划前节约 1.6 万元的税款。

纳税人将应税消费品用于换取生产资料、投资入股、抵偿债务等方面，应按同类应税消费品最高销售价格计算缴纳消费税。因此，消费税纳税人在实际生产经营的过程中，应合理安排换取生产资料的方式，以达到节约税收的目的。

【案例 3-3】

【筹划方案】

税收筹划前：洗面奶和面霜属于护肤品，不是征收消费税的范围；眼影和粉饼属于化妆品，按高档化妆品征收消费税。根据税法的规定，采用组合套装销售，需要按照成套消费品征收消费税。

应纳消费税税额 = 350×15% = 52.5（元）

税收筹划后：该化妆品公司将其生产的商品销售给商家时，暂时不组成套装销售，按不同商品的销售额分别核算，分别开具发票，由商家按照设计组成套装包装后再销售（将组成套装包装的地点、环节向后推移）。

应纳消费税税额 =（80+90）×15% = 25.5（元）

两种情况相比，进行税收筹划之后，每套产品可以节约 27 元的消费税。

【案例 3-4】

【筹划方案】

税收筹划前：如果丙汽车厂直接以小汽车投资，则丙汽车厂该项业务应纳消费税税额 = 35×50×5% = 87.5（万元）

筹划后：丙汽车厂实际投资额为 1 500 万元，首先向甲出租汽车公司投资 1 500 万元，然后由甲出租汽车公司向丙汽车厂购进小汽车 50 辆，价格为每辆 30 万元。和税收筹划前相比，丙汽车厂的投资汽车数量一样，投资额也一样，假设每辆 30 万元的价格完全在市场同类汽车销售价格的正常区间内，税务机关认定该价格符合相关规定。此时，丙汽车厂的应纳消费税税额 = 30×50×5% = 75（万元）

这样，丙汽车厂可以取得节税 12.5 万元的税收筹划效果。

【案例 3-5】

【筹划方案】

税收筹划前：应纳消费税税额 = 6 000÷250×150+75×6 000×56% = 255 600（元）

销售利润 = 75×6 000−29.5×6 000−255 600−8 000 = 9 400（元）

税收筹划后：该卷烟厂的每条卷烟调拨价格为 75 元，接近 70 元每条的临界点，但适用税率相差 20%，企业如果主动将每条价格调低至 70 元以下，可大大减轻税负，弥补价格下降带来的损失。假设企业将每条价格调低至 68 元，那么企业当月的纳税情况和盈利情况计算如下：

应纳消费税税额 = 6 000÷250×150+68×6 000×36% = 150 480（元）

销售利润 = 68×6 000−29.5×6 000−2 150 480−8 000 = 72 520（元）

通过比较可以发现，该卷烟厂降低调拨价格之后，销售收入减少了 4 200 元（75×6 000−68×6 000），但应纳消费税税额减少 105 120 元，税款的减少数额远远大于销售收入的减少数额，从而使得销售利润增加了 63 120 元（72 520−9 400）。

【案例 3-6】

【筹划方案】

丙企业可以通过合并丁酒厂并将其作为白酒生产车间来实现减轻消费税税负的目的。

丙企业合并丁酒厂前计算如下：

丙企业应纳消费税 = 500×10% = 50（万元）

丁企业应纳消费税 =（500×2 000×0. 5+500×2 000×4×20%）÷10 000 = 130（万元）

应纳消费税合计 = 50+130 = 180（万元）

丙企业合并丁酒厂后，丁酒厂作为丙企业的白酒生产车间。

丙企业应纳消费税 = 500×10% = 50（万元）

丁酒厂作为丙企业的白酒生产车间，生产的应税消费品白酒对于丙企业来说实际是用于连续生产另一种应税消费品药酒，因此不需要缴纳消费税。

应纳消费税合计 = 50（万元）

通过合并丁企业可以节约消费税税款 = 180−50 = 130（万元）

税法规定，纳税人生产的应税消费品，于纳税人销售时纳税。纳税人自产自用的应税消费品，用于连续生产应税消费品的，不纳税；用于其他方面的，于移送使用时纳税。由于消费税是针对特定的纳税人的，因此可以通过企业的合并递延纳税时间，合并会使原来企业间的购销环节转变为企业内部的原材料转让环节，从而递延部分消费税税款。如果后一环节的消费税税率较前一环节的低，则可以直接减轻企业的消费税税负。

【案例 3-7】

【筹划方案】

方案一：委托加工。

（1）长江公司向黄河公司支付加工费的同时，向受托方支付其代收代缴的消费税。

应纳消费税 =（200+150）÷（1−15%）×15% = 61. 77（万元）

（2）长江公司销售产品后，应纳消费税 = 1 150×15%−61. 77 = 110. 73（万元）

方案二：自行加工。

长江公司应纳消费税 = 1 150×15% = 172. 5（万元）

综上所述，在方案一和方案二中，自行加工方式下企业应交的消费税高于委托加工方式，企业应该选择委托加工方式。同时，在后续的筹划中，企业还需要结合自身情况分析，不能一概而论。

【案例 3-8】

【案例解析】

税务部门工作人员向 A 银行财务人员了解其业务流程与税务处理情况。A 银行财务人员认为，银行属于金融企业，主营业务为办理人民币存款、贷款、结算，办理票据贴现，代理发行金融债券等。《中华人民共和国消费税暂行条例》（以下简称“《消费税暂行条例》”）第一条规定，在中华人民共和国境内生产、委托加工和进口《消费税暂行条例》规定的消费品的单位和个人以及国务院确定的销售《消费税暂行条例》规定的消费品的其他单位和个人，为消费税的纳税人，应当依照《消费税暂行条例》缴纳消费税。银行的主营业务均不属于应税消费品，因此无需申报缴纳消费税。

但是，根据《消费税暂行条例》及“消费税税目税率（税额）表”、《财政部国家税务总局关于调整金银首饰消费税纳税环节有关问题的通知》等税收法规的规定，金、银和金基、银基合金首饰以及金、银和金基、银基合金的镶嵌首饰，属于消费税应税对象，并在零售环节征收消费税。A银行财务人员错误地理解了消费税相关政策，忽略了金银首饰消费税在零售环节缴纳这一要点，造成该银行近几年在开展金银首饰零售业务时，没有按时申报缴纳消费税。

经过税务部门工作人员的纳税辅导，A银行财务人员重新梳理了企业业务流程，办理税费种认定，完成消费税的补缴申报。最终，A银行补缴了近几年的消费税及附加税费，并缴纳了相应的滞纳金，共计100余万元。

A银行应优化消费税内控流程，因为消费税相关问题在实务中往往容易被商业银行忽视。目前，商业银行在售的贵金属制品，主要分为两类：一类是收藏类金银制品，主要有金条银锭、金银纪念币等为了资产保值增值持有的金银制品。另一类是金、银和金基、银基合金首饰，金、银和金基、银基合金的镶嵌首饰等金银饰品以及珠宝玉石。按照《消费税暂行条例》及“消费税税目税率（税额）表”的相关规定，金银首饰、铂金首饰和珠宝玉石应属于消费税的应税对象，金条银锭、金银纪念币等收藏类金银制品则不在消费税的征税范围之内。

最近几年，随着消费者对黄金饰品的关注度不断升高，商业银行的黄金饰品销售量持续上涨。然而，部分商业银行的业务部门与财税部门未及时沟通，对税收政策未能全面了解，也未能正确划分零售业务中的消费税应税产品种类，导致企业没有按时申报并缴纳消费税。因此，商业银行应发挥内部信息化管理系统的功能，加强业务部门与财税部门的联系，将业务数据及时反馈至财税部门，优化企业内控流程，加强与财税部门的沟通，做好消费税税务风险的管控工作。

第四章　企业所得税筹划练习题参考答案

一、单项选择题

1. B。国债利息收入，符合条件的居民企业之间的股息、红利等权益性收益均为免税收入，财政拨款为不征税收入，存款利息收入为企业所得税的应税收入。

2. B。一般来说，公司制企业应先就企业所得缴纳企业所得税，公司对个人投资者分配股息、红利的，还要代扣其个人所得税，存在重复课税。合伙企业比照个体工商户仅征收个人所得税，不存在重复课税，因此公司制企业税收负担更重。公司的营业亏损可以在一定年限内进行税前弥补，但不能分摊给股东，无法冲抵个人所得税。

3. C。建立子公司一般需要复杂的手续，并且需要具备一定的条件，财务制度较为严格，必须独立开设账簿，还需要复杂的审计和证明，经营亏损不能冲抵母公司利润，与母公司的交易往往是税务机关反避税审查的重点内容。分公司与总公司之间的资本转移，因为不涉及所有权变动，所以不必缴纳税款。子公司作为独立法人主体可以享有东道国给其居民企业同等的税收优惠政策，如免税期、低税率等。

4. A。子公司独立承担企业所得税的纳税义务，与母公司各自以其独立的财产承担责任，可以享有东道国给其居民公司同等的优惠待遇。分公司的亏损可以冲抵总公司的利润。

5. D。个人独资企业因不具备法人资格不属于企业所得税纳税人。

6. C。商誉属于无形资产。

7. C。在税法允许的前提下，采用双倍余额递减法进行固定资产折旧可以将成本提前扣除，减少应纳税所得额，实现递延纳税，获得资金的时间价值。

8. B。根据《中华人民共和国企业所得税法》的规定，企业与其关联方共同开发、受让无形资产，或者共同提供、接受劳务发生的成本，在计算应纳税所得额时应当按照独立交易原则进行分摊。

9. C。按照我国税法的规定，企业当期发生的亏损，可以用以后 5 年税前利润进行弥补。

10. D。有限责任公司、股份有限公司、私营企业均需要根据规定缴纳企业所得税，再就个人投资者分配的股息、红利缴纳个人所得税，存在重复课税。个人独资企业仅征收个人所得税，不存在重复课税。因此，从税收负担来说，个人独资企业的形式更佳。

11. A。销售货物时，了解到对方的资金周转情况不好，应采用分期收款方式销售，可以分期确认收入，若采用直接收款法，则会提前垫付税款。

12. C。在对企业结算方式进行税收筹划时，主要分为采购结算方式的税收筹划和销售结算方式的税收筹划。

13. A。以经营租赁方式租入的固定资产不得提取折旧，以经营租赁方式租出的固定资产、以融资租赁方式租入的固定资产、经营生产用设备可以提取折旧。

14. D。对合理提前所得年度或合理推迟所得年度，从而起到减轻税负或延期纳税的作用，这种税务处理属于企业成果分配中的税收筹划。

15. A。预提是指在费用尚未支付以前按一定比例提前计入成本费用；待摊是在费用支付后按一定比例分摊计入成本费用。因此，从税收筹划的角度看，企业应尽量预提而不是待摊。各项支出凡是能直接计入营业成本、期间费用和损失的不计入成本。各项支出凡是能计入成本的不计入资产。费用扣除的基本原则是就早不就晚，这样才有利于企业获得税收利益。

16. C。非居民纳税人较居民纳税人的纳税义务更少，因此企业进行税收筹划时，应当尽可能成为而不是避免成为非居民纳税人，才能达到节省税金支出的目的。许多外商投资企业和外国企业将实际管理机构设在低税负区，或者在低税负区设立销售公司，之后以该销售公司的名义从事营销活动。这种方法并非对所有的商品转让都适合。税负不能转嫁或很难转嫁的为直接税。

17. A。从是否可调整的角度看，税收递延涉及的是时间性差异。永久性差异的发生是由于所得税法与会计准则的实质性差别所引起的，因此不存在递延问题。会计所得与计税所得的差异包括时间性差异和永久性差异。

18. D。企业的赞助支出不允许在企业所得税应纳税所得额中据实扣除。

19. B。香料作物的种植减半征收企业所得税，糖料作物的种植、油料作物的种植、麻料作物的种植免征企业所得税。

20. A。纳税人在计算企业所得税应纳税所得额时，企业发生的下列项目中，职工教育经费不超过规定比例的部分准予在税前扣除；超过部分准予在以后纳税年度结转扣除。

二、多项选择题

1. AB。合伙企业与公司制企业在进行税收筹划时应考虑税收负担和经营风险。

2. ABCD。分公司与子公司在法律地位、设立手续、核算和纳税形式以及适用税收优惠方面均不同。

3. BC。个人独资企业和合伙企业不需要缴纳企业所得税。

4. ABC。母子公司之间不可以盈亏互抵纳税。

5. ABCD。

6. ABCD。企业在重组兼并中，纳税地点、纳税时间、纳税主体、纳税环节的改变，都可能会为企业提供一定的税收筹划空间。

7. BC。当企业从生产经营环节进行税收筹划时，主要从对成本的合理调整和收入实现的时间、金额等方面进行税收筹划。

8. ABC。成本费用调整法主要是通过对存货计价法、折旧计算法、费用分摊法来实现的。

9. ABC。固定资产折旧方法包括直线法、年数总和法、双倍余额递减法。

10. ACD。对方资金周转情况不太好时，采用直接收款方式会造成企业提前垫付税款。

11. ABD。根据税法的规定，允许税前扣除的广告费支出，必须满足通过一定的媒体传播、已实际支付费用并已取得相应发票、通过工商部门批准的专门机构制作等条件。非广告性质的赞助支出不得税前扣除。

12. ABCD。子公司是独立法人实体，因此在设立公司的所在国被视为居民纳税人，通常要承担与该国其他居民企业一样的全面纳税义务。一般情况下，母公司所在国的税收法规对子公司不具有约束力，除非其所在国之间缔结的双边税收协定有特殊规定。分公司不是独立的法人实体，其发生的利润及亏损与总公司合并计算，人们称之为“合并报表”。分公司与总公司经营成果的合并计算所影响的是居住国的税收负担，至于分公司所在的东道国，一般不对归属于分公司本身的收入课税。

13. BCD。亏损企业应选择能使本期成本最小化的计价方法，使成本费用尽量在利润多的年度扣除，降低应纳税所得额；盈利企业应尽可能缩短折旧年限并采用加速折旧法，采用双倍余额递减法和年数总和法计提折旧可以降低盈利企业的税负。在物价维持下跌的情况下，采用先进先出法能够降低企业所得税负担。

14. AD。从税收角度考察，合并有大量经营亏损的企业、合并高新技术企业有税收利益。

15. BC。提前实现获利年度会使企业提前纳税，筹建期间的费用扣除标准相对正常经营期间来说额度较高。因此，一般情况下，在日常税收筹划过程中，纳税人可以从推迟计税依据的实现和选择合理的费用分摊方法方面来进行计税依据的税收筹划。

三、判断题

1. ×。纯粹从所得税方面来考虑，个体工商户的税负较私营企业的税负略轻。

2. √。在我国，个人独资企业和合伙企业不征收企业所得税。

3. ×。在分支机构发生亏损时，分公司比子公司可以享受更多的税收利益。

4. √。企业选择设立分支机构时，还要考虑开立要求、财务制度等非税因素的影响。

5. ×。外国政府债券利息收入征收企业所得税。

6. ×。一家盈利企业选择一家亏损企业实行合并，可以实现其盈利与亏损的抵消，降低应纳税所得额，从而降低企业整体的所得税负担。如果合并中出现亏损，企业还可以实现延迟纳税的好处。

7. ×。所得税类一般不存在转嫁问题，因此被称为直接税。间接税是指税负可以转嫁的税种，如流转税。

8. ×。企业的直接捐款不可以在计算应纳税所得额时扣除。

9. ×。企业在计算应纳税所得额时，其向非金融机构借款的利息支出不可以按实际发生数扣除。按照规定，不超过按照金融企业同期同类贷款利率计算的数额的部分，准予扣除；超过部分，不得扣除。

10. ×。在中国境内未设立机构、场所的非居民企业，若有来源于我国的所得，则需要在中国境内纳税。

四、思考题

1. 企业设立从属机构时可以选择子公司或分公司。两者的不同之处主要有以下三点：

第一，设立手续不同。在异地创办独立核算的子公司，需要办理许多手续，设立程序相对复杂，开办费用也较大；设立分公司的程序相对比较简单，费用开支比较少。

第二，核算和纳税形式不同。子公司是独立法人企业，应独立计算并独立申报纳税；分公司不是独立法人企业，由总公司进行核算盈亏和统一纳税，若有盈亏的，可以相抵后纳税，减轻当期税负。

第三，税收优惠不同。子公司是独立法人，承担全面纳税义务，可以享受包括免税期、优惠税率等在内的各种税收优惠政策；分公司和办事处作为非独立法人，不能享受这些优惠待遇。

2. 个人独资企业不具备法人资格，不是我国企业所得税纳税人，对个人独资企业比照个体工商户的生产、经营所得，适用五级超额累进税率，仅征收个人所得税。公司制企业要依照规定先就企业所得缴纳企业所得税，再就个人投资者取得的股息、红利缴纳个人所得税。显然，这里存在经济性重复课税现象，公司制企业投资者承担双重税负。因此，对于即将设立企业的投资者来讲，其可以选择个人独资企业，避免成为企业所得税纳税人，避免经济性重复课税，实现税收筹划。当然，纳税人在进行这方面的税收筹划时，应充分考虑各方面的因素，因为选择不同性质的企业形式，其经营风险不同。个人独资企业虽然不用缴纳企业所得税，但需承担无限责任，风险较大；而有限责任公司只承担有限责任，风险相对较小。

3. 在公司盈利的情况下，采用不同的折旧计提方法不会对未来的利润总额产生影响，但是会影响应纳税额在时间上的分布。考虑到资金的时间价值和对公司现金流量的影响，采用缩短折旧年限法和加速折旧法（双倍余额递减法或年数总和法）比直线法能获得更多的抵税收益。但需要注意的是，当企业计划购买固定资产时，应选择具有税收筹划效应的时间点。同样的固定资产投资行为，如果发生在企业利润较多的时期，就可以进行税前扣除。如果企业处于享受税收优惠阶段，加速折旧反而可能会多纳税，因此要避免在享受税收优惠的年度提取过高的折旧费用。如果发生在亏损时期，缩短折旧年限或加速折旧不能产生税收筹划收益。

4. 根据我国税法的规定，对不同企业适用不同的企业所得税税率，因此纳税人可根据自身情况运用企业所得税税率进行税收筹划。企业所得税税率一般有以下几种税收筹划方法。

（1）由于居民企业较非居民企业的纳税义务更多，因此外国企业［一般依照外国（地区）法律成立］可以通过不在中国境内设立实际管理机构成为非居民纳税人，从而适用有限纳税义务的税收政策；或者不在中国境内设立机构场所，从而适用低税率，降低企业所得税税负。

（2）由于对国家重点扶持的高新技术企业、经认定的技术先进型服务企业减按15%的优惠税率，对小型微利企业减按20%的优惠税率征收企业所得税，因此企业可以根据自身情况，通过合理合法的方法使自身满足国家重点扶持的高新技术企业、经认定的技术先进型服务企业或小型微利企业的所有标准，从而适用优惠税率进行税收筹划。

（3）对于既有适用25%税率也有适用20%税率以及15%税率的企业集团而言，可以适当将适用25%税率的企业的收入转移到适用20%税率或15%税率的企业中，从而适当降低企业集团的所得税负担。需要注意的是，通过关联交易转移利润应注意幅度的把握，明显的利润转移会受到税务机关的关注和反避税调查。

5. 由于小微企业可以适用20%的优惠税率缴纳企业所得税，因此若企业规模不大，在人数、资产规模、利润等方面与税法认定的小微企业情况相近时，企业可以通过合理合法的方法使自身满足小微企业的所有条件，从而适用小微企业的税收优惠进行税收筹划。例如，当纳税人可以预测到应纳税所得额刚好超过小微企业的所得额临界点时，可以事先增加一些合理的费用支出或适当捐赠，使得应纳税所得额不超过小微企业的所得额临界点，从而满足小微企业的标准，适用优惠税率，减轻纳税人的税收负担。如果纳税人企业集团下设有非独立核算的分支机构，应纳税所得额较高时，也可以通过分立，使每个分支机构都符合小微企业的标准，从而享受小微企业的税收优惠。

6. 企业“三新”（新技术、新产品、新工艺）研究开发费用，2018 年至 2020 年 12 月 31 日，未形成无形资产计入当期损益的，在按照规定据实扣除的基础上，再按照研究开发费用的 75%加计扣除；形成无形资产的，按照无形资产成本的 175%摊销。企业可以通过增加对新产品、新技术的研发从而适用研发费用的加计扣除政策来进行税收筹划。

7. 企业安置残疾人员所支付工资费用的加计扣除，是指企业安置残疾人员的，在按照支付给残疾职工工资据实扣除的基础上，按照支付给残疾职工工资的 100%加计扣除。残疾人员的范围适用《中华人民共和国残疾人保障法》的有关规定。因此，在不影响正常生产经营的前提下，企业可以通过招聘残疾人员来使用此税收优惠政策进行税收筹划，降低应纳税额。

五、案例分析题

【案例 4-1】

【筹划方案】

由于该项工作不需要职工具备特殊技能且可以坐在椅子上从事工作，那么具有一定腿部残疾的人员也可以胜任。因此，该公司可以通过招用残疾人员来进行税收筹划。根据税法的规定，该公司可以享受按实际支付给残疾职工工资的 100%加计扣除的优惠政策。

3 年内，支付给残疾职工的工资可以为企业节约企业所得税 = 0.4×50×12×3×25% = 180（万元）

【案例 4-2】

【筹划方案】

方案一：进行非公益性捐赠或不通过我国境内非营利性社会团体、国家机关进行公益性捐赠。

该方案不符合税法规定的公益性捐赠条件，捐赠额不能在税前扣除，需调增应纳税所得额。

该企业 2021 年度应当缴纳企业所得税 =（2 000+300）×25% = 575（万元）

方案二：通过我国境内非营利性社会团体、国家机关进行公益性捐赠，并且在当年全部捐赠。

该方案捐赠额在法定扣除限额内的部分可以据实扣除，超过的部分只能结转以后年度扣除。

捐赠支出应调增所得额 = 300−2 000×12% = 300−240 = 60（万元）

企业应纳所得税 =（2 000+60）×25% = 515（万元）

方案二比方案一在 2021 年少纳企业所得税 = 575−515 = 60（万元）

【案例 4-3】

【筹划方案】

分店在法律形式上属于分公司，需要与总公司汇总纳税。

10 家分店每年合计缴纳企业所得税 = 90×10×25% = 225（万元）

税收筹划方案：由于每家分店均满足小型微利企业的条件，如果设置为子公司

（可称为连锁店），可以分别享受小型微利企业的税收优惠。

在子公司模式下，该10家连锁店每年合计缴纳企业所得税=90×25%×20%×10=45（万元）

通过税收筹划，每年节税=225-45=180（万元）

【案例4-4】

【筹划方案】

方案一：该企业如果注册登记为个人独资企业，应按照个体工商户生产、经营所得缴纳个人所得税。

应纳个人所得税=1 500 000×35%-65 500=459 500（元）

企业税后净收益=1 500 000-459 500=1 040 500（元）

方案二：该企业如果注册登记为有限责任公司，应先以法人身份计算缴纳企业所得税，之后分配给投资者的税后利润还应按照股息、红利所得计算缴纳个人所得税。

总税收负担=1 500 000×25%+1 500 000×(1-25%)×20%=600 000（元）

企业税后净收益=1 500 000-600 000=900 000（元）

该企业作为有限责任公司比个体工商户多缴纳税额=600 000-459 500=140 500（元）

【案例4-5】

【筹划方案】

如果新招聘员工的工作是残疾人也可以完成的，该企业招聘残疾人，可以享受加计扣除的优惠。

若安置残疾人25人，平均月工资为5 000元，不考虑其他因素，相关计算如下：

加计扣除额=5 000×12×25=1 500 000（元）

加计扣除而节省的企业所得税=1 500 000×25%=375 000（元）

企业要享受残疾人工资加计扣除和减免残疾人保障金的政策优惠，并不是聘用残疾人员工就可以了，还要满足相关法律、政府文件规定的条件并完成相关程序。

【案例4-6】

【筹划方案】

在方案一中，由于广告费超出扣除限额450万元（1 800-9 000×15%），尽管超支的广告费可以无限期得到扣除，但要提前缴纳所得税112.5万元（450×25%）。

在方案二中，若南方地区销售公司销售收入仍为8 000万元，这样A企业向南方地区销售公司移送产品可以按照出厂价销售。产品的出厂价为7 000万元，A企业准予扣除的广告费限额为1 200万元［（1 000+7 000）×15%］，南方地区销售公司准予扣除的广告费限额为1 200万元（8 000×15%），这样集团整体的广告费可由A企业和南方地区销售公司分担，分别在A企业和销售公司的销售限额内列支，且均不做纳税调整。同时，由于销售公司对外销售的价格不变，整体增值额不变，也不会加重总体的增值税负担。从税收角度看，对集团整体来说，方案二比方案一更好。

上述独立销售公司的设立，不仅使整个集团的广告宣传费扣除限额得到提高，业务招待费扣除限额也同样得以提高。

【案例 4-7】

【筹划方案】

方案一：若企业投资国债。

投资收益=2 000×6%=120（万元）

根据税法的规定，国债的利息收入免缴所得税，则税后收益为 120 万元。

方案二：若企业投资金融债券。

投资收益=2 000×7%=140（万元）

税后收益=140×(1-25%)= 105（万元）

从税务角度分析，选择国债投资对企业更有利。

【案例 4-8】

【筹划方案】

折旧作为非付现成本，具有抵减企业所得税的作用。也就是说，折旧年数越短，则年折旧额就越大，从而使得利润越低，应纳所得税额也就越小。因此，在盈利期间，企业应尽量按照上述规定的最低年限对固定资产进行折旧；反之，在减免税期间，企业应尽量采用较长的折旧年限对固定资产进行折旧。

方案一：按 5 年计提折旧。

5 年每年折旧额=300×(1-5%)÷5=57（万元）

5 年每年应纳企业所得税=(1 000-57)×25%=235. 75（万元）

5 年企业所得税支出折合到 2020 年年初的现值=235. 75×(P/A ,10%,5)=235. 75×3. 790 8=893. 68（万元）

方案二：按 3 年计提折旧。

前 3 年每年折旧额=300×(1-5%)÷3=95（万元）

前 3 年每年应纳企业所得税=(1 000-95)×25%=226. 25（万元）

后 2 年每年应纳企业所得税=1 000×25%=250（万元）

5 年企业所得税支出折合到 2020 年年初的现值=226. 25×(P/A, 10%3)+250×[(P/A, 10%,5)-(P/A, 10%,3)]=226. 25×2. 486 9+250×(3. 790 8-2. 486 9)=888. 64（万元）

方案二比方案一能获得更多的税收利益，因此甲公司应当选择方案二。由于未来盈利或亏损具有一定的不确定性，因此有时会限制此类税收筹划方法的运用。

【案例 4-9】

【筹划方案】

（1）采用直线法提取折旧。

全部折旧的现值=100 000×8. 514=851 400（元）

（2）采用加速折旧法提取折旧。

全部折旧的现值=600 000×0. 909+500 000×0. 826+400 000×0. 751+300 000×0. 683+200 000×0. 621=1 587 900（元）

根据分析，加速折旧法可以在未来为企业减少 736 500 元（1 587 900-851 400）

的应纳税所得额。

在25%的税率下，加速折旧法可以为企业降低184 125元（736 500×25%）的企业所得税。因此，从税收角度考虑，加速折旧法更有利。

【案例4-10】

【筹划方案】

选择方案一，捐赠无法在税前扣除，导致A公司多缴纳企业所得税＝500×25%＝125（万元）

选择方案二，捐赠无法在当年全部税前扣除，导致当年多缴纳企业所得税＝（500－3 000×12%）×25%＝35（万元）

选择方案三，捐赠可以在当年和第二年全部税前扣除，不额外增加企业的税收负担。因此，仅从税收角度考虑，方案三最优。

【答案】

【案例4-11】

（1）若选择成立个人独资企业。

税收负担＝200 000×20%－10 500＝29 500（元）

（2）若该企业符合小型微利企业标准，即

应纳企业所得税＝年度应纳税所得额<100万元的部分，减按25%计入应纳税所得额，按20%税率计税，再减半征收。

应纳企业所得税＝200 000×25%×20%×50%＝5 000（元）

若企业将税后利润全部配给投资者，则按“利息、股息、红利所得”缴纳个人所得税。

应纳个人所得税＝（200 000－5 000）×20% ＝ 39 000（元）

税收负担＝5 000+39 000＝44 000（元）

若该企业不满足小型微利企业的相关条件，则不满足上述小型微利企业的税收优惠政策。

税收负担＝200 000×25%+200 000×（1－25%）×20%＝80 000（元）

因此，仅从税收角度考虑，小明应选择成立个人独资企业，从而使得税收负担最轻。

【案例4-12】

【案例解析】

森马服饰为证明其行为并非避税行为，应当证明其交易的合理性。第一，股权收购的手续相对简单，仅需要进行股东的变更登记即可；第二，森马服饰将继续保持华人实业的法人地位，并将继续从事生产经营活动；第三，股权收购和资产收购都是企业常用的收购手段，都是常规性商业交易行为，并非异常交易形式。最终，当地税务机关并未对该收购行为进行反避税调查。

第五章　个人所得税筹划练习题参考答案

一、单项选择题

1. D。费用扣除标准为每人每月 5 000 元，则每人应税所得为 40 000 元，即 (40 000+5 000×12)-5 000×12=40 000 元。适用 10%的个人所得税税率，速算扣除数为 1 500，应纳个人所得税税额为 40 000×10%-1 500=2 500 元。三位合伙人共计应纳税额为 2 500×3=7 500 元。甲、乙、丙三人的所得税负担率均为 7 500÷120 000×100%=6.25%。

2. D。扣缴义务人在发放个人因同一作品在报刊上连载取得的收入时，以连载完成后取得的所有收入合并为一次，预扣预缴个人所得税。刘某该项稿酬所得应预扣预缴的个人所得税=(8 000×3+4 000×3)×(1-20%)×14%=4 032（元）

3. D。纳税人发生的纯公益性捐赠支出，可以在税前从应税所得额中全额扣除的说法不正确，尚无此项规定。

4. D。个人转让自用达 5 年以上并且是唯一的家庭居住用房取得的所得，属于暂免征收个人所得税的所得项目。

5. C。依照税法规定计算的应纳税额是指纳税人从中国境外取得的所得，区别不同国家或地区和不同应税项目，依照税法规定的费用减除标准和适用税率计算的应纳税额；同一国家或地区内不同应税项目的应纳税额之和，为该国家或地区的扣除限额。

6. A。根据《中华人民共和国个人所得税法》的规定，居民纳税义务人是指在中国境内有住所，或者无住所而在中国境内居住满 183 天的个人。

7. D。个人作品以图书、报刊形式出版和发表取得的所得按稿酬所得计征个人所得税。

8. C。在中国境内无住所又不居住，或者无住所而一个纳税年度内在中国境内居住累计不满 183 天的个人，为非居民个人。在 2020 年度和 2021 年度，约翰的在华时间都没有超过 183 天，因此这两年都属于我国的非居民个人。

9. B。国债利息收入免征个人所得税。股息所得应纳个人所得税=16 000×50%×20%+7 000×20%=3 000（元）

10. C。收入额=20 000×(1-20%)×70%=11 200（元）

11. C。直接捐赠不能在计算应纳税所得额时扣除。该笔收入应预缴的个人所得税=20 000×(1-20%)×20%=3 200（元）

12. D。选项 A、B、C 不得税前扣除。

13. A。工资、薪金所得，劳务报酬所得，稿酬所得，特许权使用费所得属于综合所得，居民个人按纳税年度合并计算个人所得税。

14. B。根据我国目前个人收入的构成情况，税法规定，对于一些不属于工资、薪金性质的补贴、津贴，或者不属于纳税人本人工资、薪金所得项目的收入，不予征税。具体包括独生子女补贴，执行公务员工资制度未纳入基本工资总额的补贴、津贴等差额和家属成员的副食品补贴，差旅费津贴、误餐补助，外国来华留学生，领取的生活津贴费、奖学金等。

15. D。选项 A、B、C 按照财产转让所得征税。

16. D。个人捐赠北京 2022 年冬奥会、冬残奥会、测试赛的资金和物资支出可以在计算个人应纳税所得额时予以全额扣除。

17. A。罚金、罚款和被没收财物的损失是不允许税前扣除的。

18. D。根据个人所得税相关规定，计算财产转让所得时准予按财产原值和合理费用进行扣除。

19. D。私营企业可能是企业所得税的纳税义务人。个人独资企业和合伙企业投资者是个人所得税的纳税义务人。

20. A。工资属于由雇主发放给雇员的，个人独资企业的业主每月虽然名义上在领取工资，但实质上不属于个人所得税上所称的工资、薪金所得范畴，而是其生产经营所得，因此不能扣除。

二、多项选择题

1. ABCDE。

2. ACE。

3. ACE。对企事业单位的承包经营、承租经营所得，以每一纳税年度的收入总额，减除必要费用后的余额，为应纳税所得额。利息、股息、红利所得，偶然所得和其他所得，以每次收入额为应纳税所得额。

4. ABD。C 选项属于纳税项目转换与选择的税收筹划。E 选项属于费用转移筹划法。

5. AC。个人取得的国债和国家发行的金融债券利息所得免税，不包括企业债券利息。中国铁路建设债券属于企业债券，不属于财政部发行的债券和经国务院批准发行的金融债券。因此，个人持有中国铁路建设债券而取得的利息所得，不属于可以免纳个人所得税的“国债和国家发行的金融债券利息”的范围，必须缴纳个人所得税。根据相关规定，个人投资者买卖基金单位获得的差价收入，在对个人买卖股票的差价收入未恢复征收个人所得税以前，暂不征收个人所得税。

6. ABC。选项 D，个人兼职取得的收入，按劳务报酬计税。

7. BCD。选项 B，按照“经营所得”项目征税；选项 C，按照“偶然所得”项目征税；选项 D，按照“工资、薪金所得”项目征税。

8. BD。选项 A，业主的工资、薪金不可以税前扣除；选项 C，业务招待费按照实际发生额的 60%和销售（营业）收入的 5‰孰低扣除。

9. ABD。选项 C，按“经营所得”项目缴纳个人所得税。

10. ABCD。个人所得税专项附加扣除是指税法规定的子女教育、继续教育、大病医疗、住房贷款利息、住房租金、赡养老人 6 项专项附加扣除。

三、判断题

1. ×。在中国境内无住所，在中国境内居住累计满 183 天的年度连续不满 6 年的个人，经向主管税务机关备案，可以就其来源于中国境外且由境外单位或者个人支付的所得，免予缴纳个人所得税。

2. √。

3. ×。个人担任外部董事职务所取得的董事费收入，属于劳务报酬所得性质，按照劳务报酬所得项目征收个人所得税。

4. ×。我国税法规定，纳税义务人从中国境外取得的所得，准予其在应纳税额中扣除已在境外缴纳的个人所得税税额，但扣除额不得超过该纳税人境外所得依照我国税法规定计算的应纳税额。

5. √。

6. ×。个人将其所得通过中国境内的社会团体、国家机关向社会公益事业以及遭受严重自然灾害地区、贫困地区捐赠，捐赠额未超过纳税义务人申报的应纳税所得额30%的部分，可以从其应纳税所得额中扣除。

7. √。

8. ×。《中华人民共和国个人所得税法》中居民纳税人身份判定的相关规定中，关于“中国境内”的概念，是指中国大陆地区，目前还不包括我国香港、澳门和台湾地区。

9. ×。个人办理内部退养手续后从原任职单位取得的一次性收入，应按规定计征个人所得税。

10. ×。作者将自己的文字作品手稿原件或复印件拍卖取得的所得，按照“特许权使用费所得”项目适用20%的税率缴纳个人所得税。

四、思考题

1. 答：综合所得是税法最新引入的征收项目，该项目将过去征税范围内的工资、薪金，劳务报酬，稿酬，特许权使用费进行按年综合征收，扣除一定费用标准后，适用七级超额累进税率。对其进行税收筹划的方法主要有如下几种：

（1）工资、薪金福利化的税收筹划。取得高薪是提高一个人消费水平的主要手段，但因为工资、薪金的个人所得税的税率是累进的，当累进到一定程度时，新增薪金带给纳税人的可支配现金将会逐步减少。因此，把纳税人的工资转为提供福利，一样可以增加其消费性满足，并可以少缴个人所得税。例如，企业向企业员工提供住所、假期旅游津贴、福利设施等。

（2）纳税项目转化与选择的税收筹划。由于计入综合所得的各项收入的计税收入额不同，或者说各项收入在计入综合所得时扣除的费用额不同，因此利用计税收入额的差异进行税收筹划是节税的一个重要思路。在某些情况下将工资、薪金所得转化为劳务报酬所得、稿酬所得就会节约税收。

（3）最新规定的专项附加扣除允许纳税人进行适当选择，也提供了一定的税收筹划空间。例如，纳税人可以选择租房还是买房，利用子女教育费用专项附加扣除进行税收筹划，利用继续教育专项附加扣除进行税收筹划，对年终奖进行税收筹划等。

（4）纳税人还可以利用依法确定的其他扣除项目进行税收筹划，如利用企业年金、职业年金进行税收筹划，购买符合规定的商业健康保险，利用税收递延型商业养老保险实现递延纳税等。

2. 答：对于适用累进税率的纳税项目，应纳税的计税依据在各期分布越平均，越有利于节省纳税支出。“削山头”法指的是将纳税人的工资、薪金所得在各期进行分摊，使其在各期平均分布，从而降低边际税率，节省税收支出。当然，综合所得目前适用跨年平均的方式。

收入平均化的手段通常有以下两种：

（1）劳务报酬跨年分次支付的税收筹划，即纳税人和劳务报酬的支付人商议，把本应该集中支付的劳务费在不同年度内支付，使每年该劳务报酬的支付比较平均，从而使得纳税人的年度综合所得适用较低的税率。同时，这种支付方式也使得支付人不必一次性支付较高费用，减轻了其经济负担，支付人也会比较乐意去做。

（2）稿酬的分期税收筹划。同劳务报酬类似，纳税人可以通过系列丛书、再版等方式，将一年内集中获得的稿酬收入跨年度平均，尽量规避高税率，适用较低档次税率。但是，纳税人同时应该注意一些现实存在的限制条件，如市场的供需状况等。

3. 答：向居民纳税人支付劳务报酬所得时，按次或按月预扣预缴税款，以每次收入减除费用后的余额为收入额，每次收入不超过 4 000 元的，减除费用按 800 元计算；每次收入 4 000 元以上的，减除费用按 20%计算。此外，劳务报酬按应纳税所得额的多少适用 20%~40%的三档累进预扣率。计算公式如下：

每次收入不超过 4 000 元的：

每次（每月）应预扣税额=(收入额-800)×适用预扣率

每次收入超过 4 000 元的：

每次(每月)应预扣税额=收入额×(1-费用扣除率)×适用预扣率-速算扣除数

4. 答：稿酬收入在预扣预缴税款时的税收筹划方法主要包括以下四种。

（1）系列丛书税收筹划法。如果一本书可以分成几个部分，以系列丛书的形式出现，则该作品将被认定为几个单独的作品，单独计算纳税，这在某些情况下可以为纳税人节省不少税款。

（2）著作组税收筹划法。如果一项稿酬所得预计数额较大，还可以考虑使用著作组筹划法，即一本书由一个人写改为由多个人合作创作。

（3）再版税收筹划法。这种税收筹划方法就是在作品被市场看好时，与出版社商量采取再版的办法，以减少每次收入量，节省税款。

（4）增加前期写作费用税收筹划法。一般的做法是和出版社商量，让其提供尽可能多的设备或服务，这样就将费用转移给了出版社，作者基本上不负担费用，使得自己的稿酬所得相当于享受到两次费用抵扣，从而减少应纳税额。

5. 答：个体工商户缴纳个人所得税的应纳税所得额为收入减去发生的成本、费用，因此合理扩大成本费用开支、降低应纳税所得额是个体工商户进行税收筹划的主要方法。个体工商户利用扩大费用列支节税的方法主要有以下几种：

（1）尽可能把一些收入转换成费用开支。因为个人收入主要用于家庭的日常开支，而家庭的很多日常开支项目同时又是经营支出项目，如水电费、电话费等，所以应尽量分开经营用的费用，在税前列支进行扣除。

（2）如果使用自己的房产进行经营，可以采用收取租金的方法扩大经营费用支出。虽然收取租金会增加个人的应纳税所得额，但租金作为一项经营费用可以冲减个人的应纳税经营所得额，减少个人经营所得的纳税额。同时，自己的房产维修保养费用也可以列入经营费用支出。这样做，既扩大了经营费用支出，又保证了自己房产的完整性，甚至可以增值。

（3）通过给家庭成员支付工资的办法，扩大工资等费用支出。如果纳税人的家人在合伙企业工作，则可以向其支付合理的工资报酬。这既是对其劳动的承认，又增加了税前列支费用。根据税法的规定，企业工作人员的工资及规定的津贴可以计入产品成本。这样就使得个人有所得，企业少缴税。

6. 答：因股权的取得和转让而产生所得的现象日益普遍。股权属于财产权的一种表现形式，个人所得税中强调的股权是指自然人股东（以下简称“个人”）投资于在中国境内成立企业或组织的股权或股份。转让股权大多按照“财产转让所得”纳税，但个人取得股权带来的收入有时又因计入“工资、薪金所得”需要按照综合所得计税。居民个人取得股权时，纳税方式一般包括以下几种：

（1）符合条件的非上市公司股票期权、股权期权、限制性股票和股权奖励实行递延纳税。

（2）居民个人取得的下列股权激励所得，在2021年12月31日前，按工资、薪金所得项目计税的，不并入当年综合所得，全额单独适用综合所得税率表，计算纳税。

①参与企业股票期权计划而取得的所得。

②个人取得股票增值权所得和限制性股票所得。

③相关技术人员取得高新技术企业转化科技成果获取的股权奖励。

④从任职受雇企业以低于公平市场价格取得股票（权）所得，不能享受税法规定的递延纳税待遇的，对实际出资额低于公平市场价格的差额，按照“工资、薪金所得”项目计算缴纳个人所得税。

（3）个人以非货币资产投资取得股权属于个人转让非货币性资产和投资同时发生，因此应对个人转让非货币性资产的所得，依照“财产转让所得”项目计算缴纳个人所得税。

（4）企业转增股本，需要区分转增股本的资金来源：

①股份制企业用资本公积金转增股本不属于股息、红利性质的分配，对个人取得的转增股本数额，不作为个人所得，不征收个人所得税。

②股份制企业用盈余公积金派发红股属于股息、红利性质的分配，对个人取得的红股数额，应作为个人所得征税。

③个人股东如取得中小高新技术企业以未分配利润、盈余公积、资本公积向其转增的股本，依照“利息、股息、红利所得”适用20%的税率计税，可以在5年内分期缴纳。

（5）企业改组改制过程中个人取得量化资产的，取得的量化资产仅作为分红依据，而不拥有所有权的企业量化资产，不征收个人所得税。如果取得拥有所有权的企业量化资产，取得时暂缓征税；待个人将股份转让时，以其获得的收入额减去取得该股份时实际支付的费用支出和合理税费后的余额，按“财产转让所得”计算缴纳个人所得税。此外，取得的量化资产参与企业分配而获得的股息、红利，应按照“利息、股息、红利所得”纳税。

居民个人转让股权时，纳税方式一般包括以下几种：

（1）转让股权的应纳税所得额根据股权转让收入减去股权原值和合理费用后的余额确定，并按照“财产转让所得”计税。

（2）员工行使认股权证（或股票期权）后，将认购的股票转让的：

①已认购的股票不属于境内上市公司股票的，对转让所得按照“财产转让所得”纳税。

②已认购的股票属于境内上市公司股票的，对转让所得暂不征税。

③员工因拥有股权而参与企业税后利润分配取得的所得，应按照“利息、股息、红利所得”项目计算缴纳个人所得税。

（3）个人转让限售股，对取得的所得（收入减去原值和合理税费后的余额），按照“财产转让所得”适用20%的税率计算缴纳个人所得税。

（4）个人转让全国中小企业股份转让系统挂牌公司股票的，转让“新三板”挂牌公司非原始股取得的所得，可暂免缴纳个人所得税；转让“新三板”挂牌公司原始股取得的所得，按照“财产转让所得”适用20%的比例税率缴纳个人所得税。

（5）纳税人收回转让的股权，股权转让合同已履行完毕、股权已做变更登记，且所得已经实现的，转让人取得的股权转让收入应当依法缴纳个人所得税。若股权转让合同未履行完毕，因执行仲裁委员会作出的解除股权转让合同及补充协议的裁决、停止执行原股权转让合同，并以原价收回已转让股权的，纳税人则不应缴纳相关的个人所得税税款。

（6）还有一些特殊情形，税务部门可以认定股权转让收入，并按“财产转让所得”项目征税。

7. 答：独立交易原则又称公平独立原则、公平交易原则、正常交易原则等，是指完全独立的无关联关系的企业或个人，依据市场条件下所采用的计价标准或价格来处理其相互之间的收入和费用分配的原则。独立交易原则目前已被世界大多数国家接受和采纳，成为税务当局处理关联企业间收入和费用分配的指导原则。税法规定，若个人有不按独立交易原则转让财产、在境外避税地避税、实施不合理商业安排获取不当税收利益等避税行为，税法赋予税务机关按合理方法进行纳税调整的权力。税务部门可以根据纳税调整决定，补征税款并依法加收利息。这样会加大纳税人利用关联方进行税收筹划的风险。因此，纳税人需要积极应对税法的新变化，在进行税收筹划时强化合规意识，注意规避不当筹划的风险。

五、案例分析题

【案例 5-1】

【筹划方案】

方案一：夫妻各扣 1 000 元。

王海应纳税所得额＝124 000－60 000－32 000－12 000＝20 000（元）

适用综合所得3%的税率，速算扣除数为0。

王海2020年应纳个人所得税额＝20 000×3%＝600（元）

李红2020年应纳税所得额＝90 000－60 000－31 000－12 000＝－13 000（元）

李红应纳个人所得税额为0元。

王海和李红夫妻二人全年应纳个人所得税之和＝600+0＝600（元）

方案二：如果对王海和李红夫妻二人间的扣除进行合理筹划，将妻子李红的原来扣除的其中一个子女的教育扣除额度1 000元减掉，将两个孩子的专项附加扣除额度2 000元都由丈夫王海作为2020年度的专项附加扣除申报，则王海全年税前可多列支扣除金额12 000元。

王海2020年应纳税所得额＝124 000－60 000－32 000－24 000＝8 000（元）

适用综合所得3%的税率，速算扣除数为0。

王海2020年应纳个人所得税额＝8 000×3%＝240（元）

李红2020年应纳税所得额＝90 000－60 000－31 000＝－1 000（元）

李红应纳所得税为0元。

王海和李红夫妻二人全年应纳个人所得税之和＝240+0＝240（元）

可以看出，税收筹划后该家庭缴纳的个人所得税之和减少了360元，因此夫妻二人应该选择方案二。

【案例5-2】

【筹划方案】

（1）丹尼尔在2021年度两次离境，累计190天。因此，丹尼尔属于在一个纳税年度内居住累计不满183天的非居民个人。根据《中华人民共和国个人所得税法》的规定，非居民个人对我国仅负有有限的纳税义务，仅就其来源于中国境内的所得缴纳个人所得税。

丹尼尔应纳个人所得税税额＝［（120 000÷12－5 000）×10%－210］×12＝3 480（元）

（2）乔治在2021年四次离境，每次均未超过30天，共计85天，当年已在境内居住累计超过183天。因此，乔治属于居民个人。按照我国税法的规定，居民个人对我国负有无限的纳税义务，应就其来源于中国境内和境外的全部所得缴纳个人所得税。

乔治应纳个人所得税税额＝（40 000×6.5+60 000－60 000）×20%－16 920＝35 080（元）

（3）丹尼尔比乔治少纳个人所得税税额＝35 080－3 480＝31 600（元）

丹尼尔比乔治的收入多6万元，但个人所得税却少缴纳31 600元，其原因就在于两人的身份不同。乔治要想减轻自己的税收负担，就应设法将居民纳税人的身份变成非居民纳税人，即乔治可以增加每次离境或多次出境的时间，使得在一个纳税年度内在境内居住时间累计不超过183天。纳税人利用临时离境的税收筹划还要进行成本-收益分析，如果节省的税收额还不够自己进行税收筹划的成本，就没有进行税收筹划的必要了。本案例没有考虑纳税人在国外纳税的限额抵补问题。如果国外的税率低于中国的税率，则作为非居民纳税人可以节税；相反，如果国外的税率高于或等于我国国内的税率，则这种税收筹划就没有必要了。

【案例 5-3】

【筹划方案】

方案一：根据《中华人民共和国个人所得税法》的有关规定，转让专利使用权属特许权使用费收入，应缴纳个人所得税。特许权使用费收入以个人每次取得的收入，定额或定率减除规定费用后的余额为应纳税所得额。因为赵先生一次收入已超过 4 000 元，应减除 20%的费用。

应纳税所得额＝1 000 000×(1－20%)－60 000＝740 000（元）

适用 35%的税率，速算扣除数为 85 920。

应纳税额＝740 000×35%－85 920＝173 080（元）

缴纳个人所得税之后的实际所得＝1 000 000－173 080＝826 920（元）

方案二：将专利折合成股份。《中华人民共和国个人所得税法》规定，拥有股权所取得的股息和红利，应按 20%的比例税率缴纳个人所得税。

当年应纳个人所得税＝100 000×20%＝20 000（元）

缴纳个人所得税之后的实际所得＝100 000－20 000＝80 000（元）

通过专利投资，当年需负担 20 000 元的税款。如果每年都可获取股息收入 100 000元，那么经营 10 年，就可以收回全部转让收入，且还可得到 100 万元的股份。

两种方案的利弊很明显，方案一没有什么风险，缴税之后，就已实实在在地拥有个人所得，但它是一次性收入，税负太重，而且收入是固定的，没有升值的希望；方案二虽然缴税少，并且有升值的可能性，但风险也高，是不确定的。如果希望这项专利能在相当长时间内获取收益，赵先生还是选择投资经营为好。

【案例 5-4】

【筹划方案】

方案一：成立个人独资企业。

贾先生应纳税所得额＝45－6＝39（万元）

适用税率为 30%，速算扣除数为 40 500。

贾先生应纳税额＝39×30%－4. 05＝7. 65（万元）

方案二：成立有限责任公司。根据小微企业的减征规定，2019 年 1 月 1 日至 2021 年 12 月 31 日，其实际适用的企业所得税税率为年应纳税所得额在 100 万元（含）以下的，实际税率为 5%；年应纳税所得额为 100 万～300 万元（含）的，实际税率为 10% 。

因此，该企业年应纳税所得额 45 万元，适用 5%的实际税率。

企业所得税应纳税额＝45×5%＝2. 25（万元）

贾先生个人分配股息＝45－2. 25＝42. 75（万元）

个人所得税应纳税额＝42. 75×20%＝8. 55（万元）

两税合计＝2. 25+8. 55＝10. 8（万元）

综上所述，贾先生应选择方案一，即成立个人独资企业。

【案例 5-5】

【筹划方案】

方案一：黄先生和妻子经营地板材料公司的所得应按照经营所得计税。

夫妻二人全年应纳税所得额=50+35-6=79（万元）

适用税率为 35%，速算扣除数为 65 500。

全年应纳税额=79×35%-6.55=21.1（万元）

方案二：黄先生和妻子各自成立个人独资企业，黄先生的企业专门承接安装维修工程，黄先生妻子的企业只销售地板材料。在这种情况下，假定每年的收入相同。

黄先生的年应纳税所得额=35-6=29（万元）

适用税率为 20%，速算扣除数为 10 500。

黄先生每年应纳税额=29×20%-1.05=4.75（万元）

黄先生妻子每年的应纳税所得额=50-6=44（万元）

适用税率为 30%，速算扣除数为 40 500。

黄先生妻子每年的应纳税额=44×30%-4.05=9.15（万元）

两人合计纳税=4.75+9.15=13.9（万元）

每年节税为 7.2 万元

因此，黄先生夫妻二人应该选择方案二。

【案例 5-6】

【筹划方案】

具有法人资格的企业（股份有限公司、有限责任公司）需要缴纳 25%的企业所得税，个人股东从股份有限公司和有限责任公司分配的税后利润需要按照“利息、股息、红利所得”缴纳 20%的个人所得税；不具有法人资格的企业（个体工商户、个人独资企业、合伙企业）不需要缴纳企业所得税，个人通过在中国境内注册登记的个体工商户、个人独资企业、合伙企业从事生产、经营活动取得的所得按照“经营所得”缴纳个人所得税。

根据小微企业的减征规定，2019 年 1 月 1 日至 2021 年 12 月 31 日，其实际适用的企业所得税税率为年应纳税所得额在 100 万元（含）以下的，实际税率为 5%；年应纳税所得额为 100 万~300 万元（含）的，实际税率为 10%。

取得经营所得的个人，没有综合所得的，计算其每一纳税年度的应纳税所得额时，应当减费用 60 000 元、专项扣除、专项附加扣除以及依法确定的其他扣除。专项附加扣除在办理汇算清缴时减除。税率按照经营所得个人所得税税率表确定。

投资者个人在不影响正常经营的情况下，尽量不要注册成立股份有限公司、有限责任公司，而是注册成立个体工商户、个人独资企业、合伙企业，以规避企业所得税，虽然有可能多缴纳个人所得税，但整体税负会降低。

方案一：成立有限责任公司，每年利润总额为 1 200 000 元，没有企业所得税纳税调整项目（应纳税所得额=利润总额），且税后利润提取法定盈余公积后全部平均分配给股东。

有限责任公司应纳企业所得税=1 000 000×5%+2 000 000×10%=70 000（元）

有限责任公司税后利润=1 200 000-70 000=1 130 000（元）

有限责任公司提取法定盈余公积=1 130 000×10%=113 000（元）

有限责任公司向股东分配利润合计=1 130 000−113 000=1 017 000（元）

4 位股东“利息、股息、红利所得”应纳个人所得税总额=1 017 000×20%=203 400（元）

应纳税合计=70 000+203 400=273 400（元）

方案二：成立合伙企业，每年利润总额（应纳税所得额）为 1 200 000 元，且 4 位合伙人约定将利润全部平均分配。

每位合伙人的应纳税所得额=1 200 000÷4=300 000（元）

4 位合伙人“经营所得”应纳个人所得税=(300 000×20%−10 500)×4=198 000（元）

应纳税额合计=198 000（元）

可以看出，方案二比方案一共少缴纳税额 75 400 元，若以实现税负最小化为税收筹划目标，4 人应当选择方案二。

成立不具有法人资格的企业（个体工商户、个人独资企业、合伙企业），而非具有法人资格的企业（股份有限公司、有限责任公司），一方面不利于扩大经营规模和实现长期发展，另一方面不具有法人资格的企业的投资人以其个人财产对企业债务承担无限责任。因此，纳税人应综合考虑，权衡利弊，作出合理的决策。

【案例 5-7】

【筹划方案】

综合所得包括工资、薪金所得，劳务报酬所得，稿酬所得，特许权使用费所得。居民个人的综合所得，以每一纳税年度的收入额减除费用 60 000 元以及专项扣除、专项附加扣除和依法确定的其他扣除后的余额，为应纳税所得额。劳务报酬所得、稿酬所得、特许权使用费所得以收入减除 20%的费用后的余额为收入额。稿酬所得的收入额减按 70%计算。税率按照综合所得个人所得税税率表确定。

居民个人如果各年的综合所得不均衡，则综合所得高的年份可能会适用更高的税率，加重个人所得税税负，因此个人可以考虑均衡各年份的综合所得，以便从整体上降低个人所得税税负。

方案一：2019 年的应纳税所得额为 50 000 元，2020 年的应纳税所得额为 150 000元，2021 年的应纳税所得额为 250 000 元

2019 年综合所得的应纳个人所得税=50 000×10%−2 520=2 480（元）

2020 年综合所得的应纳个人所得税=150 000×20%−16 920=13 080（元）

2021 年综合所得的应纳个人所得税=250 000×20%−16 920=33 080（元）

2019 年、2020 年、2021 年三年应纳个人所得税合计=2 480+1 080+33 080=48 640（元）

方案二：2019 年的应纳税所得额为 100 000 元，2020 年的应纳税所得额为 150 000元，2021 年的应纳税所得额为 200 000 元。

2019 年综合所得的应纳个人所得税=100 000×10%−2 520=7 480（元）

2020 年综合所得的应纳个人所得税=150 000×20%−16 920=13 080（元）

2021 年综合所得的应纳个人所得税=200 000×20%−16 920=23 080（元）

2019 年、2020 年、2021 年三年应纳个人所得税合计 = 7 480+13 080+23 080 = 43 640（元）

方案三：2019 年的应纳税所得额为 150 000 元，2020 年的应纳税所得额为 150 000元，2021 年的应纳税所得额为 150 000 元。

2019 年综合所得的应纳个人所得税 = 150 000×20%−16 920 = 13 080（元）

2020 年综合所得的应纳个人所得税 = 150 000×20%−16 920 = 13 080（元）

2021 年综合所得的应纳个人所得税 = 150 000×20%−16 920 = 13 080（元）

2019 年、2020 年、2021 年三年应纳个人所得税合计 = 13 080+13 080+13 080 = 39 240（元）

可以看出，方案三比方案一少缴纳个人所得税 9 400 元（48 640−39 240），比方案二少缴纳个人所得税 720 元（4 640−3 920）。若以实现税负最小化为税收筹划目标，张某应当首先选择方案三，其次是方案二，最后是方案一。

绝对均衡各年度的综合所得有一定困难，但相对均衡各年度的综合所得却是可行的。居民个人工作一年（当年取得综合所得）、休假一年（当年未取得综合所得）属于最不均衡取得综合所得的情况，应当尽量避免这种情况出现。

【案例 5-8】

【筹划方案】

综合所得包括工资、薪金所得，劳务报酬所得，稿酬所得，特许权使用费所得。居民个人的综合所得，以每一纳税年度的收入减除费用 60 000 元以及专项扣除、专项附加扣除和依法确定的其他扣除后的余额，为应纳税所得额。

纳税人的子女接受全日制学历教育的相关支出，按照每个子女每月 1 000 元的标准定额扣除，学历教育包括义务教育（小学、初中教育）、高中阶段教育（普通高中、中等职业技工教育）、高等教育（大学专科、大学本科、硕士研究生、博研究生教育）。

年满 3 岁至小学入学前处于学前教育阶段的子女，按上述规定执行。

父母可以选择由其中一方按扣除标准的 100% 扣除，也可以选择由双方分别按扣除标准的 50% 扣除，具体扣除方式在一个纳税年度内不能变更。

纳税人子女在中国境外接受教育的，纳税人应当留存境外学校录取通知书、留学签证等相关教育的证明资料备查。

税率按照综合所得个人所得税税率表确定（按年）。

对于子女教育专项附加扣除，父母可以选择由其中一方按扣除标准的 100% 扣除，也可以选择由双方分别按扣除标准的 50% 扣除，这为纳税人家庭整体提供了税收筹划的空间。夫妻双方可以选择由综合所得高的一方按扣除标准的 100% 扣除，这样有可能降低夫妻双方整体的个人所得税税负。

方案一：对于子女教育专项附加扣除，选择由张某一方按扣除标准的 100% 扣除。

张某本年综合所得的应纳税所得额 = 100 000−60 000−18 500−1 000×12 = 9 500（元）

张某本年综合所得的应纳个人所得税 = 9 500×3% = 285（元）

王某本年综合所得的应纳税所得额＝300 000－60 000－55 500＝184 500（元）

王某本年综合所得的应纳个人所得税＝184 500×20%－16 920＝19 980（元）

张某和王某本年综合所得的应纳个人所得税合计＝285+19 980＝20 265（元）

方案二：对于子女教育专项附加扣除，选择由张某和王某双方分别按扣除标准的50%扣除。

张某本年综合所得的应纳税所得额＝100 000－60 000－18 500－1 000×12×50%＝15 500（元）

张某本年综合所得的应纳个人所得税＝15 500×3%＝465（元）

王某本年综合所得的应纳税所得额＝300 000－60 000－55 500－1 000×12×50%＝178 500（元）

王某本年综合所得的应纳个人所得税＝178 500×20%－16 920＝18 780（元）

张某和王某本年综合所得的应纳个人所得税合计＝465+18 780＝19 245（元）

方案三：对于子女教育专项附加扣除，选择由王某一方按扣除标准的100%扣除。

张某本年综合所得的应纳税所得额＝100 000－60 000－18 500＝21 500（元）

张某本年综合所得的应纳个人所得税＝21 500×3%＝645（元）

王某本年综合所得的应纳税所得额＝300 000－60 000－55 500－1 000×12＝172 500（元）

王某本年综合所得的应纳个人所得税＝172 500×20%－16 920＝17 580（元）

张某和王某本年综合所得的应纳个人所得税合计＝645+17 580＝18 225（元）

可以看出，方案三比方案一少缴纳个人所得税2 040元（20 265－18 225），比方案二少缴纳个人所得税1 020元（19 245－18 225）。若以实现税负最小化为税收筹划目标，张某和王某夫妻应当首先选择方案三，其次是方案二，最后是方案一。

夫妻双方选择由综合所得高且适用个人所得税边际税率高的一方按扣除标准的100%扣除，实际上降低了夫妻双方整体的个人所得税税率，从而降低了夫妻双方整体的个人所得税税负。

【案例5-9】

【筹划方案】

非居民个人的工资、薪金所得，以每月收入额减除费用5 000元后的余额为应纳税所得额。非居民个人的工资、薪金所得不按年综合计征，而是按月适用七级超额累进税率计征个人所得税。如果非居民个人每月的工资、薪金收入不均衡，则工资、薪金收入高的月份，适用的税率也可能较高；而工资、薪金收入低的月份，适用的税率也可能较低，甚至有可能因工资、薪金收入不超过免征额5 000元而不缴税。在这种情况下，非居民个人的实际税负将会超过其应当承担的税负。将非居民个人的工资、薪金按月平均分摊，有可能降低个人所得税税负，从而获取税收利益。

方案一：采取每月绩效与薪酬挂钩的方式，汤姆1～5月取得的税前工资、薪金收入分别为10 000元、2 000元、4 000元、3 000元、7 000元。

应纳个人所得税合计＝[（10 000－5 000）×10%－210]+0+0+0+[（7 000－5 000）×3%]＝350(元)

方案二：采取均衡取得税前工资、薪金收入的方式。

每月取得税前工资、薪金收入=（10 000+2 000+4 000+3 000+7 000）÷5=5 200（元）

应纳个人所得税合计=（5 200−5 000）×3%×5=30（元）

可以看出，方案二比方案一少缴纳个人所得税320元（350−30）。若以实现税负最小化为税收筹划目标，汤姆应当选择方案二。

在非居民个人每月工资、薪金变化幅度较大的情况下，可以考虑采用平均取得工资、薪金的方式，一般情况下都能降低个人所得税税负。具体操作时，企业可以预估非居民个人各月工资、薪金总额，之后前几个月按月平均工资发放，最后一个月多退少补。

【案例5-10】

【筹划方案】

非居民个人的工资、薪金所得，以每月收入额减除费用5 000元后的余额为应纳税所得额；劳务报酬所得、稿酬所得、特许权使用费所得，以每次收入额为应纳税所得额，劳务报酬所得、稿酬所得、特许权使用费所得以收入减除20%的费用后的余额为收入额，稿酬所得的收入额减按70%计算。

非居民个人取得工资、薪金所得，劳务报酬所得，稿酬所得和特许权使用费所得，按月换算后计算应纳税额。换算后的非居民个人工资、薪金所得，劳务报酬所得，稿酬所得，特许权使用费所得按个人所得税税率（按月）表确定应纳税额。

非居民个人在提供劳务时，一般情况下，接受劳务的单位只是定额支付劳务报酬，非居民个人的相关费用由自己承担。非居民个人也可以和接受劳务的单位进行协商，在合法合理的前提下，通过变换提供劳务的地点等方式，将相关费用转移到接受劳务的单位身上，通过适当降低劳务报酬的方法对接受劳务的单位进行补偿。这样一来，接受劳务的单位没有损失，非居民个人的实际收入也没有减少，但由于劳务报酬（名义收入）降低了，因此可以降低个人所得税税负。

方案一：杰克去深圳的甲公司为高管张某讲课，杰克可以从甲公司获取税前劳务报酬收入100 000元，但交通费、食宿费等由杰克自理，杰克共支出20 000元。

杰克劳务报酬的应纳税所得额=100 000×（1−20%）=80 000（元）

杰克应纳个人所得税=80 000×35%−7 160=20 840（元）

杰克税后收益=100 000−20 000−20 840=59 160（元）

方案二：深圳甲公司的高管张某去北京听杰克讲课，杰克可以从甲公司获取税前劳务报酬收入80 000元，高管张某去北京的交通费、食宿费20 000元由甲公司承担。

杰克劳务报酬的应纳税所得额=80 000×（1−20%）=64 000（元）

杰克应纳个人所得税=64 000×35%−7 160=15 240（元）

杰克税后收益=80 000−15 240=64 760（元）

可以看出，方案二比方案一少缴纳个人所得税5 600元（20 840−15 240），多获取税后收益5 600元（64 760−59 160）。若以实现税负最小化以及税后收益最大化为税收筹划目标，杰克应当选择方案二。

通过将费用合理合法地转移到接受劳务的单位身上，同时降低个人的名义报酬，可以降低个人所得税的计税依据，进而降低个人所得税税负。

【案例5-11】

【案例解析】

根据税法的规定，工资、薪金所得是指个人因任职或受雇而取得的工资、薪金、奖金、年终加薪、劳动分红、津贴、补贴以及与任职或受雇有关的其他所得。

本案中该公司员工获得的补助、奖金虽然从形式上比该公司直接发放“多转了几手”，但实质上仍然是受雇于该公司的所得，应该并入工资、薪金所得合并计算缴纳个人所得税。

根据税法的规定，个人所得税以所得人为纳税义务人，以支付所得的单位或个人为扣缴义务人。税务机关以实质重于形式的原则判定该公司负有扣缴税款的义务，并根据《中华人民共和国税收征收管理法》第六十九条（“扣缴义务人应扣未扣、应收而不收税款的，由税务机关向纳税人追缴税款，对扣缴义务人处应扣未扣、应收未收税款百分之五十以上三倍以下的罚款”）的规定对该公司进行了处罚。纳税人应严格履行税法规定的扣缴义务，以免产生严重的涉税风险。

第一，公民在行使权利时，要自觉维护国家利益。一方面，国家利益代表了公民的整体利益、长远利益，维护了国家利益，公民的个人利益、权利才能得到保障。另一方面，国家利益要靠法律制度来维护，公民要自觉地维护国家利益，就必须在法治轨道上行使公民的权利，用法律来规范自己的行为，自觉遵守国家法律，才能维护国家利益。违反法律，不仅会损害国家利益，同时也会失去自己的权利。

第二，公民在履行义务时，要以国家利益为重。在一定条件下，公民利益与国家利益在根本上是一致的，但在某些具体问题上，也会产生矛盾。国家利益代表了公民的整体利益、长远利益，公民个人利益往往又表现为局部利益、眼前利益。如果在一定时期，国家政策向国家利益倾斜多了，照顾了公民的整体利益和长远利益，就会影响公民当前利益的满足。因此，国家工作的安排、政策的制定要做到统筹兼顾。公民个人要坚持以国家利益为重，个人利益服从国家利益。必要时，公民个人还应牺牲个人利益来保证国家利益。公民个人要具有长远和发展的眼光，不断在实践中锤炼自信的品格，不断改造自己的主观世界，树立正确的人生观、世界观和价值观。

第六章　其他税种筹划练习题参考答案

一、单项选择题

1. D。关税的纳税义务人包括进口货物的收货人、出口货物的发货人、出入境物品的所有人。

2. B。征收土地增值税必须满足三个判定标准：仅对转让国有土地使用权及其地上建筑物和附着物的行为征税；仅对产权发生转让的行为征税；仅对转让房地产并取得收入的行为征税。因此，只有B选项需要缴纳土地增值税。

3. C。土地增值税的课税对象是转让国有土地使用权及地上建筑物和其他附着物产权所取得的增值额。

4. D。资源税的征税范围包括矿产品资源（原油、天然气、煤炭、其他非金属矿原矿、黑色矿原矿、有色金属矿原矿）和盐资源。

5. B。房产税是以房产为征税对象，依据房产价格或房产租金收入向房产所有人或经营人征收的一种税。

6. D。房产税的征税范围为城市、县城、建制镇和工矿区。

7. B。房产税的计税依据分为从价计征和从租计征。从价计征，即依照房产原值一次减除10%~30%后的余值计算缴纳，税率为1.2%；从租计征，即房产出租的，以租金收入为计税依据，税率为12%。

8. B。城镇土地使用税采用分类定额幅度税率。

9. A。税法规定，由受托方代征代扣增值税和消费税的单位和个人，其代征代扣的城建税按受托方所在地适用税率计算。

10. C。车船税采用幅度定额税率。

11. D。《中华人民共和国海关法》规定，进出口货物的完税价格，由海关以该货物的成交价格为基础审查确定，成交价格不能确定时，完税价格由海关依法估定。自我国加入世界贸易组织后，我国海关已全面实施《世界贸易组织估价协定》。

12. C。进口货物的完税价格包括货物的货价、货物运抵我国境内输入地点起卸前的运输及其相关费用、保险费。货物的货价以成交价格为基础。

13. A。目前许多跨国公司在全球不同国家设立了分支机构，这些机构在某种商品的生产过程中承担了一定的角色，可以说，成品是用在不同国家生产的零部件组装起来的。那么，最后组装成最终产品的地点（原产国）就非常重要，一般应选择在同进口国签订有优惠税率的国家或地区，避开进口国征收特别关税的国家和地区。

14. C。征收土地增值税必须满足三个判定标准：仅对转让国有土地使用权及其地上建筑物和附着物的行为征税，仅对产权发生转让的行为征税，仅对转让房地产并取得收入的行为征税。

房地产所有人可以通过避免符合以上三个判定标准来避免成为土地增值税的征税对象。例如，所有人通过境内非营利的社会团体、国家机关将房屋产权、土地使用权赠与教育、民政和其他社会福利、公益事业；将房产、土地使用权租赁给承租人使用，由承租人向出租人支付租金；将房地产作价入股进行投资或作为联营条件等，均可免征土地增值税。

15. B。纳税人建造普通标准住宅（不包括高级公寓、别墅、度假村等）出售，增值额未超过扣除项目金额20%的，免征土地增值税；增值额超过扣除项目金额20%的，应就其全部增值额按规定计算缴纳土地增值税。

16. B。选项B，向购买方收取的违约金作为资源税的计税依据。

17. B。房产税的计税依据分为从价计征和从租计征。从价计征，即依照房产原值一次减除10%~30%后的余值计算缴纳，税率为1.2%；从租计征，即房产出租的，以租金收入为计税依据，税率为12%。

18. D。契税的税收优惠政策主要如下：

（1）国家机关、事业单位、社会团体、军事单位承受土地、房屋用于办公、教学、医疗、科研和军事设施的，免纳契税。

（2）城镇职工按规定第一次购买公有住房，免纳契税。

（3）因不可抗力灭失住房而重新购买住房的，酌情减免契税。

（4）承受荒山、荒沟、荒丘、荒滩土地使用权，并用于农、林、牧、渔业生产的，免纳契税。

（5）财政部规定的其他减征、免征契税的项目。

19. B。按照规定，城镇土地使用税以纳税人实际占用的土地面积为计税依据。纳税人实际占用的土地面积按照下列办法确定：

（1）由省、自治区、直辖市人民政府确定的单位组织测定土地面积的，以测定的面积为准。

（2）尚未组织测量，但纳税人持有政府部门核发的土地使用证书的，以证书确定的面积为准。

（3）尚未核发土地使用证书的，应由纳税人据实申报土地面积，据以纳税，待核发土地使用证以后再做调整。

20. C。甲企业自身应缴纳税金按照该企业所在地适用的税率（市区为7%）计算；由受托方代收代缴消费税，城建税依据代收代缴企业所在地适用税率（县城为5%）计算。应纳城建税 $=56\times7\%+30\times5\%=5.42$（万元）

二、多项选择题

1. ABCD。计算增值额的扣除项目包括取得土地使用权所支付的金额；开发土地的成本、费用；新建房及配套设施的成本、费用，或者旧房及建筑物的评估价格；与转让房地产有关的税金；财政部规定的其他扣除项目。

2. ACD。土地增值税的纳税人是转让国有土地使用权及地上建筑物和其他附着物产权取得增值性收入的单位和个人。课税对象是转让国有土地使用权及地上建筑物和其他附着物产权所取得的增值额。

3. AC。资源税征税范围包括矿产品资源（原油、天然气、煤炭、其他非金属矿原矿、金属矿）。

4. ACD。房产税的纳税义务人是房屋的产权所有人或经营管理单位、承典人、房产代管人或使用人。

5. BC。房产税是依据房产价格或房产租金收入向房产所有人或经营人征收的一种税。

6. BD。城建税原则上不单独减免，随增值税和消费税的减免而减免，对个别缴纳城建税确有困难的企业和个人，由县（市）级人民政府审批，酌情给予减免税照顾。

城建税以纳税人实际缴纳的增值税、消费税税额为计税依据，这里的增值税和消费税仅指正税，不包括对纳税人加收的滞纳金、罚款等非税收款项。但是，纳税人被税务机关查补增值税和消费税与被处以罚款时，应同时对其偷漏的城建税进行补税和罚款。

海关对进口产品代征的增值税、消费税，不征收城建税。

7. CD。印花税的税收优惠政策主要如下：

（1）对已缴纳印花税的凭证的副本或抄本免税。

（2）对财产所有人将财产赠给政府、社会福利单位、学校所立的书据免税。

（3）对国家指定的收购部门与村民委员会、农民个人书立的农副产品收购合同免税。

（4）对无息、贴息贷款合同免税。

（5）对外国政府或国际金融组织向我国政府及国家金融机构提供优惠贷款所书立的合同免税。

（6）对房地产管理部门与个人签订的用于生活居住的租赁合同免税。

（7）对农牧业保险合同免税。

（8）对特殊货运凭证免税，如军事物资运输凭证、抢险救灾物资运输凭证、新建铁路的工程临管线运输凭证等。

8. AD。

9. BC。下列车船免征车船税：

（1）非机动车船（不包括非机动驳船）。

（2）拖拉机。

（3）捕捞、养殖渔船。

（4）军队、武警专用的车船。

（5）警用车船。

（6）按照有关规定已经缴纳船舶吨税的船舶。

（7）依照我国有关法律和我国缔结或参加的国际条约的规定，应当予以免税的外国驻华使馆、领事馆和国际组织驻华机构及其有关人员的车船。

10. ACD。契税的课税对象是发生权属转移并签订转移契约的土地和房屋。征收范围包括所有在我国境内的单位和个人转移土地、房屋权属的行为，包括国有土地使用权出让、土地使用权转让、房屋买卖、房屋赠与、房屋交换。承受土地、房屋权属行为的单位和个人为契税的纳税人。

三、判断题

1. ×。货物进口后的基建、安装、维修和技术服务费用，如能与该货物实付或应付价格区分，不得计入完税价格。

2. ×。土地增值税是对在我国境内有偿转让国有土地使用权及地上建筑物和其他附着物产权、取得增值性收入的单位和个人征收的一种税。凡符合上述条件的均征收土地增值税，与房屋的新建与否并无关系。

3. ×。纳税人建造普通标准住宅出售，增值额未超过扣除项目金额 20% 的，免征土地增值税；增值额超过扣除项目金额 20% 的，应就其全部增值额计算征收土地增值税。

4. ×。个人之间互换自有住房不征收土地增值税，但转让照常征收。

5. ×。计算土地增值税的扣除项目时，超过贷款期限的利息部分和加罚的利息不允许扣除。

6. √。

7. ×。税法规定，发生增值税、消费税减征时，同时减征城市维护建设税。

8. ×。印花税是对经济活动和经济交往中书立、使用、领受具有法律效力的凭证的单位和个人征收的一种税，而并非对所有的凭证都征收印花税。

9. ×。同一应税凭证载有两项经济事项并分别记载金额的，应分别计算应纳税额，相加后按合计税额贴花。

10. ×。契税是对在我国境内转移土地使用权和房屋所有权时，根据当事人双方签订的契约合同，以所有权发生转移变动的不动产为征税对象，向产权承受人征收的一种财产税。

四、思考题

1. 答：资源税的征税范围包括能源矿产、金属矿产、非金属矿产、水气矿产、盐类资源，共计 5 大类。

资源税的减免优惠政策包括免征和减征。

有下列情形之一的，免征资源税：

（1）开采原油以及在油田范围内运输原油过程中用于加热的原油、天然气。

（2）煤炭开采企业因安全生产需要抽采的煤成（层）气。

有下列情形之一的，减征资源税：

（1）从低丰度油气田开采的原油、天然气，减征 20%的资源税。

（2）高含硫天然气、三次采油和从深水油气田开采的原油、天然气，减征 30%的资源税。

（3）稠油、高凝油减征 40%的资源税。

（4）从衰竭期矿山开采的矿产品，减征 30%的资源税。

根据国民经济和社会发展需要，国务院对有利于促进资源节约集约利用、保护环境等情形可以规定免征或减征资源税，报全国人民代表大会常务委员会备案。

有下列情形之一的，省、自治区、直辖市可以决定免征或减征资源税：

（1）纳税人开采或生产应税产品过程中，因意外事故或自然灾害等原因遭受重大损失。

（2）纳税人开采共伴生矿、低品位矿、尾矿。

2. 答：房产税的征税范围为城市、县城、建制镇和工矿区。城市是指国务院批准设立的市。县城是指县人民政府所在地的地区。建制镇是指经省、自治区、直辖市人民政府批准设立的镇。工矿区是指工商业比较发达、人口比较集中、符合国务院规定的建制镇标准但尚未设计建制镇的大中型工矿企业所在地。开征房产税的工矿区须经省、自治区、直辖市人民政府批准。

房产税的征税范围不包括农村，这主要是为了减轻农民的负担，因为农村的房屋，除农副业生产用房外，大部分是农民居住用房。农村房屋不纳入房产税征税范围，有利于农业发展，繁荣农村经济，保持社会稳定。

3. 答：城镇土地使用税的税收筹划空间有以下几种。

（1）利用改造废弃土地进行税收筹划。税法规定，经批准开山填海整治的土地和改造的废弃土地，从使用月份起免缴土地使用税 5~10 年，纳税人可以充分利用城市、县城、建制镇和工矿区的废弃土地或进行开山填海利用土地，以获得免税机会。

（2）利用土地级别的不同进行税收筹划。土地使用税实行幅度税额，大城市、中等城市、小城市、县城、建制镇、工矿区的税额各不相同。即使在同一地区，由于不同地段的市政建设情况和经济繁荣程度有较大区别，土地使用税税额规定也各不相同，最大的相差 20 倍。纳税人在投资设厂时就可以进行税收筹划，选择不同级别的土地。

（3）准确核算用地进行税收筹划。如果纳税人能准确核算用地，就可以充分享受土地使用税设定的优惠条款。例如，纳税人将农、林、牧、渔的生产用地与农副产品加工场地和生活办公用地相分离，就可享受生产用地的免税条款。

4. 答：城市维护建设税的税收筹划空间有以下几种。

（1）利用委托加工进行税收筹划。税法规定，由受托方代征代扣增值税和消费税的单位和个人，其代征代扣的城建税按受托方所在地适用税率。因此，纳税人在进行委托时就可以选择城建税税率低的非市区、县城或镇的受托单位。

（2）计税依据的税收筹划。由于城建税的计税依据是两大主要流转税种——增值税和消费税，因此纳税人理应进行增值税和消费税的税收筹划，相当于同时进行了城市维护建设税的税收筹划。

（3）利用货物进口进行税收筹划。由于海关对进口产品代征的增值税、消费税，不征收城建税，因此纳税人在购买货物时，可以权衡各项成本，考虑通过进口方式取得货物。

5. 答：印花税的税收筹划空间有以下几种。

（1）充分利用印花税优惠规定进行税收筹划。例如，税法规定，应纳税额不足 1 角的，免纳印花税；1 角以上的，其税额尾数不满 5 分的不计算，满 5 分的按 1 角计算；已缴印花税的凭证的副本或抄本，只要不视同正本使用，就不需要缴纳印花税。

（2）分项核算的税收筹划。一个合同如果涉及若干项经济业务，应当分别核算各项业务的金额，因为业务类型不同，适用的印花税税率也不同。税法规定，同一凭证载有两个或两个以上经济事项而适用不同税目税率的，如分别记载金额的，应分别计算应纳税额，相加后按合计税额贴花；如未分别记载金额的，按税率较高的计税贴花。

（3）利用不确定金额和保守金额进行税收筹划。税法规定，对于在签订时无法确定计税金额的合同，可在签订时先按定额 5 元贴花，以后结算时再按实际金额计税，补贴印花。该项规定提供了利用不确定金额进行税收筹划的可能性。

纳税人在签订金额较大的合同时，可以有意识地使合同中所载金额不能明确，从而在签订时先按定额 5 元贴花，以达到少缴印花税税款的目的。或者双方在订立合同时，充分考虑以后经济交往中可能会遇到的种种情况，确定比较合理、保守的金额，防止所载金额大于合同履行后的实际结算金额。

（4）利用不同借款方式进行税收筹划。根据规定，银行及其他金融机构与借款人所签订的合同以及只填开借据并作为合同使用，取得银行借款的借据应按照“借款合同”税目缴纳印花税，而企业之间的借款合同不需要贴花。因此，如果两者的借款利率相同，纳税人向企业借款更能节税。

6. 答：车船税的税收筹划空间有以下几种。

（1）利用税率临界点进行税收筹划。税法对载货汽车、三轮汽车、低速货车，以“自重吨位”为单位，而对船舶以“净吨位”为单位分级规定税率，从而产生了应纳车船税税额相对吨位数变化的临界点。在临界点上下，吨位数虽然相差仅为1吨，但临界点两边的税额却有很大变化，在这种情况下进行税收筹划十分必要。

（2）利用特殊规定进行税收筹划。税法规定，拖船和非机动驳船分别按船舶税额的50%计算征收车船税等。纳税人可以利用以上特殊规定进行税收筹划。例如，在购买运输工具时，纳税人对购买机动车挂车加在原有机动车后面还是直接购买新机动车进行权衡。

7. 答：契税的课税对象是发生权属转移并签订转移契约的土地和房屋。征收范围包括所有在我国境内的单位和个人转移土地、房屋权属的行为。具体包括国有土地使用权出让、土地使用权转让、房屋买卖、房屋赠与、房屋交换。承受土地、房屋权属行为的单位和个人为契税的纳税人。

8. 答：房地产的继承不属于土地增值税的征税范围，不征收土地增值税（无收入）。房地产的赠与满足下列两种情况之一，则不属于土地增值税的征税范围：第一，房地产所有人、土地使用权所有人将房屋产权、土地使用权赠与直系亲属或承担直接赡养义务的人的行为。第二，房地产所有人、土地使用权所有人通过中国境内非营利的社会团体、国家机关将房屋产权、土地使用权赠与教育、民政和其他社会福利、公益事业的行为。除此以外的房屋赠与行为，均需缴纳土地增值税。

五、案例分析题

【案例 6-1】

【筹划方案】

方案一：增值率=(2 000-1 670)÷1 670=19.76%

按照税法的规定，增值额没有超过扣除项目金额的20%，不需缴纳土地增值税，企业获得的利润是330万元。

方案二：增值率=(2 140-1 676)÷1 676=27.68%

适用的税率为30%。

企业应纳土地增值税=464×30%=139.2（万元）

企业获得的利润是324.8万元。

因此，方案一，即销售方式一税负较低。

【案例 6-2】

【筹划方案】

因为该企业开采自用天然气过程中并没有分开核算，所以都需要纳税。该企业12月应纳资源税=4 000×8%×20 000÷10 000+5 000×10÷10 000+4×10×8%=648.2（万元）

根据税法的规定，煤炭开采时生产的天然气免税。那么，如果该企业将采煤时伴生的天然气分开核算，则可以享受免税。

假设该企业将采煤时伴生的天然气分开核算。

可节省的资源税＝4×5×8%＝1.6（万元）

【案例 6-3】

【筹划方案】

城建税由受托加工单位代扣代缴，也就是说加工单位同时必须代征代缴。

方案一：由位于市区的 A 企业加工，城建税税率为 7%。

城建税＝250×7%＝17.5（万元）

税后收入＝500-250-17.5＝232.5（万元）

方案二：由位于乡镇的 B 企业加工，城建税税率为 1%。

城建税＝254×1%＝2.54（万元）

税后收入＝500-254-2.54＝243.46（万元）

综上所述，该企业应选择方案二也就是 B 企业进行加工。

【案例 6-4】

【筹划方案】

由于该房产企业自持，应按照从价计征缴纳房产税。

A 公司每年需缴纳房产税＝10 000×(1-20%)×1.2%＝96（万元）

如果 A 公司把 10 000 万元的商品房整体打包出租给关联物业公司 B，年租金按照 100 万元计算，则 A 公司按照从租计征缴纳房产税。

每年应纳房产税＝100×12%＝12（万元）

通过持有性质转换，出租模式较自用模式少纳税 84 万元（96-12）。

【案例 6-5】

【筹划方案】

方案一：如果在签订合同时明确规定租金 200 万元，则两企业均应缴纳印花税。

各自应纳税额＝2 000 000×1‰＝2 000（元）

方案二：如果两企业在签订合同时仅规定每天的租金数，而不具体确定租赁合同的执行时限。根据税法的规定，对于在签订时无法确定计税金额的合同，纳税人可以在签订时先按定额 5 元贴花，以后结算时再按实际金额计税，补贴印花。因此，两企业只需要各自缴纳 5 元印花税，余下部分等到结算时才缴纳，从而达到了节省税款的目的。当然这笔钱在以后是要缴纳的，但现在不用缴纳便获得了货币时间价值，对企业来说是有利无弊的，而且税收筹划极其简单。

【案例 6-6】

【筹划方案】

纳税人可以选择将普通住宅和豪华住宅放在一起核算或独立核算。

方案一：不分开核算。

由于增值额与扣除项目金额的比例为(40 000-29 000)÷29 000×100%＝37.93%，因此该企业适用 30%的税率。

应纳土地增值税 =（40 000−29 000）×30% = 3 300（万元）

方案二：独立核算。

对于普通住宅，由于增值率为（25 000−20 000）÷20 000×100% = 25%，因此，该企业适用 30%的税率。

应纳土地增值税 =（25 000−20 000）×30% = 1 500（万元）

对于豪华住宅，由于增值率为（15 000−9 000）÷9 000×100% = 66. 7%，因此该企业适用 40%的税率。

应纳土地增值税 =（15 000−9 000）×40%−9 000×5% = 1 950（万元）

两者合计 3 450 万元。独立核算比不分开核算多支出税金 150 万元，因此纳税人应将普通住宅和豪华住宅放在一起核算，从而实现利益最大化。

【案例 6−7】

【筹划方案】

方案一：在一开始就直接签订金额为 180 000 万元的合同。

根据税法的规定，已履行纳税义务并贴花的合同，所载金额与合同履行后实际结算金额不一致的，只要双方未修改合同金额，一般不再办理完税手续。因此，该工程施工合同应按合同金额缴纳印花税。

应纳印花税 = 180 000×0. 03% = 54（万元）

方案二：在一开始就签订金额不确定的合同。

为避免由于合同履行实际金额小于合同所载金额产生的额外印花税负担，纳税人可以利用不确定金额和保守金额进行税收筹划。税法规定，对于在签订时无法确定计税金额的合同，可在签订时先按定额 5 元贴花，以后结算时再按实际金额计税补贴印花。因此，该工程施工合同在签订时应先按定额 5 元贴花，待结算时明确了合同金额为 100 000 万元时，再补缴印花税。

应纳印花税 = 100 000×0. 03% = 30（万元）

方案二比方案一节约税款 24 万元。

【案例 6−8】

【筹划方案】

方案一：如果不进行税收筹划，甲购买丙的住房，应缴纳契税为 800×5% = 40 万元。同样，甲向乙出售其住所，乙也应缴纳契税，税款为 40 万元。

方案二：如果三方进行调整，先由甲和丙交换房屋，再由丙将房屋出售给乙，这样可以达到上述买卖同样的结果，但整个经济交易活动只是丙将房屋出售给乙时，乙缴纳契税 800×5% = 40 万元，总税额节省了 40 万元。

【案例 6−9】

【筹划方案】

方案一：应由联营企业按房产余值缴纳房产税。

应纳房产税 = 4 000×（1−30%）×1. 2% = 33. 6（万元）

方案一税后收入 = 390−33. 6 = 356. 4（万元）

方案二：应由该公司按租金收入缴纳房产税。

应纳房产税 = 400×12% = 48（万元）

方案二税后收入 = 400 - 48 = 352（万元）

因此，该公司应该选择方案一。

【案例 6-10】

【案例解析】

（1）该案例中所涉及的法律依据如下：一是税务机关对土地增值税扣除项目是否符合规定有最终确定权。《中华人民共和国土地增值税暂行条例实施细则》第九条是授权性规定，有权按转让土地使用权的面积占总面积的比例计算分摊，也有权按建筑面积计算分摊。二是纳税人土地增值税扣除项目的计算方式是否合理由税务机关审核认定。《土地增值税清算管理规程》第二十一条第（五）项之规定，是税务机关对土地增值税扣除项目的审核要求，而非纳税人据以确定土地增值税扣除项目的依据。三是对纳税人提交的鉴证报告未采信的应当告知理由。依据《土地增值税清算管理规程》第三十条、第三十一条的规定，主管税务机关有采取适当方法对鉴证报告有关内容的合法性、真实性进行审核的权利，但未采信或部分未采信鉴证报告的，应当告知其理由。

（2）需要注意的问题如下：一是土地增值税的核定征收管理方式和成本分摊扣除争议是引起诉讼的起因及焦点。2015 年诉讼的主要分歧在于对核定征收管理方式是否认同，2016 年诉讼的主要分歧在于是根据《中华人民共和国土地增值税暂行条例实施细则》第九条之规定以建筑面积法计算分摊扣除项目的方式确定应缴纳的土地增值税，还是应根据《土地增值税清算管理规程》第二十一条第（五）项之规定按受益对象不同，合理分摊共同的成本费用后计算应缴纳的土地增值税。因此，税务机关对土地增值税的成本分摊扣除和征收管理方式必须高度重视，否则容易引起纷争。二是土地增值税征收管理应于法有据并符合法定程序。土地增值税的征收管理因涉及的中央和地方法律比较多、房地产项目开发周期比较长、清算时实际情况又比较复杂，因此对土地增值税纳税人的管理应遵循国家有关的税法的管理规定，如在纳税人未达到清算时，对其采取核定征收管理并缴纳税款的方式并不符合现行税法有关规定。

第七章　国际税收筹划概述练习题参考答案

一、单项选择题

1. C。在构建跨国公司内部结构的策划过程中，经营活动的税收问题已成为一个不可忽视的问题。公司进行跨国税收筹划的目标恰恰是实现跨国公司内部结构的最优化，从而使公司的总利润达到最大化。

2. D。通常，从宏观上看，国际公认的衡量一国税负高低的标准是：税收总额占国内生产总值（GDP）的比重。

3. D。股息、租金、特许权使用费所得，以收入全额为应纳税所得额；财产转让所得，以收入全额减除财产净值后的余额为应纳税所得额。

4. C。跨国公司税收筹划的客体是跨国公司的利润。为了使公司集团的全球利润最大化，必须使跨国公司经营活动所面临的主要税收最小化。

5. C。虚设避税港信托财产的基本途径就是跨国纳税人通过在避税港设立一个受控信托公司，然后把高税负国家财产转移到避税港，借以躲避有关税收。

6. B。在国家间所签订的税收协定或条约中，通常都有对缔约国双方居民所享有的优惠条款规定。然而，在当今的国际经济活动中，非居民跨国纳税人往往可以通过种种巧妙的手段，设法改变其居民身份，作为协定中规定的适用人之一享受有关条款的优惠待遇，从而达到减轻国际税负的目的。国际上人们一般把这种税收协定缔约国的非居民享受税收协定中优惠待遇的现象称为税收协定的滥用。

7. D。转让定价税制的管辖对象是公司集团内部的关联交易。采用哪些方法对跨国关联企业利用转让定价形成不合理的国际收入和费用分配进行重新调整，是整个转让定价税制的核心内容，也就是转让定价的调整方法，是整个转让定价税制的核心内容。

8. B。对于在中国境内未设立机构、场所的，或者虽设立机构、场所但取得的所得与其所设机构、场所没有实际联系的非居民企业的所得，按照下列方法计算应纳税所得额：股息、红利等权益性投资收益和利息、租金、特许权使用费所得，以收入全额为应纳税所得额；转让财产所得，以收入全额减除财产净值后的余额为应纳税所得额。

应缴纳企业所得税＝(200+300)×10%+[3 000-(1 000-600)]×10%＝310（万元）

9. C。该企业汇总纳税应纳税额＝(400+100)×25%＝125（万元）

境外已纳税款抵免限额＝100×25%＝25（万元）

境外实纳税额 20 万元，可全额扣除。境内已预缴 50 万元，汇总纳税应纳所得税额＝125-20-50＝55（万元）

10. D。B 国分公司抵免限额＝60×30%＝18（万元）

抵免限额(18 万元)<实缴税额（24 万元）

允许抵免的税额＝18（万元）

因此，应向本国缴纳所得税额＝(250+60)×30%-18＝75（万元）

11. D。税法规定不得在计算应纳税所得额时扣除的利息支出，不得结转到以后纳税年度。

12. A 。在中国境内未设立机构、场所的非居民企业从中国境内取得的利息所得，以收入全额为应纳税所得额；财产转让所得需要差额计税，而且在中国境内未设立机构、场所的非居民企业实际征税时减按 10%的企业所得税税率征税。

应纳企业所得税＝[120+(100-60)]×10%＝16（万元）

13. D。《经济合作与发展组织范本》较为注重扩大收入来源国的税收管辖权。

14. C。企业应自与关联方签订（变更）成本分摊协议之日起 30 日内，向主管税务机关报送成本分摊协议副本。

15. D。涉及补偿调整的，应在补偿调整的年度计入应纳税所得额。

16. D。收入额＝经费支出总额÷(1-核定利润率)＝450÷(1-25%)＝600（万元）

应缴纳企业所得税＝收入额×核定利润率×企业所得税税率＝600×25%×25%

＝37.5（万元）

17. B。外国企业常驻代表机构应准确计算其应税收入和应纳税所得额，并在季度终了之日起 15 日内向主管税务机关据实申报缴纳企业所得税。

18. D。再销售价格法是指按照从关联方购进商品再销售给没有关联关系的交易方的价格，减除相同或类似业务的销售毛利进行定价的方法。

应纳税额 =［500 000−500 000×(1−20%)］×25% = 25 000（元）

19. B。再销售价格法是指按照从关联方购进商品再销售给没有关联关系的交易方的价格，减除相同或类似业务的销售毛利进行定价的方法。

20. A。交易净利润法是指按照没有关联关系的交易各方进行相同或类似业务往来取得的净利润水平确定利润的方法。

二、多项选择题

1. ABD。当今世界各国行使的税收管辖权通常有收入来源地管辖权、居民管辖权以及公民管辖权。

2. ABC。当今世界各国存在的税制结构模式主要有三大类：一是以直接税为主体的税制结构；二是以间接税为主体的税制结构；三是实行低税模式，其中一些国家和地区被人们称为"避税天堂"。

3. BCD。跨国个人的税收筹划方法主要有人的流动筹划法（改变居民身份、转移住所、税收流亡）、人的非流动筹划法（建立信托财产或其他信托关系、订立各种其他形式的信托合同）以及税收最小化等。

4. AD。投资所得是指投资者将其资金、财产或权利提供给他人使用所获取的报酬所得，包括股息、利息、特许权使用费等。

投资所得具有支付人相对稳定而受益人比较零散的特点，尤其是在跨国进行间接投资的情况下，投资者并不一定在投资项目所在国活动或居住。各国通常都是依据投资所得的支付人而定，若是由本国境内债务人或权利使用人所支付，本国即为收入来源地。

5. BC。不动产所得是指出租或转让、出售不动产所取得的所得。不动产所得的取得，通常是和不动产的位置相联系的。因此，对于不动产所得的来源地确定，各国一般都是以不动产的所在地或坐落地为依据，即不动产所得的来源地是不动产的所在地或坐落地，应由不动产的所在地或坐落地国家行使收入来源地管辖权进行征税。

6. AD。根据经济合作与发展组织范本的定义，判定跨国纳税人有无常设机构并确定其纳税义务，可以采用有形联系因素，如一处生产管理场所、一所办公室、一座工厂等。即使找不到这些有形物质联系因素，也可以采用法律等因素加以综合判定。只要一个人代表非居民纳税人在一国中行使签订合同、接受订单的权利，就可以认定该非居民纳税人在该国有常设机构。

7. ABCD。转让定价往往通过从高税负国向低税负国或避税地以较低的内部转让定价销售商品和分配费用，或者从低税负国或避税地向高税负国以较高的内部转让定价销售商品和分配费用，使国际关联企业的整体税收负担减轻。一方面，转让定价可以使关联企业避免或延迟缴纳公司所得税，实现整体税负最小化；另一方面，转让定价也可以使关联企业减轻预提税税收负担。此外，转让定价也可以使关联企业减少从价计征的关税，通过转让定价在减轻关税（主要是进口税）负担的同时，也可以减少公司总体的税额。

8. ABCD。国际避税的主要手段有利用转让定价转移利润、滥用国际税收协定、利用信托方式转移财产、组建内部保险公司、资本弱化、选择有利的公司组织形式、通过移居避免成为高税负国税收居民等。

9. ABCD。BEPS 行动计划是二十国集团领导人在 2013 年圣彼得堡峰会委托经济合作与发展组织启动实施的国际税收改革项目，旨在修改国际税收规则、遏制跨国企业规避全球纳税义务、侵蚀各国税基的行为。BEPS 行动计划成果包括 15 项行动计划报告和一份解释性声明。

10. ABCD。国际避税的基本方式和方法包括通过纳税主体的国际转移进行的国际避税、不转移纳税主体的避税、通过纳税客体的国际转移进行的国际避税、不转移纳税客体的避税。

三、判断题

1. ×。跨国税收筹划与跨国纳税人采取隐蔽的非法手段进行的国际逃税（偷税、漏税）活动性质是不同的。

2. ×。一般来说，税收优惠越多，税基越小、越窄；反之，税收优惠越少，税基越大、越宽。

3. ×。当 A 国采用比例税率、B 国采用累进税率时，在相同收入条件下，B 国的实际税负不一定低于 A 国的实际税负。

4. √。

5. √。

6. ×。劳务报酬收入来源地的确定，以劳务提供地点或受雇地点为其收入来源地。

7. √。

8. √。

9. ×。跨国个人的税收筹划不仅指自然人的税收筹划，还包括非公司法人（如个人独资企业、合伙企业等）。

10. √。

四、思考题

1. 答：税收筹划作为一种普遍而有趣的经济现象，是经济活动主体（纳税人）利用税法中对其经营活动有利的规定或某些漏洞所引起的。在跨国税收领域里，一方面，国际投资者在进行国际投资的可行性研究或选择最优投资方案时，总是要把有关国家政府税负的大小作为确定其资本投向何国的一个重要因素；另一方面，对于国际投资者的跨国投资经营活动，各国政府也多半是给予某些特殊税收优惠待遇的。因此，各国在征税范围、税率高低以及征管水平上的差异，就有可能为国际投资者进行国际性的税收筹划提供机会，使跨国纳税人拥有选择纳税的条件和机会，从而实现跨国税收筹划利益。当国际投资者的税收筹划活动超越一国的税收管辖范围时，这种税收筹划活动也就具有了国际意义。

跨国税收筹划是税收筹划活动在国际范围内的延伸和发展，是跨国纳税人利用各国税法规定的差别和漏洞，以种种公开、合法的手段减轻国际税负的行为。很明显，跨国税收筹划与跨国纳税人采取种种隐蔽的非法手段进行的国际逃税（偷税、漏税）活动性质是不同的。

2. 答：人们常说，内因是动力，外因是条件，只有内因和外因相结合，才能有结果。跨国税收筹划也不例外。从主观上说，利润最大化是所有从事生产、经营、投资活动的纳税人都追求的共同目标。跨国纳税人期望通过减轻纳税义务来尽可能地增加其税后利润，这已成为其实现经营战略目标的一个重要方面。但跨国税收筹划得以成功仅有纳税人的主观愿望还不够，还必须具有客观条件。从客观上说，造成跨国税收筹划的外部（客观）条件，或者说使得跨国税收成功的客观原因，主要是各国税法及有关法律方面的差异、不完善、不健全以及各种法律和规章制度中的缺陷和漏洞。也就是说，当各国税法的规定存在差别、漏洞过多或不够严密时，纳税人降低跨国税收负担的主观愿望就有可能通过对这些税法差别或不足之处的利用而得以实现。在国际税收领域，这些漏洞和缺陷主要包括国家与国家之间税收制度的差异以及由此而引起的税收负担轻重的差异，如纳税义务确定标准的差异、税率高低的差异、税基宽窄的差异、避免重复征税方法的差异、税收管理水平的差异等。

3. 答：由于各国政治体制、经济发展水平与发展战略等不尽相同，各国税制之间存在较多差异，这就为跨国纳税人在纳税优化选择上提供了可能。跨国纳税人在进行投资和财务决策时，必须首先关注国家之间税制结构的差异、各国税收负担水平的差异、纳税义务的确定、经济性重叠征税对税负的影响、税收协定网络、各国优惠政策等问题。

（1）必须关注国家之间税制结构的差异。由于各国政治体制和经济发展水平等存在较大差异，不同国家之间税制结构也存在明显差异。从总体来看，世界各国存在着三种不同的税制结构模式：一是以直接税（所得税等）为主体的税制结构，实行这种税制结构的大多是经济发达国家。二是以间接税（流转税或商品劳务税）为主体的税制结构。由于受社会生产力发展水平的制约，发展中国家间接税所占比重都比较高。三是实行低税模式，其中一些国家和地区被人们称为“避税天堂”。由于避税地的税负很轻，因此避税地成为跨国纳税人进行税收筹划的理想场所。

由此可见，不同的税制结构对税收筹划的影响也是不同的，即使在税制结构比较复杂的同一国度内，税种之间税收筹划的余地也是不平衡的。

（2）必须关注各国税收负担水平的差异。作为一个跨国投资者，衡量一个国家的税负轻重不能简单地看税种的多少，也不能以某一个税种的负担轻重来代表税负总水平的高低。

（3）必须关注纳税义务的确定。跨国投资者在进行跨国税收筹划时，必须特别关注有关国家对纳税义务的确定。就所得税而言，目前各国税法大多采取区分居民与非居民纳税义务的规定。对本国居民纳税人采取属人主义，要求其承担无限的纳税义务，即对本国居民取得的来源于全世界范围的所得课征所得税；而对非居民纳税人则采取属地主义，只要求其承担有限的纳税义务，即只对其从本国境内取得的所得课征所得税。少数国家税法规定，不仅居民，公司也要负无限纳税义务。

（4）必须关注经济性重叠征税对税负的影响。在国际通行税制下，公司取得的经营利润在公司层次要缴纳一次企业所得税；其税后利润作为股息分配给投资者时，在股东层还要缴纳一次企业或个人所得税。这就是人们通常所说的经济性重叠征税。

由于重叠征税不合理地加重了纳税人的负担，也有悖于税收公平、公正原则，因此越来越引起国际上许多国家的关注。目前，国际上已有 20 多个国家（或地区）采取了有效措施，以消除或缓解企业和个人所得课税制的重叠征税的弊病。最大限度地消除企业和个人所得税的重叠课征，是税收筹划的理想目标之一。在相当长的时间内，企业和个人所得税重叠课征的模式是无法从根本上改变的。因此，纳税人在进行税收筹划的过程中必须有更多的关注与考虑。由于各国缓解重叠征税的具体方法不尽相同，而不同的方法及税率对双重征税的消除或缓解程度又不同，因此自然会对企业与个人所得税综合税负的降低有不同程度的影响。投资者特别是跨国投资者，可以通过对不同国家的企业所得税进行认真比较和税负测算，对投资决策作出优化选择。另外，投资者也可以通过降低利润的派息比例增大未分配利润的保留比例的办法，获得递延纳税的好处。

（5）必须关注税收协定网络。税收协定网络是适应当今国际经济技术合作与交流的需要的产物。国家之间签订税收协定是 20 世纪以来协调各国税收关系、避免各国因税收管辖权的重叠而对同一纳税人的跨国经济活动重复征税的重要措施。因此，跨国纳税人必须关注这一重要问题。

（6）充分利用各国优惠政策。当今世界，各国普遍利用税收优惠吸引外来投资，但各自实行的税收优惠政策又会因为各国不同的经济社会发展特点而有所不同。跨国企业应结合母国税收政策并充分考虑不同东道国的优惠待遇，统筹规划，合法合规实现利益最大化。

4. 答：由于大多数国家规定对在本国拥有住所和居住达一定天数的人的一切收入拥有征税权，因此跨国纳税人可以采取将其居住地由高税负国向低税负国流动的方式，来躲避高税负国政府对其行使居民管辖权。其具体方法如下：将个人住所真止迁出高税负国；或者利用有关国家国内法关于个人居民身份界限的不同规定或模糊不清，以实现虚假迁出，即仅仅在法律上不再成为高税负国的居民；或者通过短暂迁出和成为别国临时居民的办法，以求得对方国家的特殊税收优惠。许多国家把在本国拥有永久性住所或习惯性住所的人确定为本国居民，对其国内外的全部所得行使征税权。因此，纳税人可以通过迁移住所的方法避免成为某一国居民，从而可以躲避或减轻纳税义务。例如，居住在高税负国的人可以设法移居到低税负国或无税国，使其在住所的判定上，成为事实上的低税负国或无税负国居民，从而仅就其世界范围所得承担低税负国或无税负国的纳税义务，可以减轻所得税、遗产税和财产税的负担。所谓虚假迁移，是指纳税人为获得某些收入和某些税收好处而进行的短期迁移，如迁移时间仅有半年、1 年或 2 年。对这种旨在回避纳税义务的短期迁移，许多国家都有一些相应的限制措施。部分迁移是指纳税人并未实现完全迁移，而仍与原居住国保留某种社会和经济联系。例如，在原居住国仍留有住所、银行账户，并参与某些社会经济活动等。这些不彻底的迁移往往为政府留下课税的依据，使跨国税收筹划失败，甚至冒着双重课税的风险。因此，跨国个人税收筹划必须防止短期迁居或部分迁移。

就避免成为税收居民而言，公司避税与个人避税有相似之处。在实行居民管辖权的国家里，判定公司企业居民身份的居所标准主要有注册登记所在地、总机构所在地、实际管理机构所在地等标准。这些不同的标准以及这些标准在各国的具体规定不同，为企业进行国际避税提供了前提条件。例如，位于采用总机构或实际管理机构所在地标准国家的公司，可以将其董事会的开会地点移至低税负国或无税负国，使之合法地不成为该国的居民公司。公司利用居所转移躲避纳税义务的一个重要核心，就是消除使其母国或行为发生国成为控制和管理地点的所有实际特征，实现公司居所"虚无化"。对于跨国公司来说，因为多数国家采用总机构或实际管理机构所在地标准判定公司居民身份，更因为其收入来源于世界各地，所以若将总机构设在高税负国，就要付出承担高税负的代价；若将总机构设在仅实行收入来源地管辖权的国家或避税港，那么整个公司的税收负担就会降低。

5. 答：国际避税地是指国际上轻税甚至无税的场所。从实质上说，国际避税地就是指外国人可以在那里取得收入或拥有资产，而不必支付高税率税款的地方。这个场所可以是一个国家，也可以是一个国家的某个地区，如港口、岛屿、沿海地区、交通方便的城市等，有时避税地还包括自由港、自由贸易区、自由关税区等。美国是世界上这类地区最多的国家。按照避税地的广义解释，世界上大体有三种类型的避税地：第一种类型的避税地是指没有所得税和一般财产税的国家和地区，人们常称之为"纯粹的""标准的"或"准"避税地。在这些国家和地区中，既没有个人所得税、公司所得税和资本利得税，也没有财产净值税、继承税、遗产税和赠与税。第二种类型的避税地是指那些虽开征某些所得税和一般财产税，但税负远低于国际一般负担水平的国家和地区。在这类避税地中，其中大多数国家和地区对境外来源的所得和营业活动提供某些特殊优惠的税收待遇，还有些国家和地区对境外来源所得免税，只对来源于境内的收入按较低税率征税。第三种类型的避税地是指在制定和执行正常税制的同时，提供某些特殊税收优惠待遇的国家和地区。其特点是，总体来说，实行正常税制，征收正常的税收，只是在正常征税的同时，有较为灵活的税收优惠办法，对于某些投资经营给予特殊的税收优惠待遇。

6. 答：(1) 利用避税地进行税收筹划的基本方法可以归纳为三种：虚构避税地营业、虚设避税地信托财产、转让定价。

(2) 虚构避税地营业的基本途径为通过总公司或母公司将销售和提供给其他国家和地区的商品、技术、各项劳务服务，虚构为设在避税地受控公司的转手交易，从而将所得的全部或一部分滞留在避税地，或者通过贷款和投资方式再重新回流，以躲避原应承担的高税负国家的税收负担。在虚构避税地营业中起中介作用的是以避税地为基地的各种性质的受控公司。跨国纳税人常利用建立各种公司及其之间转让价格的制定，转移资金、货物或劳务，借以逃避税收。

(3) 虚设避税地信托财产是通过建立信托财产或各种信托关系进行避税。其基本途径就是跨国纳税人通过在避税地设立一个受控信托公司，然后把高税负国财产转移到避税地，借以躲避有关税收。虚设避税地信托财产的方法也较多，主要有以下几种：

①设立个人持股信托公司。所谓个人持股信托公司，是指消极投资收入占总收入60%以上，股份的50%以上被5个或5个以下的个人所持有的公司。由于这种公司被5个或5个以下的个人所控制，因此很容易被跨国自然人利用其亲属的化名来顶替，实际上就是其一个人所控制的公司。因此，个人持股信托公司就可以利用避税地不征所得税和遗产税的特殊条件进行避税活动。

②设立受控信托公司。跨国纳税人不仅可以利用在避税地建立信托财产从事消极投资的避税活动，而且可以通过建立信托财产来掩盖股东在公司的股权，从事积极投资的避税活动。

③订立信托合同。跨国纳税人除了通过建立信托财产从事避税活动以外，还可以通过订立各种形式的信托合同从事避税活动。

（4）转让定价旨在人为地扭曲跨国收入和费用在国家之间的分配，以实现跨国所得的转移，是国际避税的常用方式之一。而跨国关联企业内部转让定价，则是这一避税方式借以实现的基本途径。通过从高税负国向避税地以较低的内部转让定价销售商品和分配费用，或者从避税地向高税负国以较高的内部转让定价销售商品和分摊费用，都将导致跨国关联企业的整体税负减轻。

总之，跨国纳税人通过利用避税地采取上述三种避税手法，可以实现其减轻税负的目的。应当指出的是，跨国纳税人在国际经济活动中常常结合使用上述三种方法，以最大限度地减轻其总体税负。

7. 答：转让定价也称划拨定价，是指关联企业之间在相互举借贷款、销售商品、提供劳务和转让无形资产等经济往来中所确定的内部交易价格。通常情况下，这种内部交易定价不同于一般市场价格，是跨国公司价格战略的一个重要组成部分，同时也是跨国税收筹划的主要手段。

（1）由于世界各国的税收制度中有关税种、税率和征免以及固定资产折旧、交际费用列支等规定都有很大的差异，母公司与子公司之间、总公司与分公司或总机构与常设机构之间业务和财务联系的广泛性使它们有较大的余地实现产品、货物或劳务等价格的转让。它们往往从高税负国向低税负国或避税地以较低的内部转让定价销售商品和分配费用，或者从低税负国或避税地向高税负国以较高的内部转让定价销售商品和分配费用，使国际关联企业的整体税收负担减轻。

（2）转让定价可以使关联企业避免或延迟缴纳公司所得税，实现整体税负最小化。关联企业集团通过利用高税负国（区）与低税负国（区）的税收差别，把应税所得尽量从高税负国（区）往低税负国（区）或避税地转移，躲避高税负国（区）的税收压力，在税收上避重就轻，以使企业集团避免或延迟缴纳公司所得税，总利润不变而其税后所得可以大量增加。

（3）转让定价也可以使关联企业减轻预提税税收负担。各国对外国公司在本国境内取得的消极投资所得（如股息、利息、租金、特许权使用费等）往往征收预提税，在没有税收协定的情况下，税率多半在20%以上。预提税是就毛利所得征收，不做任何扣除，因此在两国间没有税收条约或协定来相互降低税率的情况下，税负是不容忽视的。通过以低价供货代替支付股息等方式来转让定价，在一定程度上可以减轻预提税的影响。

（4）转让定价还可以使关联企业减少从价计征的关税。当两个或多个有经济联系的实体有一方或多方发生进出口行为时，可以利用相互间特有的连属关系，通过转让定价方式，使实缴关税减少。第一，企业可以降低作为关税计税基础的转让定价，即课税对象，从而使间接税最小化。由于关税多为从价计征的比例税率，如果卖方公司低价向买方公司出口货物，则可以减轻关税的影响。第二，企业可以通过贸易公司来达到目的，即把贸易公司设置在享有对外贸易特惠关税的国家（一国对来自另一国的进口商品给予特别优惠税率的关税）。

（5）通过转让定价在减轻关税（主要是进口税）负担的同时，也可以减少公司总体的税额。同时，达到公司所得税最小化和进口税最小化这两个目标可能会发生矛盾。在大部分国家中，关税与所得税制度是保持一致的，关税税额越大，所得税税率越低；反之亦然。因此，企业在选择正确的转让定价战略时，应该考虑到要实现直接税和间接税的最小化可以采用不同的方法：要么提高内部企业价格，要么降低内部企业价格。应该指出的是，在很多情况下，在计算子公司的应税所得时，关税可以作为成本扣除。也就是说，即使在提高转让定价和相应的高关税情况下，关税的缴纳实际上将降低联合集团所得税的有效税率。

（6）跨国公司在经营过程中是否实行转让定价以及如何进行转让定价，绝非简单由人们的主观愿望所决定，而与跨国公司采取的发展战略和管理过程有紧密联系。发展战略与转让定价之间的关系取决于两个关键因素：一是控制利润中心与非控制利润中心的关系是否存在纵向一体化；二是在实行内部和对外销售时，销售利润中心是否被视为一个独立的经济实体。企业发展战略不同，采取的转让定价方法也不同。所谓管理过程，是指在发展战略确定以后，企业等经济实体以什么样的方法、手段实施战略。管理过程的主要内容包括转让定价如何确定、何时确定、涉及的人员、需要哪些资料以及如何控制因转让定价带来的矛盾等。

五、案例分析题

【案例 7-1】

【筹划方案】

是否成为一国的常设机构是该国判断跨国企业的经营所得是否应当在该国纳税的核心标准。也就是说，纳税人一旦成为某国的常设机构，则来源于该常设机构的所得应当在该国纳税。对于到某国从事建筑、安装工程工作的跨国企业，若该国企业所得税税率较高，则企业应充分利用该国规定常设机构的条件，避免成为该国的常设机构，从而降低税负。

方案一：甲公司的建筑工期达到 6 个月以上，甲公司构成 A 国的常设机构，需要在 A 国缴纳企业所得税。

甲公司在 A 国应纳企业所得税 =（3 000−2 000−200）×30% = 240（万元）

甲公司共纳税 = 200+240 = 440（万元）

该笔所得汇回我国后，由于 A 国企业所得税税率超过我国 25% 的税率，因此不需要补缴企业所得税。

甲公司的税后利润=3 000-2 000-440=560（万元）

方案二：甲公司将此建筑工程分为两个阶段进行，每3个月作为一个阶段，中间停工休息一个月，甲公司就不构成A国的常设机构，不需要在A国缴纳企业所得税。

甲公司在A国的税后利润=3 000-2 000-200=800（万元）

该笔所得汇回我国后，需要按照我国企业所得税税率缴纳企业所得税。

甲公司应纳企业所得税=800×25%=200（万元）

甲公司共纳税=200+200=400（万元）

甲公司的税后利润=3 000-2 000-400=600（万元）

可以看出，方案二比方案一少缴纳税收40万元（440-400），多获取税后利润40万元（600-560）。若以实现税负最小化及税后利润最大化为税收筹划目标，甲公司应当选择方案二。

甲公司通过利用税收协定中常设机构的条件，使用合理的方法与手段避免成为常设机构，从而避免采用所在国的高企业所得税税率，可以达到节税的目的。

【案例7-2】

【筹划方案】

应纳企业所得税税额的计算公式如下：

应纳企业所得税税额=应纳税所得额×适用税率-减免税额-抵免税额

在没有减免税额和抵免税额的情况下，应纳企业所得税的计算公式如下：

应纳企业所得税税额=应纳税所得额×适用税率

若没有企业所得税纳税调整项目，则利润总额即应纳税所得额。

跨国关联企业之间提供购销业务时，若在不同的国家适用不同的企业所得税税率，可以通过合理运用"高进低出"或"低进高出"的手段，将利润在关联集团公司内部各成员之间进行合理转移，使得利润从高税率地区转移到低税率地区，从而在一定程度上降低整个集团公司的企业所得税税负。

方案一：甲公司将零件按160万元的正常价格出售给乙公司。

甲公司应纳企业所得税=(160-80)×40%=32（万元）

乙公司应纳企业所得税=[320-(160+30)]×20%=26（万元）

甲、乙公司应纳企业所得税合计=32+26=58（万元）

方案二：甲公司将零件按140万元的较低价格出售给乙公司。

甲公司应纳企业所得税=(140-80)×40%=24（万元）

乙公司应纳企业所得税=[320-(140+30)]×20%=30（万元）

甲、乙公司应纳企业所得税合计=24+30=54（万元）

可以看出，方案二比方案一合计少缴纳企业所得税合计4万元（58-54），若以实现税负最小化为税收筹划目标，甲公司应当选择方案二。

关联方之间应遵循独立交易原则，因此转让定价的税收筹划要合理，不能过分地降低或提高价格。

【案例 7-3】

【筹划方案】

企业在汇总计算企业所得税时，其境外营业机构的亏损不能抵减境内营业机构的盈利。我国企业在海外投资设立分支机构时，如果预测该分支机构在最初几年一定会亏损，则不论采取分公司的形式还是子公司的形式，都不能用该企业的盈利来弥补其亏损。但若我国企业在海外某国设立子公司，且该国税法规定境外分支机构的亏损可以抵减境内营业机构的盈利，则可以考虑让该子公司在另一国投资设立分公司。

方案一：由甲公司或乙公司在 A 国投资设立子公司——丙公司，丙公司的亏损由其以后年度的盈利弥补。

甲、乙公司应纳企业所得税总额 = 8 000×25% + 2 000×30% = 2 600（万美元）

方案二：由甲公司在 A 国投资设立分公司——丙公司，丙公司的亏损由其以后年度的盈利弥补。

甲、乙公司应纳企业所得税总额 = 8 000×25% + 2 000×30% = 2 600（万美元）

方案三：由乙公司在 A 国投资设立分公司——丙公司，丙公司的亏损可以抵减乙公司的盈利。

甲、乙公司应纳企业所得税总额 = 8 000×25% +（2 000−500）×30% = 2 450（万美元）

可以看出，方案三比方案一、方案二少缴纳企业所得税 150 万美元（2 600−2 450），若以实现税负最小化为税收筹划目标，甲公司应当选择方案三。

通过变更投资主体的所在国来利用所在国的境外机构所得税优惠政策，不失为跨国经营的一种节税手段。

【案例 7-4】

【筹划方案】

中国的企业所得税税率为 25%。由居民企业或由居民企业和中国居民控制的设立在实际税负明显低于《中华人民共和国企所得税法》第四条第一款规定税率水平（25%的税率）的国家（地区）的企业，并非由于合理的经营需要而对利润不做分配或减少分配的，上述利润中应归属于该居民企业的部分，应当计入该居民企业的当期收入。

当投资企业在境内（适用 25%的企业所得税税率），被投资企业在境外，被投资企业的企业所得税税率低于投资企业（但不低于 12.5%）时，被投资企业将税后利润分回给投资企业，投资企业应补缴企业所得税。若被投资企业的税后利润暂不分配，则投资企业本期不需要补缴企业所得税，这样便可以实现延迟纳税。

方案一：乙公司将全部税后利润分回给甲公司。

甲公司应补缴企业所得税 = 200×（25%−15%）= 20（万元）

方案二：乙公司对其税后利润暂不进行分配。

甲公司不必补缴企业所得税，这样便延迟了纳税时间，充分利用了资金的时间价值，相当于获取了一笔免息贷款。

可以看出，方案二比方案一当期少缴纳企业所得税 20 万元（20−0），若以实现税负最小化为税收筹划目标，甲公司应当选择方案二。

保留利润不分配的方案必须符合集团公司的整体发展需要，同时还需要兼顾各方利益，否则不宜长期采用。

【案例 7-5】

【筹划方案】

国际避税地也称国际避税港，简称避税地或避税港。一般来讲，国际避税地是指某一国家或地区在境内的全部或部分区域，它们对外实行轻税甚至无税政策。目前世界上有一些国家和地区通过特低税率、为外国公司提供特殊优惠、对银行账户绝对保密、不签订双边或多边税收协定等手段进行税收竞争，吸引外国投资和为国际避税提供方便。这些国家和地区就是避税港。这样的避税港主要有百慕大、开曼群岛、巴哈马、马恩岛等。有一些国家和地区因税收协定网络发达和对外有较为优惠的政策而成为“准避税港”，成为国际控股企业、投资公司、中介性金融公司和信托公司建立的热点地区，如荷兰、瑞士、塞浦路斯等。

跨国公司通过在国际避税地设置销售公司，并运用转让定价等手段将部分利润转移给避税地公司，可以降低跨国公司在全球经营中的总体税负。

方案一：由 A 公司直接销售给 C 公司。

A 公司应纳企业所得税 =（800-600）×30% = 60（万美元）

方案二：A 公司先将这批货物以 700 万美元的价格销售给 B 公司，再由 B 公司以 800 万美元的价格销售给 C 公司。

A 公司应纳企业所得税 =（700-600）×30% = 30（万美元）

B 公司应纳企业所得税 =（800-700）×10% = 10（万美元）

A、B 公司纳税合计 = 30+10 = 40（万美元）

可以看出，方案二比方案一少缴纳企业所得税 20 万美元（60-40）。若以实现税负最小化为税收筹划目标，A 公司应当选择方案二。

利用避税地进行税收筹划越来越受到各国政府的限制，各国政府纷纷制定反避税（特别纳税调整）措施来限制避税地税收筹划。

图书在版编目(CIP)数据

税收筹划学习指导/刘伟,田婧主编 .—成都:西南财经大学出版社,2021.6
ISBN 978-7-5504-4856-8

Ⅰ.①税… Ⅱ.①刘…②田… Ⅲ.①税收筹划—高等学校—教材
Ⅳ.①F810.423

中国版本图书馆 CIP 数据核字(2021)第 078326 号

税收筹划学习指导

主　编　刘　伟　田　婧
副主编　王小芳　吴小勉

责任编辑:李晓嵩
责任校对:王甜甜　杜显钰
封面设计:何东琳设计工作室
责任印制:朱曼丽

出版发行	西南财经大学出版社(四川省成都市光华村街 55 号)
网　　址	http://cbs.swufe.edu.cn
电子邮件	bookcj@swufe.edu.cn
邮政编码	610074
电　　话	028-87353785
照　　排	四川胜翔数码印务设计有限公司
印　　刷	郫县犀浦印刷厂
成品尺寸	185mm×260mm
印　　张	12.5
字　　数	298 千字
版　　次	2021 年 6 月第 1 版
印　　次	2021 年 6 月第 1 次印刷
印　　数	1— 2000 册
书　　号	ISBN 978-7-5504-4856-8
定　　价	29.80 元